技術教育と共に歩んだ半生

――私の履歴書

久富電機産業株式会社
代表取締役会長
水田 實

解題 三浦基弘

はじめに

久富電機産業株式会社創立四〇周年を、二〇二一年一〇月に迎えたにも関わらず、普通なら祝賀会か何かをするか、お世話になった多くの方に記念品でもお贈りせねばならないところを何一つしておりません。コロナウイルス蔓延で、多くの方をご招待し難いのと、良い記念品も思いつかず、そのままになり、申し訳ない気持ちだけは持ち続けて参りました。

技術教育に関し、岸田文雄総理が誕生した際、総理大臣や国会の文教関係者に一言陳情したい旨、何かの拍子に三浦基弘先生（「技術教室」編集長、当社の実験製品を「子供の科学」に紹介して下さった先生）に、陳情文などの件でご相談しているうちに、何か書いて残すように強く勧められ、いつの間にかその催眠誘導術にかかり、久富電機産業株式会社の歴史だけでもと思い、書き始めました。

当社設立の経緯を書くためには、前職の太洋電機産業株式会社時代なくして、当社があるわけではなく、社長になろうなどと思ったこともない人間です。しかし、いつのまにか四十年も経過してしまい、設立第一期以外は、三九年連続黒字を出し、自己資本比率九〇％、一年分の支払い資金ができるまでになりました。これは昨日までの実績が良かっただけで、来期は、ほぼ間違いなく赤字になりそうです。

私の人生は落とし穴にはまり、蜘蛛の糸の如き、か細い紐をよじ登ってきたようなものです。会社経営も、わが人生も怖くて恐くてなりません。いつ足を踏み外すか分からない絶壁を登っているような日々です。

岸田総理に問い質しかったのは、ご本人が文部科学副大臣であった二〇〇二年三月の参議院文教委員会での国会答弁です。技術科教育の履修時間が、その年の四月より中学三年間で八七・五時間しかなくなり、「ゆとり教育」の犠牲とはいえ、あまりにも酷《ひど》すぎます。にもかかわらず、「技術科教育は重要であり、ちゃんと履修できる」旨の答弁でした。読んで貰えなくても、再度、議事録をみれば「ものづくり基盤技術振興基本法」の第一六条の学習の振興等の部分に違反していると思います。こんなことを三浦先生と話しているうちに、また催眠術にかかってしまい、少年時代のことまで書く羽目に陥りました。

弊社の歴史は、今の役員、社員ともども、泥を嘗めながら生き延びた時代を誰も知りません。会社の経営がいかに難しく、人生を生き延びるのも、皆さんとの出会いと幸運で、たまたま昨日まではうまく生きられましたが、明日はどうなるのか分かりません。

頭をたれて、「皆様ここまで助けて下さり有難うございました」と衷心より感謝申し上げる次第です。落とし穴に落とされたり、解雇されたり、腹の立つこと、理不尽なことが沢山ありました。しかし、そんなことがあったからこそ今日があるのです。ある意味で、なんと幸運な八二年間であったことか。

以下、書き上げた中に、私や弊社に関係ないこと、失敗例や成功例を紹介しています。成功したい方は、是非その成功例を参考に、失敗したくない方は、失敗例をと、どなたか一人でも参考になれば、こんなに嬉しいことはありません。

もくじ

第3章 太洋電機産業株式会社時代

第4章 久富電機産業株式会社の設立

第5章　久富電機産業株式会社、軌道に乗る

第6章　子どもたちへ伝えたいこと

第1章 少年時代——家系・家族・地域

わが先祖、家族そして郷土

私、水田實は昭和一四（一九三九）年一〇月一一日に、岡山県小田郡今井村大字園井（現笠岡市園井）で生まれました。

その日の新聞に「皇軍機西安を爆撃、大戦果をあげる」とあるように、時は日中戦争の真っ只中。のちに「大東亜戦争」あるいは「太平洋戦争」と呼ばれ、第二次世界大戦に拡大する端緒となった戦争の時代の真っ只中に生を受けたわけです。

私の生家は、この地域の旧家の一つであった水田家の分家筋で、始祖となる人物は私の七代ほど前に当たりますから、およそ二百年ほど前から続く家柄でした。

もとは岡山県北房郡《ほくぼうぐん》上水田村《かみみずたそん》（現真庭市）という岡山県北西部を貫く中国自動車道の北房《ほくぼう》インターチェンジ付近にあった村で、二五〇年から三〇〇年程前に、「備中国重《びっちゅうくにしげ》」あるいは「水田国重」などの銘を残す新新刀鍛冶（「新新刀鍛冶」とは、刀匠区分の一つで、一七八一〈天明元〉年から一八七六〈明治九〉年の廃刀令発布までを指す刀匠区分の一つ）で、一族はもと伊予の国（愛媛県）から備前長船《おさふね》町福岡（現岡山県瀬戸内市長船町福岡）あたりで刀剣鍛冶を営んでいたものの、度重《たびかさ》なる吉井川の洪水を避け、砂鉄の採れる県北へと移住。本家は北房町《ほくぼうちょう》（現真庭市北房）にある「大月」という地名を苗字として名乗っていたようです。

幕末になると刀鍛冶では食えないため、備中（岡山県西部）西南部へ移住。百姓の傍ら、野鍛冶（農具・漁具・山林刃物など生活用具を幅広く手掛ける鍛冶屋）をして、今の山陽高速道笠岡インターチェンジあたりに移住して野山を開墾。一五から二〇家ほどに分家したほか、大坂にも移住した同族の刀鍛冶がいます。

母方は隣村の東大戸（現笠岡市東大戸）というところで生まれた大平姓。元本家の方にお聞きした話によると、讃岐《さぬき》の大平と一族だそうで、大平正芳元総理も何百年か前の同族のようです。

この東大戸は福山の阿部藩領で、その関係もあり、幕末から明治初めにかけて、現在の福山市川口町での干拓事業に携わり、潮止め土手の内側にできた田圃にこの大平兄弟が入植し、かなりの田を所有していたといいます。

しかし、明治一八（一八八五）年の高潮（石碑などには「津波」とあります）で堤防が決壊し、せっかく開拓した田は海水に浸かり、作物の栽培ができなくなり、母方の弟の方だけ、郷里の東大戸（現笠岡市）に引き上げ、悲惨な貧乏生活を強いられたようです。

親子とも結局は亡くなり、祖父は幼少から大変苦労したようです。この祖父は私が生まれると間もなく亡くなり、母は私に「お前は祖父の生まれ変わりだ」と口癖のように言っておりました。

娘はふつう母親と仲が良いものですが、母は「学校へ行きたいのに、農繁期は弟の子守をさせられた」と、いつも口癖のように言っておりました。しかし、夜暗くなっても父親の酒を買いに行くのは辛くなかったようで、父親は自慢のたねでもありました。

　私の生まれた岡山県小田郡今井村大字園井は、岡山県南西部にあります。私が生まれた昭和一四年は旱魃の年で、恐らくわが水田家では田植えも思うようにできず、母親から充分なお乳が出なかったのではないかと思っています。母は否定していますが、私が人並みに成長できなかったのは、そのへんに原因がありそうです。

　幼年時代で特に記憶に残っているのは、ある夏の日のこと、自宅から五百メートルほどの範囲に住む同年代の餓鬼どもが、夕方まで小川をはさんで遊びほうけているところへ、女子中等学校から帰宅したトシちゃんというお姉さんが、泣きながら「日本は戦争に負けんよ」と教えてくれたことです。当時、私は五歳で、村には幼稚園もなく、パンツ一丁の裸で遊びほうけている子供たちに、戦争のことや敗戦の酷《ひど》さなどわかるはずもありません。

　広島に原爆が投下されたことも、「広島にピカドンが落ちたそうな」くらいのことでした。その数日後、一五キロ程西にある福山市に焼夷弾爆撃が行なわれ、西の空が真っ赤になり、翌日、庭や野菜畑一面に新聞紙などを燃やした後のように大きな灰があたり一面を覆い、五拾銭札の半分焼け残ったのを拾った思い出などがあります。

暮らしを支える農作業

私が国民学校（小学校）に入学する前、十歳年上の長兄は、尋常高等科（現在の中学校二年生）を卒業後、足にゲートルを巻き、軍需工場へ颯爽と出勤していました。長兄の学力からすれば、中等学校へ進学できる学力は十分あったのですが、病弱な父に代わる一家の大黒柱としてわが家を支えたのです。

我が家は田圃三反五畝（一一五五平米）、畑四反（一三二〇平米）を持ち、米の出来高は一二石（一八三〇キロ）。そのうち、二石程が年貢。一〇石あれば、一〇人の一年間の食い扶持。しかし、一家六人が全部食べてしまえば、学費、衣料費、食費などの生活費が出せません。そこで米麦二毛作で、できるだけ販米を残すというわけです。

そのため、稲刈り跡の稲の切り株を三つ目鍬で耕すのですが、これが大変な重労働。今思い出しても「しんどかったなー」と溜息が出ます。それを牛耕して平らにし、溝を掘り、一一月頃に大麦や小麦の種を撒くわけです。麦はお米の四分の一程の価格で、出来高も半分あるかどうかなのですが、とても重要です。

畑では、夏にサツマイモや除虫菊、豆類、黍《きび》・粟《あわ》などの雑穀を栽培し、米と雑穀を混ぜて食べ、少しても白米を残して、現金化しなければなりません。

ただ、村内は皆貧乏でしたが、中程度の貧乏でした。町場の人のように食べ物がなくてひもじい思いをしたことはありません。碌《ろく》なものは食べられませんでしたが、うどんやサツマイモならいくらでも食べられましたから、それだけは有難かったです。

小麦はうどんにし、大麦は精麦後、押し麦にして、米と混ぜて炊き、麦飯にして食べました。美味しくはないですが、カロリーはあります。

魚は週に二、三回、寄島《よりしま》（現浅口市寄島町）という漁港から行商に来るおじさんがいて、イワシやサンマ、鯨肉などの安いものばかり買っていました。

父母と兄二人、弟の六人家族で、食べていくのがやっとの生活。今井村は大金持ちもいませんでしたが、だいたい似たりよったりの貧しい村でした。

長兄はわが家の柱、スーパーマン

ここでわが家の長兄の話をしておきます。親父が病弱なため、わが家のすべての負担が長兄の双肩にかかります。

敗戦時、兄は一六歳。軍需工場で飛行機の部品を造っていた兄は、残留品のジュラルミンの切れ端や鉄の部品を貰ってきて、道具箱や岩用の鑿《のみ》など、さまざまな器材を自作していました。竹ヒゴを曳き、目白用の小鳥籠を作ったり、立派な将棋盤や将棋駒も実に器用に手作りし、まるで技術科のお手本のような人物です。

一番驚いたのは、二〇歳くらいの時、それまで共同水汲み場まで、天秤棒で飲み水、風呂水、生活用水と、どれも担いで運ばねばならず、大変な重労働。百メートル程東隣りの本家には立派な井戸があり、とても美味しい水がいくらでも出るのです。兄はその位置と地形を入念に調べ、この辺りと見当をつけ、直径一・五メートル、深さは掘り当てないと判りません。本家の井戸は約一八メートル、底には二メートル位の岩石の層があることに気づいていました。

前年から近くの自分の山に炭焼き小屋を作り、鞴《ふいご》用の堅炭をつくる準備からはじめ、岩を掘る鏨《たがね》、鞴まで自作。いざ家族総出の井戸掘り開始。深さ一〇間（一八メートル）と口では言っても、いざ掘るとなると大事業。掘り出した土は、庭に高さ三〇センチほど積み上げ、家の前の庭は三〇センチも高くなりました。一六メートルくらい掘ると本家の井戸と同じく、岩盤に当たります。それからが大変です。一〇センチ掘るのに一日かかることもありました。金槌と鑿だけの手作業ですから、大変です。それも水脈に当たるかどうか、まったくの山師の勘ですから、路頭に迷うやも知れません。しかし、来る日も来る日も、掘り進めました。

ほんの少し水に出合いました。僅かです。少しは明るい気にはなりましたが、まだ一メートル以上掘り進めなければ、井戸の用には足りません。井戸の底で、掘る者、岩や土を吊り上げる者、何日かけたか思い出せませんが、ついに水脈まで到達しました。井戸として使うためには、かなりの水量と深さが必要です。水脈といっても本家のものに比べればわずかです。

長兄は世間体から言えば、見栄えの良いやり手の人間ではありません。しかし、すごい信念と根性の人でした。後年、ブドウ栽培では毎年一等賞を獲得していました。ある年など、最優秀賞、一等賞など、五つの賞を一人占めしたことがあります。私のお客さんたちに配りましたが、「こんなに美味しいブドウは初めて」と誉められ、喜ばれ、感謝されました。

小学校入学で拡がる別世界

私の小学校入学は、昭和二一年が一年生と覚え易いものです。敗戦の最初の年は食べるのがやっとで、学校へ行くにも履物がない。親父が毎日その日の藁草履を編んでくれて学校へ行きますが、帰ってくるともう破れてしまい、毎日一足ずつ編んで貰っての通学でした。

小学校一年生の思い出は、運動会の予行演習の日でしたか、百メートル競争に五人か七人かがスタートラインに並び、ピストルの音で「用意ドン」です。私はちびの上、走るのが遅いのです。皆とかなり離れました。こちらは野山を走り廻る子供生活です。0字状のトラック線上を走れとは聞いておりません。私はすかさずトラック線上を斜めに横切り、ゴールへとまっしぐら。驚き呆れた先生が飛び出してきて、線上を走れと言われたのを憶えています。こちらは野山の生活しかしたことがなく、早く目的地へ到着した人が勝ちというのがルールなのですから。

一事が万事こんな調子ですから、まったくの劣等生です。一年、二年と女性の先生で、金持ちやPTA役員の子どもは別扱い。しかし、子どもの味方です。一年生の担当だった今井先生は、私にとっては怖いだけの先生でしたが、女性ながら早くから校長になられたくらい立派な先生だったようです。

三年生になると土屋馨という先生が担任になりました。私はこの土屋先生にすっかり魅了され、大の苦手であった音楽と習字は可だったものの、主要科目はすべて優。当たり前です、校歌や君が代さえうまく歌えない超音痴。今でも満足に歌える歌は一つもありません。音階が全然分からないのですから……。

この土屋先生に叱られた経験は、授業中、運動場で「春の小川」を踊っている他学年の生徒につい見とれ、余所見《よそみ》をしていて、先生に物差しで頭をポンと軽く叩かれたことくらい。とにかく私はこの土屋先生が大好きでした。それから勉強が好きになり、上位グループに仲間入りできたのです。

そうした私が小学四年生になった頃、大きな中古の箱型のラジオを背負ったおばさんが、「お米と交換して欲しい」と闇米を手に入れるため、わが家を訪れ、母に頼んでかなりの量のお米と交換に入手しました。私はもうすっかりこのラジオのとりこになってしまいました。

ゴム草履が買えるようになったのは三年生くらいからで、それまではお金があっても物がない時代だったのです。

輝く目の子三話と父の死

小学校の入学前、北隣りの村に「くそ一」という綽名の豪傑がおりました。喧嘩相手に「くそ食らえ」と言われ、「よし食ってやろう」と大便を食っても喧嘩に勝ったという豪傑です。

その「くそ一さん」が、私の顔を見て、「この子は何処《どこ》の子か？」と聞くと、誰かが「水田秋太の息子じゃ」と、「秋やんの息子にも目の輝く子がいるんか？」と誉められたのやら、馬鹿にされたのやら、判りません。

小学校四、五年頃のこと、隣り町の里庄町郵便局に訪問授業があり、そこの局長さんが私を見て、「先生、この子は目が輝いている。何か違う」と誉めてくれたことがあります。

また、話が飛びますが、中学生の頃、次兄がお金を出してくれ、「芋ぐそも体からという言葉がある、お前も牛乳を飲んで大きくならねば」と金をくれ、毎日学校帰りに、まわり道をして、森山酒店に寄って牛乳を一本呑んで帰っていました。

ある日の帰り道、北隣の大迫部落の担当地区の農道整備の日でした。

幅五〇センチ程の農道を整備しており、たまたま休憩時間で、狭い農道に鍬を横に転がしたままにしてあります。こちらはかまわず鍬をまたいで帰ろうとすると、大迫部落一番の理屈屋が、「おい、ちょっと待て、百姓の子が鍬を跨ぐとは、けしからん」と因縁。

こちらも負けてはおりません。

「道の真ん中に鍬を横に置くとはけしからん。交通妨害しておいて、おじさんが先に断りを言うなら、渡りなおしましょう」と応じます。部落民全員の前でのこと。日頃その将棋だけ強い、理屈いのおじさんをへこませてみせたのです。

その後、親戚になる森山酒店の森山英治さんは、何かの折につけ、「実さんのあの一言には、皆が溜飲を下したで。あの理屈言いを言い負かしたのだから」と、何かの拍子によく出てきました。

間もなく私が五年生の時、親父は脳溢血で足を引きずるようになり、翌年、六年生の秋、半身不随となり、一〇月に四九歳で亡くなりました。

私も血圧、脳出血にはいつも気にかけ、人間ドックや、日々の血圧計測は欠かしません。親父にはなんの親孝行もできず、貧乏なまま気の毒なことをしたと思っています。子供の頃、天秤棒の片方の籠にわざと載せて貰い、甘えておりました。

拡がる社会、世界への関心

五、六年生の頃、「本」について作文を書く宿題がありました。わが家には本などありません。両親に尋ねても、これという案が出ません。福沢諭吉の言葉に、「男にとって、教養のないことは、悲しいことだ」というのがあります。本当にそうだと思います。

小学校五年生の担任は、桑田昇三先生といい、一番好きな先生で、桑田先生は怖い顔の先生ですが、その実、とても優しく、生徒の長所を伸ばすのが上手でした。晩年までお付合いがありました。

桑田先生は、その日の朝あったことなど、新しいニュースを手をあげて発表させるのです。ラジオの虫だった私は、昭和二五年六月二六日、「前日、北朝鮮が韓国に攻め込みました」と発表したことを覚えています。

昭和二四年、吉田茂内閣の緊縮予算一兆円もかすかに覚えています。GHQの要請でシカゴ銀行の頭取ドッジ博士がインフレを止めるため、緊縮予算を要請したのです。日本の工場から煙が立たなくなるほどの不景気です。しかし、その詳細は子供に分かるはずがありません。

桑田先生が発表させるものですから、その頃からニュース番組は欠かさず聞いておりました。後年、歴史や社会の動きに敏感になったのは、桑田先生の影響です。

どういうわけか、理科だけは大山先生という教頭先生が担当されており、電気の時間になり、「電気というものは、未だに見た人はいません。しかし、電灯を光らせたり、モーターを回したり、電車を動かしたり、いろいろの働きがあります」と。

先生は電気を見た人は誰もいないといわれたが、私は見ています。当時、各家庭への引っ込み線は一〇〇Vの裸線で、屋根から家の中へ配線されていました。針金を一〇〇Vの裸線の上に瞬時置くとパット、青白い光が出ます。怖いので、ほんの瞬間です。「あの青いピカッと光るのが、電気の本体で、怖いから誰もやらないのだろう」と勝手に思いこみ、心密かに信じていました。

また、竿部落共有の脱穀用農機に農業用発動機がありました。順番に各農家の稲穂のもみ柄を取り除くのに、発動機とともに回ってくるのです。餓鬼仲間が勇気比べに、回転中の発動機のプラグへ手をあてるのです。「ドキッ」というものすごい衝撃です。一万Vくらいは有ったのではないかと思います。なぜ、電気はピリッとくるのか？　屋根の一〇〇Vの二本の線も、一本はピリと来るのに、もう一本は、ピリリともしないのです。中学校の理科で学習しているはずですが、中学生の時のことさえ、思い出せません。高校の時、ラジオクラブの先輩が「一本はアースされ、わざわざ安全のためにそのようにしている」と教えて貰うまで、知りませんでした。それでよく理科に5がついていたものです。

とにかく、好奇心の旺盛な子供であったことには違いありません。母が「お前にはかなわん、何でも、これはどうして、こうなるのとか、これは何故なの？」と、いつも質問だらけの毎日でした。

井笠鉄道がかつてはＳＬが走り、後にはディーゼルカーに代わりましたが、今、分かったら犯罪になるかも知れませんが、いたずら仲間で縫い針を磁石にして、鉄道のレールにおいて置くのです。皆さんどうなっていると思われます。針がペチャンコになるのでなく、レールがへこんでしまうのです。硬度が上の針の方がレールより硬いので、レールがへこむのです。そんないたずらに明け暮れする毎日でした。

六年生の時、生徒副会長に選ばれ、生徒会で決まったことを、三百人の生徒の前で発表するのに足が震えました。

中学校から笠岡商業高校へ

中学三年になって、先ず第一に記憶に残るのは、お世話になりながら、その後、一切連絡できなかった、森寿司先生です。

とにかく情熱の塊のような先生で、森先生の担当した社会科のクラスはずば抜けて成績が良いのです。まず歴史事件を全員に暗記させる、仏教伝来から、遣隋使、鎌倉幕府成立、五箇条のご誓文まで、とにかく全員に暗記させる。それから、時代制、民衆の生活と広がり、社会科だけでなく、生徒指導に至るまで、皆誠意と情熱にあふれる全人教育です。

私は、工業高校へ行くつもりでしたが、成績からして、笠岡商業を受験せよ、とのお勧めです。当時の笠岡商業高校は、岡山県立の中でも、秘密試験を県立商業高校だけでしたところ、岡山県では岡山東商業、倉敷商業の方が格上なのです。しかし、実力は笠岡商業が一番だったのです。公立中学校で一％以内の成績が広大付属、普通に大学へ進学したい人は笠岡高校（元笠岡女子中等学校）へ進学、就職しなければならない者は笠岡商業へ進学したのです。かなり優秀な連中が進学しました。上位一〇％くらいの人は進学高校へ進めば国立大学へ入られたでしょう。

兄が高校の費用を負担してくれたのですから、一日も早く就職しなければなりません。優秀な人でも、商業学校から普通大学への進学は難しいでしょう。簿記や算盤、経済などを教えるため、受験に必要な数学や物理などのレベルが違います。高校では私はもともと目立ちませんし、成績も上位とはいっても下の方です。

商業経済の時間に担当の高田早苗先生が「経済の論文をかけ」という宿題を出されました。勉強の良くできる学生は色々な本を調べ、きっちりした論文を出したと思います。私はなんの参考書も読まず、「戦争の裏には経済がある」という小文を提出。第二次世界大戦も元をただせば、市場と資源の奪い合い。日本が輸出をと思えば、仏印（ベトナム、カンボジア、ラオス）はフランスに高い関税をかけられ、インドネシアへの輸出はオランダに儲けられるだけ、インド、マレーはイギリスの言うがまま、中国に綿糸・綿布を売り込めばアメリカの機嫌が悪く、ルーズベルトは「日本人移民禁止」と包囲網。

私はその当時、インドのネルー首相の『父と娘の語る世界の歴史』を読んでいたものですから、「大東亜戦争は、イギリスやフランスのやった百年後というだけで、日本だけが何故悪い。同じことをしたのに、日本だけが侵略者というはおかしい。要は市場の取り合いをして負けただけの話でないか」と。今考えれば、よくも平気で書けたものだと思いますが、高田先生はAをつけてくれただけでなく、ソ連帰りの名越二荒之助《なごしふたらのすけ》先生という豪傑を紹介して下さいました。

もう既に時事問題の授業を受けていたのですが、経歴や思想までは存じませんでした。名越先生の経歴たるやもの凄いのです。普通のシベリア帰りの方とは違うのです。山口高等商業（現山口大学）卒業後、成績優秀につき、平壌での特殊教育訓練中に敗戦。ソ連に連行。それも幹部候補生のため、シベリアではなくロシア地方の抑留所に収容され、ドイツの捕虜と親しくしていたため、スパイ容疑で取調べられ、狭い部屋に閉じ込められ一種のリンチ。ろくな裁判もせず簡単に殺し、白樺林の根本へ秘密裏に埋められるのは当たり前の国。もう少しで白樺の肥やしにされるところだったと、良く話されていました。

搾取がなく皆平等で、人権が守られる理想の共産党国家のはずですが、その実態は階級社会で、党幹部の人脈か何かがないかぎり、一労働者は一生その労働でおしまい。仕事もノルマさえ終わればそれ以上仕事をしない。例えば、ジャガイモの収穫時、一日〇〇ヘクタール収穫すれば良いとなれば、畑をトラクターでうがし、そのあと地面に出ているジャガイモを拾い、「〇〇ヘクタール収穫」と申告すればOK。ジャガイモはまだ地下に沢山残っています。日本の農民なら、一個も残さず収穫するでしょう。

ドイツ兵の捕虜は、こんなロシア人を馬鹿にして、共産主義教育をしても本気で聞かない、それも当然、論より証拠。「MADE IN GERMANY」のスコップは、金具の方が半分くらいになっても使えるのに、ソ連製のスコップは、ぐにゃっと曲がり、端《はな》からろくに使えない。名越二荒之助先生は、口癖のように「わが一番の教師はスターリンである」と言われておりました。

そういう経験もあり、大東亜戦争は当然の結果である。日本が僅か数か月で仏印、マレー、シンガポール、インドネシアを占領したからこそ、第二次大戦後、各植民地が独立できたのだという思想の方で、私は先生の参加される勉強会に何度も参加させて頂きました。私の眠っていた才能を、高田先生（その後、校長、教育委員などの要職に就く）が見い出して下さり、名越先生という全国的に有名になる先生とめぐり合うことになったというわけです。

第2章 青・壮年時代——就職・失業・再起

最初の就職、大阪豊島繊維会社

家庭の事情で卒業したのが商業高校なのですから、普通大学に入学する知力・学力に代わって得た商・工業簿記、商業経済に、簡単な基礎的法律、それに算盤《そろばん》、特に工業簿記などの実用的・実践的な学問・知識・経験は、後々大いに役立つ武器や手段となりました。役に立たなかったのは銀行簿記くらいのもので、私ほど商業高校修学で得をし、実利を得た者は少ないのではないかと勝手に思い、納得している次第です。

しかし、優秀な成績でなかったため、一流会社への推薦や受験はさせて貰えず、「大阪豊島《とよしま》」という綿糸の扱いに強い二流どころの繊維商社に入社することが叶《かな》いました。

大阪豊島という繊維商社は、その取扱い綿糸の取引高では「伊藤忠と一、二を争っている」のだと、先輩社員が誇らしげに言っておりました。当時、この会社の会長は、大阪三品取引所という、証券取引所に相当するほど重用な取引所の理事長でもあり、また、大阪府公安委員会の会長も兼ねるという、権威だけはある会社のようでした。同業者である八木商店会長の杉道助（一八八四〜一九六四）という方は、大阪商工会議所会頭やJTRO（日本貿易振興会）の会長も歴任され、かの明治維新を代表するイデオローグの一人であった吉田松陰の兄（杉民治《すぎみんじ》）の孫とかに当たるという、全国的にも影響力を持っていた人物のようでした。

当時、大阪で綿糸・綿布を取り扱う大手企業は、俗に「五綿八社」と総称されておりました。五綿とは、伊藤忠、丸紅、東洋綿花（現豊田通商）、日綿実業（現双日）、江商（現兼松）の五社。八社とは、八木商店（現ヤギ）、又一、竹村綿業、大阪豊島、永楽、岩田商事、丸永、田附の有力企業を指していましたが、その後、繊維産業の衰退とともに、八木商店以外の企業は消滅してしまいました。

大阪豊島の入社試験は、定型どおりの筆記試験と、取締役営業部長と総務課長による面接・諮問でした。営業部長の「アメリカの国務長官とはいかなる権限をもち、何をする人物か？」という質問に対して、「セクレタリー・ミニスターと言い、日本語で言えば『秘書長官』ということになりますが、実は外務大臣の役目をしており、大統領の次くらいの実力があります。（当時、アメリカは世界一の大国ですから）大変な力があったと思います」と答えました。

営業部長は、この答えにいたく感心して下さり、後年、豊島の社員半分が人員整理され、その後消滅し、仕事に誘って下さったほどでした。私は三月に入社し、本社ビルの上の階にあった社宅に新入社員が二人一組で入居することになりました。この時、同室になった同期社員とは何かと気が合わず、かなりのストレスを感じ、困惑しておりましたが、他の寮住まいの社員は、寮長で一宮市出身の服部さんなど、とても良い人ばかりでした。給料も安く、七千五百円ほどしかないのに、毎月千円も貯金ができました。少し他人と違うのは、三〇分程早く出勤し、女性社員と一緒に掃除を手伝い、そのあと新聞を読むわけです。なんと田舎出の者にとってこんなに驚いたことはありません。

私は岡山県人ですから地方紙の『山陽新聞』しか読んでおらず、『山陽新聞』はすごいな、政治・経済・文化と、地元のことから世界のことまで何でもわかる素晴らしい新聞だと信じ込んでいました。ところが会社で見る新聞は、朝日、読売、毎日、産経、それになんと言っても『日本経済新聞』（以下『日経新聞』あるいは『日経』と略記）です。それから六十有余年、愛読しております。特に『日経』の看板連載である「私の履歴書」は、何よりの愛読記事でした。それに繊維関係の専門紙が三紙はあったと思います。

後に『カーネギー自伝』を読んで、「あなたの一番のライバルは、金持ちの息子や重役などの子供ではなく、掃き掃除から入社した人の中にいることを忘れてはならない。自分の領域を超えて仕事をすべきである」と、彼は電報配達夫の時代、配達先の家をすべて憶えたうえ、先輩たちが帰宅した後、通信機をいじって、ツートン、ツートンと送受信操作の練習をするわけです。そしてそれを習得しただけでなく、耳で聞くだけで、アルファベットに変換できるようになったといいます。

ある朝、彼が一番に出勤してみると、ロンドンから「誰か受信できないか」という「至急電報」が入っており、「ゆっくりなら自分が受信できるかもしれない」と返信し、その重要な電報を直ちに配達し、至急・緊急の用件を済ますことができたわけです。

こうした人知れぬ努力の結果、配達夫から電信士となり、頻繁に電報局に出入りしていたペンシルバニア鉄道のT・A・スコット氏に見出され、彼の電信係兼秘書官として、その後の出世街道が始まることになったのです。

多くのサラリーマンに申し上げたい。「一〇万円の給料の人は、一五万円か二〇万円の仕事をしなさい。それはその時は報われなくても、天国に貯金されているのです（その時は、こんな損な役目をさせられて、と思ったこともありますが……）。自分自身の一生で見ると必ず複利計算で返って来るのですから」と。

こうして繊維専門誌などを読み続けているうちに、いつの間にか、諸先輩に追いつき、追い抜くための知識や知恵が身についてきました。また、皆に驚かれたのが、イギリスポンドの換算です。当時、一ポンド一〇〇八円、一ポンドが二〇シリングかどうか？　一シリングが一二ペンス（どっちがどっちだか忘れましたが……）かどうか？　と、貿易部の担当者が、当時の手回し計算機で行なう換算で苦労しているのを、商業高校で学んだ算盤で計算する方法で、たちどころに計算して教えると、とても驚かれたことがありました。

わが社は、伊藤忠や丸紅のある本町通りの一本南側の南本町にあったので、屋上からそれを眺め、「あんなに大きな会社に入れたらいいのになぁ」と、伊藤忠、丸紅は羨望の的。高卒者はいつまでたっても昇進できず、下働きのまま。

生徒会長までした優秀な同期生も入社していましたが、何十年かあと、同窓会で会うと、まるで気抜けしたような風貌になり、青年時代の活力と気力に充ちた面影は、どこにもありませんでした。なかには大手銀行の支店長になったり、アサヒビールの重役になったり、松下電工の部長にまでなった成功者もいますが、敷島紡績に入社した同級生が、上司にいろいろ文句を言うと、「そんなに君の主張を実現したいのなら、京都大学を卒業してから来い」でおしまい。神戸大学夜間部大学卒は大卒と認めてはくれないのです。

解雇、そして傷心の帰郷

朝鮮戦争期のガチャマン景気（一九五〇〔昭和二五〕年頃から日本で発生した景気拡大現象で、織機をガチャンと織れば万と儲かると言われた繊維好況）で半年分のボーナスを貰うなど、とても良い時代もあり、綿糸の取扱い量が伊藤忠より多い時さえあったのに、その後のスターリン暴落（一九五三年、スターリン死去に伴う株価暴落）や、お得意さんが三品取引所（綿糸の太さによる二〇番手、四〇番手、六〇番手の三品取引を行っていた「大阪三品取引所」）の相場で大損するなど、まともな織物会社でさえ支払い不能となる事態が続出、それらの負債を抱えたまま存続していたため、主力銀行の東海銀行、日本銀行などから厳しく指摘され、主要紡績会社や化織会社などから出荷止めを食らうほど疲弊していたわけですが、そうした実態・実情など、新入社員の我々などには知る由《よし》もないことでした。

朝一番に郵便局の私書箱の郵便物を取りに行くのが私の役目だったのですが、経理課長が「LC

（信用状といい、輸出契約が成立すると先方が銀行経由で送付してくる保証書）はないか」と、いつも目の色を変えてＬＣを受け取りに来て、それを銀行へ持ち込むと日銀の特別金利で優先して割引手形と同じように融資を受けられるというわけです。

名古屋の兄に当たる人が、豊島株式会社（戦時中は合同していた兄弟会社）に助けに入り、大阪豊島の手形に保証印を押して貰い、仕入れをしなければならないほど落ちぶれて、社員を半分解雇し、再建のために名古屋から課長が管理人として入ってくるような危機的状態でした。

その前に話しておきたいことがあります。潰れそうな危機的状況になると、相当な金額を不正に着服するような人が現れたり、綿糸課の課長にいたっては倒産しそうな会社と組んで、綿糸をどんどん送りこんでいる。下釜さんという、私を随分可愛がってくれた真面目な人が上司に訴えるほど、それぞれ様々に不正や悪行をする人たちが出てくるものです。これはどこの世界でも、業界でもあることです。人は信用できると同時に、自分が危ないと思ったら何をするかわからない存在です。平生じっくりと欲得なしの素直な気持ちで人を見ていると、なんとなくこの人はおかしいと感じることが、その後の苦労や経験でわかるようになりました。

さて、解雇された私は、系列の運送会社にしばらくいたのですが、どうしても前の会社が恋しく悲しくてならず、よく近くの靱《うつぼ》公園で一人寂しく涙がなくなるほど泣いていました。

会社の寮で一緒だった頼政さんは、「水田君、帰ったらあかんで、大阪で何とか頑張れ」と励ましてくれました。彼は貿易専門学校出身なので、神戸の大洋物産という貿易会社へ就職が決まりました。その後、南アフリカのヨハネスブルクの駐在員として、日立製作所の冷蔵庫やダイハツの車などを販売していたようで、二〇年程後の話ですが、ヨハネスルブルクにある電機会社で、Ｍｒ・ドンデという方と取引をしていた折、何かの拍子に「Ｍｒ・頼政を知っているのか？　彼とは大きな取引をしているぞ」と聞かれ、余計に打ち解けて長く取引することができました。しかし、結局、大阪では思うように就職が叶わず、仕方なく帰郷しました（頼政さんはその後同社社長にまでなる）。

郷里では、就職活動をしながら、実家の百姓の手伝いをしていました。就職活動や百姓仕事の合間に、月刊「文藝春秋」や「日本経済新聞」を隅から隅まで読んだものです。これが後年随分役立ちました。

高校の担任兼就職係の先生のところへ、菓子折りを持ってお伺いしましたら、奥から奥様の「何をお出ししましょうか？」という声が聞こえ、「お茶で良い」と……。ところが、こちらの手土産を見ると、「わしはコーヒーが欲しくなった」と……。さてはて。

挨拶もそこそこに、こちらから就職口の斡旋をお願いすると、「君は今何もしてないのか？　丁度良い、これを手伝ってくれないか」と言って、ダンボール箱いっぱいの書類を渡され、「この振替伝票を書いてくれないか」と。「渡りに舟」と逆に重宝に使われてしまうことに……。いやはや致し方なく、「はい、わかりました」と二つ返事の安請け合い。一週間足らずのうちに起こした伝票をお届けしました。ところが、「おお、ご苦労、ご苦労」と、受け取るだけで、手間賃の配慮など何もなく、藁にもすがりたい思いの就職口の話は、ハの字も出ない。

先生は製材会社から手数料はちゃんと貰っている筈なのです。このチャッカリ屋の悪徳教師。何十年か後、良く勉強ができた伏見君に向かって、「とうとう校長にはなれなかったわ」と嘆かれていたとのこと。担任だったので、同窓会の度ごとに主賓として招かれていましたが、お会いしても罰の悪いことこの上ない、とうとう言葉も交わしませんでした。

二百人の同級生のうち、成績上位の一番から五〇番までは、経営者コースとして別扱いされていたので、ほかのクラスの仲間からは羨望の的《まと》でしたが、実際は経営者コースなどではなく、成績の順番に大企業へ就職するための窓口、通路のようなもの。大抵が偉くはなれず、課長か課長代理くらいは、まだましな方だったのです。

まれにアサヒビールの重役、都市銀行の支店長、松下電工の部長などと、世間に通用する肩書きの出世頭の者もいましたが、能力もさることながら、人知れぬ努力をしており、また、共通しているのは、人柄もじつに誠実な人物だけであったということです。

失意の約一年の間、兄の葡萄園で苗の植え付けをするなど、農作業の手伝いをしながら、養って貰っていました。

昭和三五（一九六〇）年一月一四日、遊びがてらに、福山の秋田さんという豊島時代の先輩に会いに行こうと、国道2号線もまだ十分にできてない道を一五キロ以上もガタン、ゴトンと自転車で福山へ向かいました。

東京興信所時代に学んだこと

そういえばと……、友人の秋田さんもさることながら、職業安定所（現ハローワーク）に行くことを思いつき、地図を買い、求人案内を見ていたら、「東京経済興信所」というのが目に止まり、善は急げと、早速、面接に向かいました。

面接に行くと、大正一五（一九二六）年生まれという、小柄ながら目のきらきらと輝く、どう見ても只者でない人が所長で、「何、大阪豊島にいたのか？　福山に出張所がある頃は得意先だったし、今も岡山営業所の人と親しいよ！　明日からでも来て下さい」と、二つ返事で採用決定。成人の日の翌日、昭和三五年一月一六日から東京経済興信所（東京本社は鉄鋼関係に強い調査会社。それぞれ独立した会社で、提携関係にある組織）に採用・出勤することに。

そこの所長、後に社長になったこの人は、今迄会ったことがないほど頭の回転が早い人で、世の中にこんなに頭の良い人がいるのか、と思うほどの人でした。

経営分析など教科書通りのものはないと、ポイントは教えるものの「自分で分析せよ」。彼の直観力・洞察力はものすごいもの。東京本社の調査など、本支店交互料金のため一件五百円程の調査に行くのに、タクシーで三千円も出して平気で行くのです。採算などあまり考えず、調査先に会員になって貰い、三万円もの集金をさらりと貰って来るのです。ただ、非常に飽きっぽい人で、三月か半年に一着の割で洋服を買っていました。特に思い出に残るのは最初イギリス製の中古自動車を入手。免許を取るや二年間に六台も車を乗り換えました。最後はセドリックだったように思います。

結論から言って、この興信所時代の経験は後々《あとあと》大変役に立ちました。まず、こちらは二〇歳そこそこの若造なのに、面会する人が社長とか専務とか、大会社の経理部長とかでも、自然にそういう人たちの考えに染まり、伝わって影響され、若いセールスマンや一般の労働者とは、どうしても考えが違ってくるのです。

社長というのは、一見収入も良く、社会的に認められ、偉そうに見えますが、その実、社員の給料、人材集め、資金繰り、仕入れ先、お客さんのこと、将来の売り上げなどと、それぞれみんなの利益と調和を考えねばならないのですから……。当時、府中市で何番目というほど屈指の資産家でいらっしゃった中東産業の社長さんが、しみじみとお話しされたことを昨日のことのように思い出し、私自身もまた「社長くらい損なものはない」ということを、しっかりと身をもって味わっております。しかし、社長でないと味わえない喜びも、また格別なものがあるとも思っています。みんなにこんなに喜んで貰えたのかとか、自分の報告書や書いたものが、それなりに社会に役立っていたとか、相手に損をさせずにすんだとか……、と、ひそかに喜んだものです。

この興信所に勤めている時、社長から「みんなろくに働かない、これからは三分の一が基本給で、あとは出来高払いとする。新規開拓や集金した者には二〇％、広告は三〇％を給料に上乗せする。倒産情報などの「特報」編集には月三回で七千円の手当てを出すと……。こうなると皆収入の良い広告や新規会員の獲得に血眼《ちまなこ》になって働くようになるのは当たり前。しまいには詐欺すれすれの集金をする人まで出る始末です。経理を担当している奥さんは、現金が入れば全部自分の純利益みたいに錯覚し、ニコニコ顔。当の私は分の悪い「特報」の編集でした。

改名とその経緯

ここで重要なことをお話ししておきましょう。世の中、平成天皇と婚約者正田美智子様とのご婚礼で、日本中がお祝いムードで沸き返っているというのに、私は失業中で失意のどん底。

そんな折、一五キロほど北の、当時、岡山県後月《しつき》郡明治村（現井原市）というところから、滝本和一という長老で、見識のある小倉流姓名学の権威の方が、わが村に時々参られ、どん底の私も観て貰うと、「良い運をもっているが、水田實治という名がせっかくの運を消している。その意味は広い土地で豊かに実るが、治という文字はそれらを没することになる。「みずたじつじ」という名前は良くない。治という文字をとり「水田実」にした方が良い。棟梁運もあり、人の上に立ち、指導する力がある。但し、団体の会長などをしてはいけない。自分の会社を潰すようなことになるから気をつけるように……」と。

そんなわけで興信所に勤めた日から名刺には「水田實」としたり、「水田実」にしたりしていました。旧字はもともとの戸籍の文字だし、新旧両方の字体を使っていました。

「水田實治」の名づけ親は、母の弟である叔父さんで、後年この叔父のつまらなさに呆れ返り、その縁切りも含めたものでもありました。そのうえ、二〇歳までの知人には、略して「じっちゃん」とか「じっさん」と呼ばれていましたから……。

このように昭和三五年の興信所勤務の時から、名刺から他人との付き合いに至るまで、すべて通称名として「水田実（實）」を使用しておりました。

昭和四四年頃、埼玉県岩槻市在住の頃だったように思うのですが、日大法学部の学生であった専務の息子さんと、浦和家庭裁判所で審判（一〇年近く通称名を使用しているという証明書類、主に消印のはっきりした郵便物、著書などを提出した）を受け、承認して貰いました。それから、本籍、住民表、免許証明と、どの役所へ行っても簡単に変更ができる。その時、本当に「日本は法治国家だ」と実感しました。裁判所の決定は行政を簡単に動かせるのだということも……。

第3章　太洋電機産業株式会社時代

太洋電機設立の準備、資本金二百万円

落合社長は、太洋電気商会という小さな電気店を天満屋というデパートの裏で営業してはいるものの、小規模な個人商店で二百万円もの大金はありません。銀行取引も近くの広島相互銀行の女性行員さんが集金に来る位で、支店長や役職の人もろくに知らず、これから大きな商売をしようというのに、取引らしい取引もないようでは話にも何もなりません。

福山で全国区の仕事をするには力のある銀行と取引すべきであると、私は強く主張。さりとて、そのあてもなし。

私は材木商を営む府中市屈指の資産家である中東産業の社長に特に贔屓《ひいき》にして貰っていたものですから、すぐに相談に行きました。「それじゃ、わしの親分に頼んでやろう」と、福山市の有力者で商工会議所の副会頭をされている中国機械の児玉社長にすぐ連絡をとり、「水田さんらのグループで、新しく半田こての会社を始めると言っている。中国銀行を紹介してやってくれないか」と依頼して下さいました。

当時、中国銀行は岡山市に本店があり、全国有数の堅実で厳しい銀行という評判です。頭取の守分《もりわけ》十《ひさし》という方は、石橋を叩いても渡らぬ堅実一方の方で、いざ面倒をみたら実に誠実に指導する大変面

倒見が良い銀行。しかし、なかなか取引はしてくれない。

児玉社長は黒塗り高級車のクラウンで、二五歳の若造の私を福山支店長室へ同行、「この若造等が半田ごての会社を作るそうな、口座を開いてやってくれ」と。その後、落合社長を福山支店長のところへ連れて行き、取引して貰うことになります。しかし、困ったことに、その二百万円が集まらない。社長は銀行や親戚から百十万円、専務は農協で百万円余り借りてきて、自分の振込み分の百万円ほどと、右野さんという社員の持ち株の半分の十万円を用意、専務は自分の持分と工場長予定の松本さん分の半分を払い込み、私は一〇％出資させてくれるというので、直ちに現金で振り込みました。

電熱器具製造許可の件

半田こてを製造するには、通産省（当時名）の電機用品取締法に基づき、電熱器具製造許可が必要なわけです。広島産業省の担当課に聞くと「官報〇〇月〇〇日号に出ているから、そのようにせよ」。役人は手引書があるとか、もっと親切に教えてくれれば良いのに、「官報に記載されているからその通りの書類を提出しなさい」というだけ。仕方なく、千頁もあるような官報のつづり本を買い、「電気用品改正」の条文及び施行令を何度も読むも、電気の知識のない者には珍紛漢紛。工場長予定者の松本さんに解説して貰いながら、一つひとつ理解し、また何度広島通産省担当者のところへ通ったことか。まず分ったことは、会社の謄本がいる、会社はできてない。生産設備がいる、何もできてない。検査設備がいる……。社長予定の落合久二名義で、簡単な設備を作り、検査設備（絶縁計、スライダック、電流計等々）を揃え、やっと昭和四〇年の二月、三月に広島第一九号電熱器具の製造許可が下りました。その後、昭和四〇年四月三〇日に会社の登記ができた後、社長の個人名から太洋電機産業株式会社名の許可書に名義変更しました。

創立時のメンバー

・社長　落合久二（一九一六年生まれ）東京帝国大学卒の本家の伯父さん経営の朝鮮での金鉱山の鉱山長。戦後、同伯父経営の八州電機勤務を経て、福山で電気小売商店を経営。
・専務　芦田　豊　現京都繊維大学（公立旧専門学校）卒、農業、精麦業、木材切り出し業など、町議会議員一期、消防団分団長、ＰＴＡ会長などを歴任する地方の名士。
・工場長　松本秀志　旧制工業学校卒、電機工事会社課長。
・社員　右野山夫　社長経営の太洋電気商会社員。
・社員　水田　實　岡山県立笠岡商業高校卒、商社、興信所勤務を経て。
・経理課長　真備　克　後にG電機専務（後から入社）。

・第二事業部次長（後常務）　高趙夫　バス会社労働組合役員（後から入社）。
・通訳兼輸出代行　平田　正　大阪市立大学を次席で卒業。神戸銀行に勤務。

Gootの創業時の話

賢人のアドバイス

一、日本で俺が始めて考案した。これは特許が取れるぞ素晴らしい、売れる物ができるぞ。ボール盤メーカーの社長の話。「特許広報」を調べてみると自分の考えるくらいのものは大抵とっくの昔に発明されている。

二、資本金を借金から始める馬鹿にできるものか。泉鋼材社長談。

三、このくらいの原価で作り、このくらいの値段で売り、これくらいの利益が出る、そんな予想で始めるんでしょう。まあーやってごらん（大抵失敗する含みあり）。後に広島相互銀行（現もみじ銀行）の審査部長までした人。その時は充分耳に入らなかったけれど、後から猛毒の如き効き目がありました（「良薬口に苦けれど、病に効き目あり。忠言耳に逆らえど行いに効き目あり」とはこのことでした）。

四、新しい半田ごてを考案したのは、小さな電気店を経営している人で、真面目で、とても誠実な方でした。なりよりも優れたところは、とても器用な方で、壊れたものはすぐ修理できたし、戦後間もない頃からなので、秋葉原で部品を仕入れてきて、ラジオを製作・販売したり、東京の最大手電気卸し会社の広瀬無線とも取引がありました。

五、今度考案した半田ごては、こて先が錆びて半田が付かないということがない半田ごてができる。みんなどう思うかな。来客や知人に相談すると「落合さんそれはすごい、将来のソニーや億万長者や」と誉めそやす。

六、誉めてくれたからといって信じてはいけない。金を払い使ってくれた人、使用して納得した人、改良の意見を言ってくれたお客さん、例えば選挙で拍手してくれたから、それで当選できるわけではない、本当にこの人に一票入れてやろうと本気で応援した人こそ本物で、一〇票、一〇〇票、一〇万票になるわけです。

私の商売哲学、「一個買う人こそが本物で、この消費者こそが、原点で、何億円、何百億円売ろうが、一個買う人の支持が企業経営の基本である。これを忘れたら次第に企業は衰退する」と、これを肝に銘じています。卸し商社は一万個買ってくれます。しかし、これは自分が使用するのではなく、転売して金儲けするための注文です。

販売会社からの意見の受け入れかた（その比率）

定価一〇〇〇円の商品　消費者は全額負担するので、一〇〇％意見を聞く耳。卸しは六〇〇円（一〇〇〇円－六〇〇円＝四〇〇円）で、四〇％小売店の意見を聞く。卸し商社への出荷価格五〇〇円

（六〇〇円－五〇〇円＝一〇〇円）で一〇％の比率で聞く。

ここで申し上げて置きたいことがあります。ほとんどのメーカーの方は、注文をくれて、お金の支払いも頂くのは、卸し商社なので、そこの都合の良いことばかり聞かされ、本当の消費者の意見を聞かされておらず、問屋さんの儲けの多い方の意見しか入ってこないということです。
七、錆《さ》びてすぐ半田が乗らなくなるので、穴をあけ、はじめから半田を乗せておく。
失敗A、こて先がすぐ減って穴が開いてくる。

失敗B、パイプの中にヒーターを入れたため、熱効率は良いが、オーバーヒートしてヒーターが断線しやすい。
八、改良型
銅のこて先を真鍮パイプで覆い、先だけ銅のこて先を出し、同じように先に穴を開け、半田を載せる。

失敗Bと同じように、こて先が減り、ヒーターも断線しやすい。

第一回と同じように全国に販売したが、不良品の山となり、まったく売れない。
九、販売店の卸し屋は、もはや相手にしてくれない。どうにもならなくなって、東京駐在員として一年少しいたのですが、様子を見に福山の本社に帰ってみると、事務員さんの給料は遅れて払ってはいないし、社長、専務と私は（役員でもないのに）その後も含めて一年位給料が送られてこない。給料の名目はあったことはあるものの、旅費や費用は一切送金なし。社長は「給料が遅れてすまないな」の一言もなく、会社が困っているのだから、辛抱するのは当たり前だという感じ。事務員さんが愚痴を言うのです。「親戚からの借入れ金の返済は、慌てて持って行くのに、私らの給料まだ貰ってないのよ」と。

十、ヒーターの改良

今度は丸型のヒーターを作り、こて先は直径4ミリ×8ミリくらいの棒状のこて先が入るこての試作品を作り出した。

落合社長はすごいな、これにアルミの炉作り、ヒーターをアルミでモールドしたのです。ヒーターに絶縁してアルミの服を着せたようなものです。格好は悪いがとんでもないものが作られました（イラスト3－1）。

市谷加賀町二丁目三三番地に借りたアパートの白鳥さんという大家さんは「水田さんはもう帰ってこられないのではないか」と言っておられたそうで、奥さんには電話番までして頂

イラスト 3-1

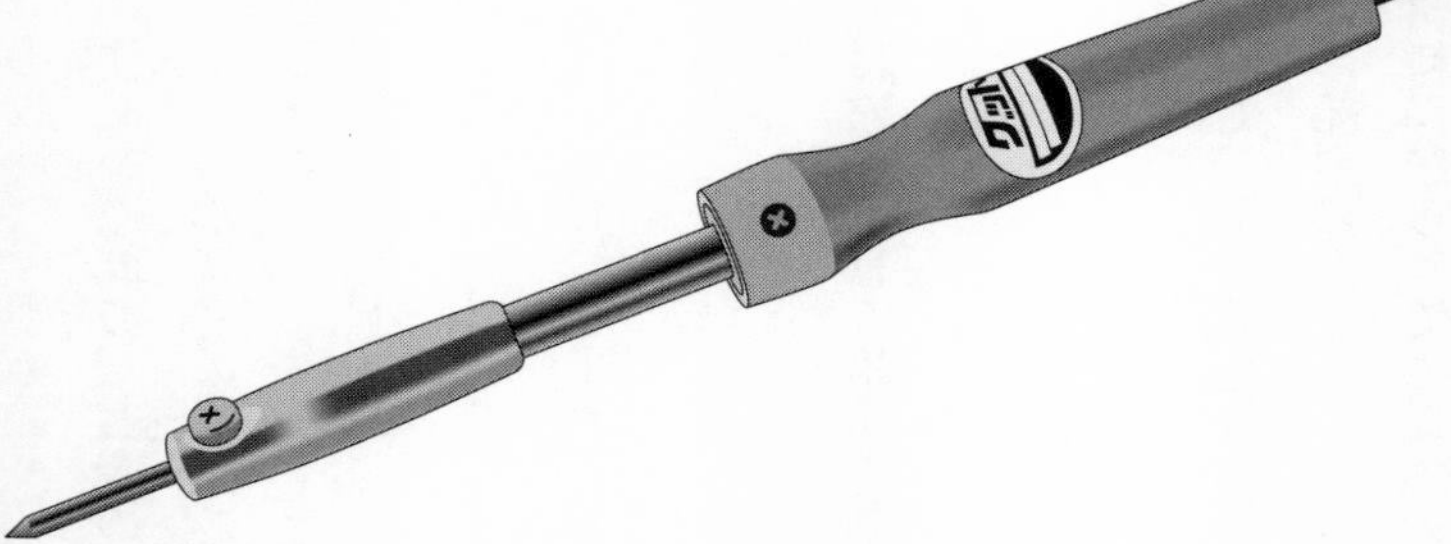

通電後約 10 ～ 15 秒で使える即熱半田こて TC-60。

き、ご夫妻は今でも最大の恩人の一人に数えられる方です。旦那さんはある出版社にお勤めで、私が『実感的経営学』（写真３－１）という本を出版した時、会社で「うちのアパートの人にこんな人がいる」と、お褒め頂いたようです。

昭和四一年の正月明け、半田ごて（ＴＣ－60　60Ｗ）の見本たった一本を持って、再び東京へ帰って来ました。まず、電波新聞社へ行き、記事にして貰い、その記事を持って各社を歩きましたが、やはり、二度の失敗のあとはたやすく認められません。万事休すで、どうして良いかわからず、上野公園の木の下で、ぼけっと寝転んで、苦しんでおりました。

十一、ヒーターの交換よ、さようなら　グット　半田ごて

秋葉原の看板屋に次頁のイラストのごときベニヤ板に製作して貰いました。サンドイッチマンのように首にぶら下げ、学生が屋外で写生するように画板の上に製品を並べて、秋葉原駅前の愛三電気さんに商品を置かせて貰い、来る日も来る日も「ヒーターの交換よ、さようならグットはんだこて」、一日三本、五本、一〇本位売れる日もありで、お客さんが二本目、友人が買いに来てくれる。その駅前の展示販売に私の無二の親友で東京大学の学生だった

写真 3-1

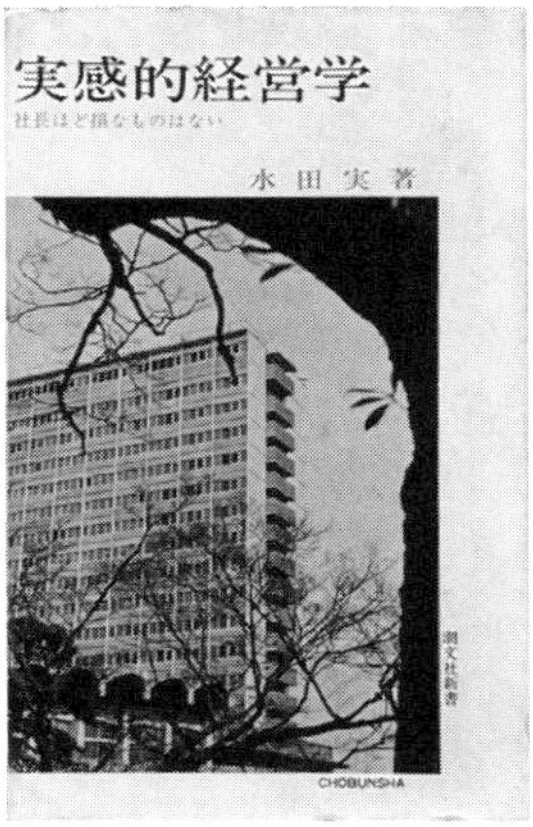

拙著『実感的経営学』（1966 年、潮文社刊）。

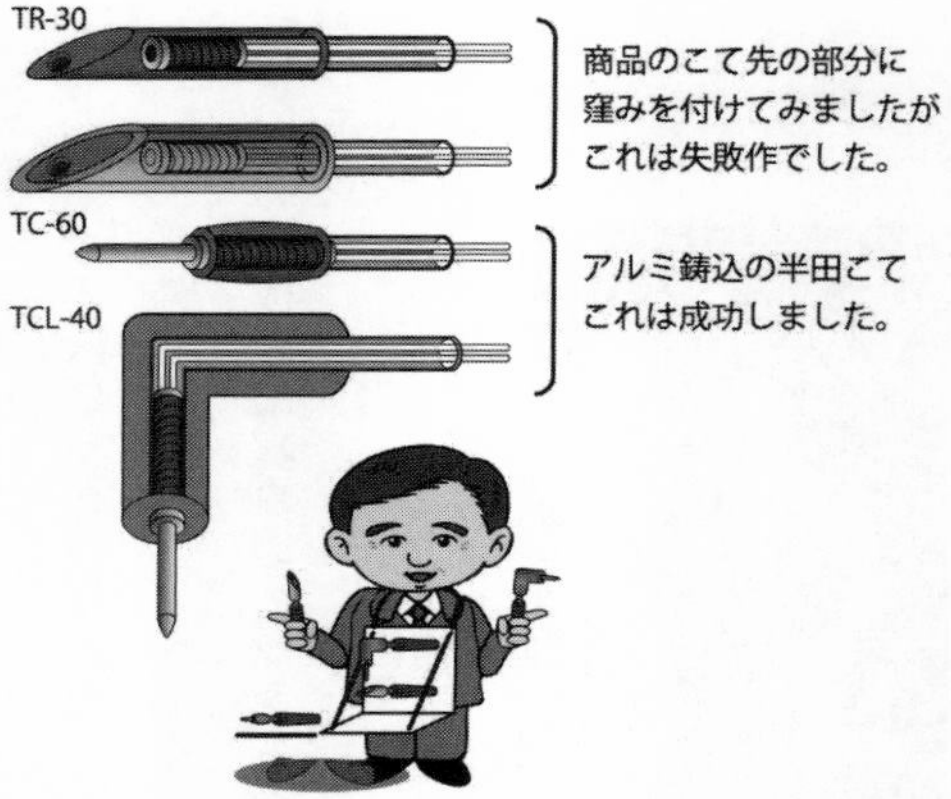
TR-30
TC-60
TCL-40
商品のこて先の部分に
窪みを付けてみましたが
これは失敗作でした。
アルミ鋳込の半田こて
これは成功しました。

製品を取り付けたベニヤ板を首からつり下げ、連日秋葉原で売り込みを行った。

森山直樹君も手伝ってくれ、また今、福山弁護士会会長の藤木さん（同大学生）まで一緒にやってくれました。

この話を角田無線のセールスの人に話したら、「じゃあ売り出ししてみるか」。二瓶さんという方が最初の提案を受けてくれた方で、今でも彼のことを思うと胸が熱くなります（風の便りだとすでに故人になれているらしいです）。これがきっかけで、本社でも現物見本の付いた三百枚くらいのディスプレーを作り、全国販売のきっかけになりました。確かそれから二年位で黒字経営になったように思います。

反省点

A、科学的根拠が何もなく、町の発明家のたわごとでしかなかった。

B、テストしようにも試作品さえない、ただのアイディアでしかなかった。

C、半田がなぜ電子部品の結合に良いか。半田がなぜ接着に良いかの説明が必要。

D、ヒーターのニクロム線は何度まで持つか、温度計測やヒーターの構造など、ほとんど分かっていなかった。

E、特許広報に掲載されているさまざまに工夫された半田ごてのことを説明しても、社長は自分のものしか頭になく、なんの根拠もなく自説を曲げない。不良品の山になり、何で断線するのか、こて先が減って穴が開くのか、拡大鏡で見てもわからないわけです。私も本当に馬鹿で、工業学校卒でないため、そのような原理・原則に頭が働かなったのです。

商標「グット」について

設立準備の会議を社長、専務、松本さん、右野さん（全員いたかどうかおぼえてない）で開催。社長から「こての先端に半田を蓄えて使うのだから、タンクにしたい」との提案。私は「タンクは戦車を連想し、重苦しくて良くないのではないか？　グットとかサニーのように軽くさわやかな名前が良いのではないか、GODは英語では神様、GOTはGETの過去分詞になり、GOODは英語では良いという意味になり、商標法に違反する。グットなら、グット抱いて頂戴とかの感じのいい言葉ではないでしょうか」と提案。当時のトップメーカーの石崎電機は「シュアー」という商標で圧倒的に強いメーカーでした。

私は商標登録の仕方の本を買い、弁理士に頼まず自分で書類を作り、タイプ印刷屋さんで五枚の商標になるような文字を貼り付けて、特許庁へ直接出しました。

ここでグの文字とトの文字を線でつないで、いかにも商標らしい形を描いてくれたのは、社長の親戚の人で、デパートのデザインの仕事をしている方の功績です。

昭和四一年の日にちまでは覚えていませんが、登録商報の広報は一枚ものでしたが、同じ頁に本田技研と取引があったカマタ無線が載っていたのを覚えております。本田技研は車ではかなり以前よりありましたが、エンジン付き発電機を製作し出したものですから、「第一一類民生用電気器具」部門にも申請したのでしょう。

「ヒーターの交換よ、さようならグット半田こて」のキャッチフレーズは自分ながら気に入っております。英文カタログを作成する時、グットを英語にするにつけ、GUOT？　GOTもだめ、語呂合わせで「Goot」と印刷したのが始まりで登録商標は取ったかどうか知りません。

私を追放した後、社長と専務（元）が会社を分けた時、争いになりました。又後で話すことになるでしょう（一二七頁）。

原価の出し方

昭和四〇年頃、電機メーカーでは、なんと言っても松下電器、モルモットと揶揄《やゆ》されながら急成長する花形的存在であったソニーの二社の有価証券報告書を取り寄せ、かつ東京の同業者、石崎電機製作所の決算書を取り寄せ、特に製造原価報告書を丹念に分析。材料費はいくらぐらいの比率か、加工費用は、製造間接費は、また一般管理販売費は、当時と今では違うのは、高級品（テレビなど）には三％くらいの物品税がかかっておりました。製造原価は六〇％から六三％で、広告費はどちらも結構多く、三％～五％もかけていました。同業者の石崎電機は、昭和三九年で年商四億円、税込み純利益四千万円と素晴らしい成績です。

こちらもこれらを参考に原価を出し、半田こて三〇W単価二一〇円の工場出荷価格を設定したのを覚えております。

第一号製品

ボールペンの先のような形状のパイプ形のこてで、5－7パイ×一〇〇ミリ位のパイプの先端側五〇ミリくらいのパイプの内側にマイカで絶縁した333Ω《オーム》のニクロム線を巻いたヒーターを入れ、取っ手は木製。こて先の内部から熱するヒーターですから、熱効率はとても良いのです。しかし、オーバーヒートして、とても断線しやすいのです。実はこんなに当たり前のことさえ知らずに工場を作って、売れるものと信じて皆、元気良くやっていたのです。

一方、こて先は先端に少し穴を開け、半田が溜まるようにしていたため、始めだけは半田のノリが良く、うまく半田付けができるのですが、半田の中の錫《スズ》と、こて先の銅の原子か分子か知りませんが、錫の原子と銅の原子が溶ける温度になると結合して合金になっていくのです。すぐにはわからないのですが、この原理で半田づけという結合作業ができていたのです。それ故、作業をしていると銅のこて手先は見る見る溶けてやせ細るのです。そんなわけで販売した半田ごては、ヒーターは切れるは、こて先には穴が開いてくるはで、ほとんど不良品で、返品の山です。

第二号改良型製品

こて先が減るので、銅こて先の先端以外に真鍮を絞り込んで二重構造にしたのです。真鍮なら減らないのではと考えました。しかし、これも見事に失敗。出荷したものの殆どが返品に。ヒーターが断線しているのを社長が拡大鏡で一所懸命見て調べているのです。「どうして切れるのかなー」と分かりません。ニクロム線は何度で断線するか、半田がなぜ接着するかもわからず、億万長者を狙ったとは、識者の予言どおりでした。

その前に、いざ工場を始めたら、社長が販売を一手にお願いしていた広瀬無線の賢明なる鈴江大阪所長（慶応大学出身）に、「これは町の発明家のちょっとしたアイディア品でしかなく、わが社では扱えない」と、はっきりと言われました。

私は一計を案じ、電波新社で業界名簿を買い、図面を付けて、「しかじかの半田こてを準備している、もし興味のある方は返信下さい」と、返信用はがきを同封して二百通くらいを各メーカーへ出しました。すると、半数以上の会社からすぐサンプルが欲しいとの返信があり、そのハガキの束を鈴江所長に見せたら、にこりとして、じゃ販売してやろう。その前に社長と意見調整をしたことは会社として根本にかかわることです。社長は大手の広瀬無線に一手販売を任しても良いというので、それはだめですと、私の出した方針は、まず、全国で売れるようにすること、せめて五社の代理店を確保すること、自己ブランドであること、販売価格を主体的に決められること、小なりと雖も自己ブランドで行くこと（現在の久富電機産業株式会社もこの方針です）の五つです。

三度目の正直、鋳込みがた半田ごて

三菱電機が持っていた絶対切れないドイツ製のヒーターの半田こてを専務がもって帰り、分解してみると、マイカヒーターの上にアルミ鋳物で完全に密封してあり、発熱したニクロム線が一箇所でオーバーヒートしない構造になっており、さすがにドイツ、完璧な設計になっている。

その頃、私は東京で悪戦苦闘、通算一年分の給料を貰っておらず、いや私だけでなく、社長、専務と三人は、一年間は給料を取っていません。私は役員でもなんでもなく、設立者五人のメンバー中、最年少の人間です。たまに会社に帰ってみると、銀行出身の四方さんというしっかり者の事務員さんは、「私らも今月の給料は貰ってないのよ。社長は今迄の金は良いから専務お前やれ、専務は専務で、社長こそやれ、わしはもう手を引くと、逃げ合っているのよ」と。こちらはこちらで、東京で飢え死に寸前なのに、互いに逃げあっているとは、なんて情けないことか。

品物が動くようになり、自転車では運びきれなくなる。そこで一万円で中古のモーターバイクを買い、雨の日は雨合羽をきて、後ろの荷物は太いゴム製で金具のフックがついた太目のバンドで荷物を運びました。その前に昭和四三年六月、四五万円あった給料など経費負担分を何とか返して貰い、郷里で見合い結婚し、その費用に充てました。事務の手伝いをしてもらいたいというのも結婚の理由の一つでした。

郷里へ帰ると次兄が左官をメインにした工務店の組を作り、職人が数人、自動車もあるものですから、その家を宿代わりに使わせて貰っておりました。ある日、義姉が「弟が今仕事を探しているので使ってやってくれないか。性格は明るく皆に好かれているかような弟です」と、こちらも東京営業所に人が要るものですから、一緒に市谷の白鳥荘に住むことになりました。後から聞くと、井笠鉄道のバス部門でしっかり労働運動をし、有力な執行委員で、大争議の後、解雇され、どこの会社も採用してくれず、ミシンなどのセールスマンをしたりして、食いぶちがなかったのが、本当のところです。

人当たりが良くいつもニコニコしているものですから、社長も気に入り「高趙夫君は気持ちのいい男だな」と褒めてくれるほど。

まだ、東京営業所を高趙夫と二人でやっている頃、私は出張で東北か北陸か忘れましたが、あるお客さんが「○○の品がすぐ出荷できるか」と言われるので、営業所へ何度電話しても出ないものですから、白鳥荘へ電話して白鳥さんの奥さんに部屋を見て貰うと、まだ寝ており、サボっているというわけです。「これこれをすぐ営業所へ出て発送してくれ」と依頼。

森山直樹さんという東京大学生と三人で順番に自炊していました。直樹さんが「高趙夫さんはおかしいな」とつぶやきました。彼がアルバイト（家庭教師）で金が入った時に、焼き芋を三百円分買ってきて、久しぶりにおなか一杯になったのを今でも覚えています。自分の担当時はいかにも金を使わない、他人が買ってきたものは腹一杯食べる。早稲田へ行っている幡司さんが一升瓶を下げて「一杯呑もう」と言うような時は、顔が青くなるほど飲むのに、自分はお金を殆ど出さない。

結婚して、余丁町（東京女子医大裏あたり）の六畳一間の狭いところへ直樹さんと高趙夫を時々栄養補給に招待しておりました。高趙夫は顔をくしゃくしゃにして「ご馳走さんです」と大喜び。

先ほど少し触れましたが、I鉄道（バス）労働組合の幹部であった義弟の高趙夫を会社として採用。始めのうちは愛想もよく人気者でした。東京営業所で一緒に仕事をしている時、忘れもしない昭和四三年一二月一〇日、東京府中市で偽白バイの犯人が三億円をまるまる持ち逃げするという有名な三億円盗難事件が発生。その時、事務所かアパートか忘れましたが、「逃げよ、逃げよ」と泥棒を応援するのです。「馬鹿か、泥棒を応援する奴があるか」。労組で暴れた人を世間で採用しないのがわかるような気がします。

東日本をあちこち販売に行かすのですが、特に褒めるような成績を出したという記憶はありません。ある日、親の用事でちょっと帰らせてと二、三日帰りませんでしたが、東京の生活は苦しく、親の面倒も見なければいけないので、卑怯な奴とは思ったものの、兄貴の手前もあり、黙認しておりました。

本社へ帰った時、給与を見ると私よりはるかに多いのです。調べてみると残業を夜十時頃迄ほぼ毎日のようにしていることに。その後、自分が重役になった時は、社員の残業手当は殆どカットしています。

それより前、兄のところに高趙夫が来て、「兄さん四〇万円何とかなりませんか。今四〇万円持って行けば株主にしてやる」と専務が言うのです。手形が落とせるかどうかの瀬戸際の時、「高君、今四〇万円あるかどうかで、生きるか死ぬかの瀬戸際だ、君、男にならぬか」と言われ、私の兄に無心に来ていたのです。そんな自分に都合の良いことは知らぬ存ぜぬで平気です。手柄を立てた時は鬼の首でも取ったように大声で触れまわる。この手合いの人間はどこの社会でもいるものです。しまいには私に向かって平気で「水田君」と呼ぶのです。年齢も三、四歳下で、私が無理を言って入社させたのに、この傲慢さ、私も落ちぶれたものです。

その後、東京で社員を募集するのに大変苦労しました、我々みたいな零細業者にはろくな人が採用できません。採用したらやめられ、仕事ができるような人は、男女を問わず採用できません（応募がない）。そんなとき、あろうことか、社長が新興宗教の俗に言う踊る神様に入信。あれは神の道に外れているとか、人を攻める時には神様の言葉で攻めるのですが、自分には適用しないみごとさ。これは宗教が悪いのでなく、人間の本能というか、他人の立場で人を見ないのです。私だって言いたいです、給料を一年以上も満足に送ってこず、来ても経費を出さないのですから同じです。それはさておき、その信者で山口大学入試に失敗し、就職先を探しているというA君というさわやかな青年を紹介してくれ、こんなにありがたいと思ったことはありません。真面目で、悪いこと一つ心配なく、安心して営業所を任せられます。その頃、荷物も増え、スバルサンバー360CCの軽自動車。ワゴン型ですから貨物が沢山積めます。彼は運転免許がないため、東京の自動車学校で会社負担で免許を取って貰いました。合格したのだから免許証は、と聞くと「実はすぐ貰えないんです」「なんでや」「学生時代、無免許でバイクを運転して、捕まったことがあり、罰として一週間後にならないと支給されないのです」と。何一つ悪いことをしないような人間にも隠し事があるもんだな、と思いました。でも仕事の上では忠実に良くしてくれ、大変助かりました。

ある日、営業に出ていると、ポケットベルが鳴り（携帯電話などない当時、ポケットベルが不可欠の連絡法で

イラスト 3-2

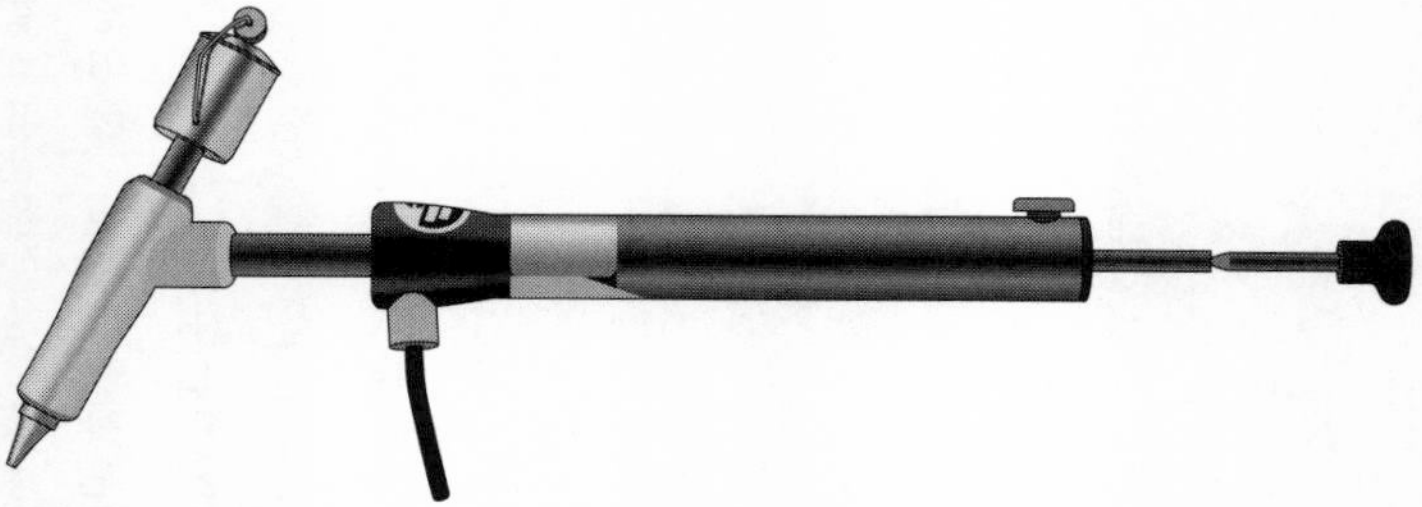

プリント基盤の電子部品を取り替える際、半田を吸い取る「半田吸い取り器」。

した）、「松下電器のラジオ事業部のサービスセンター本部より、連絡が欲しい」とのこと、私は直ちに松下に電話、「明日面会できるならすぐ参ります」と返事。門真市のナショナルサービス本部の責任者・主任の方と一時間ほど商談し、契約が叶いました。内容は各地のナショナルサービスステーションで半田吸い取り機（イラスト3－2）が結構売れており、本部で統括・集約しようという願ったり、叶ったりの話。

電話一本で注文一五〇〇万円とか二〇〇〇万円の取引が貰えるのです。時には主任の葉書一枚です。気を良くして東芝にも売り込みを成功させますが、これには手続きがいろいろかかり、注文も七、八個の判子がないと納品できません。窓口は東芝商事株式会社で土光敏夫さんが再建に成功したばかりの頃です。

東芝さんにはその後、エレクトニクスショーに出展する際、工業会の規則で正会員の推薦状がないと出品できません。同社に推薦状を作成して貰い昭和四七年初めて一流メーカーと同じ幕張メッセのエレクトニクスショーに出展でき、大変うれしかったのを覚えております。

昭和四六年八月の旧盆に川崎のセンターへ配達途上、世界的なニュースがラジオから流れました。アメリカのキッシンジャー国務長官が電撃的に北京を訪問するというニュースとアメリカドルの金への交換停止（米ドル下落のはじまり）もこの頃でした。東京は旧盆の八月一五日・一六日など関係なく、大会社は普通どおり仕事をしています。我々田舎者は殆ど里帰りで東京の道路は秋葉原から川崎まで、普通は一時間半かかるのに、この日は三、四〇分で配達できました。

松下幸之助の金言

三年位過ぎた頃でしょうか、A君が突然アメリカへ留学すると言うのです。こちらは腕をもがれるほどの衝撃です。北九州の実家へ行き、何とか続けて貰えないでしょうかと、ひらにお願いするも「大神様の教えをアメリカ人にも布教したいので英語をもっと学び、教えを広めたい」と。そして彼はワシントン州ポートアンジェルスの短大で英語力をつけ、州立ワシントン大学に入学。あるビジネス資格を取得し、日本のペプシコーラに就職、次々と外資系の会社を転々とし、大変良い処遇を得たようです。

新興宗教を信じる人の中にも素晴らしい方もおられるのは事実ですが、ある意味「エゴ」の塊ような人もいそうです。

太洋電機は留学するための資金稼ぎに利用しただけのように思えます。私は片腕をもがれるほどの衝撃でした。本当に悲しかったです。信頼できる人は大勢いるのですが、信頼しきった人でも本心はわからないものです。

前にも書いたように、松下電器は主任の人が一人電話か葉書で二百万円の注文を下さる。東芝は事前に「○○日頃百本（単価の高い二千円の品物）の注文が出る予定、書類は出来次第連絡します」といって七、八個も上司の判子がいる。

北海道ナショナルサービスという会社が札幌にあり、かなり前から取引をして頂いておりました。本部一括になった後も、札幌に行くたびに営業サポートにお尋ねしておりました。始めは札幌駅に近いところにあり、大変便利でした。ある時、月寒あたりのバイパスに近い郊外に移転しました。係の人に「こんなに立派な建物にいくらかかりました?」と聞くと、「うちは一銭も出していません。全部地元の農家の方に建設して貰いました（借家契約書裏づけにて全額借り入れ、松下の設計どおり建設）」という話。松下電器は資金を固定しません。それに対して東芝やダイエー、そごうなどは資産が増えると、資金を借り入れてでも出すのです。

松下幸之助さんの秘書をしていた江口克彦（後PHP研究所社長、国会議員）さんはPHP研究所の社長時代、住友銀行の樋口廣太郎支店長（後アサヒビール社長、スーパードライで一躍有名になった人）が、きわめて良心的にある物件にビルを建設しなさい、「必ず家賃で支払いもでき、ビルは自分のものになるから〇〇億円使ってくれ」との提案で、契約書に印鑑を押す寸前、おじいさん（松下さんのこと）の「江口君な、土地だけは買ったらあかんで、自分の住む家と工場は別や」という口癖を思い出し、色気を出して買うのを止めた。今、思い出しても冷や汗が出る。もし買っていたら今頃、借金払いで破産しているところだった。やっぱり爺さんは神様だった。と日本経済新聞に反省の記を出されたのを思い出します。

その後ダイエーやそごう、東芝の行き先をみれば、イトーヨーカドーなどの違いがわかります。

もう一つ三洋電機の件があります。

昭和四六年一一月六日、三洋電機の本社へ半田吸い取り器（ポンプ式）一本、最低納品単価一〇〇〇円で、二千本を担当者と商談し成立。それで納品方法になった時、田中商店を通じて納品してくれと、これ以上安くできない最低価格を出しているのに、ブローカーを一社入れ、わざわざ納品して、そこへマージンを落とせと言うのです。「それは無理ですよ」と話しているところへ、ポケットベルが鳴り、事務員さんより、「奥さんが産気づきすぐ入院です」との連絡が、後始末を本社の専務に報告、珍しく飛行機でとって返し、春日部の病院に行くと、長男が生まれていました。親切な事務員の横田さんが立ち会ってくれていたようです。……三洋電機の体質には変なところがあり、ブローカーにたかり、ゴルフでもたかっていたのでしょう。その後の運命がほんの些細《ささい》なところに出ていました。

太洋電機もそれなりに売れるようになり、日本電熱組合に加入していました。昭和四〇年代前半と四五年から四七年くらいだと思いますが、組合の半田こて部会で、共同値上げをしようということになりました。部会長は、当然トップメーカーの石崎電機の社長に決まり、S営業部長と二名で出席。他に大阪の白光金属のみ、アウトサイダーで、一〇社弱のメーカーが全部揃い、「賃金が毎年上がりやっていけないから二〇%協調値上げをしよう」という話に殆どの会社が賛成。私一人、一本ずつ苦労して販売した者にとって、価格はそう簡単に上げられるものではない。「本当は数十万人の消費者と相談して決めるべき性質のもので、メーカーが勝手に決めるにはいかがなものか。私は一営業所の所長で、決まったことには従う、と言うのが社長の指示ですから」と言うと、石崎電機のS部長が「お前裏切るつもりか」と厳しく叱責、社長にゴマを摺っているのです(この会社はそのうち弱くなるだろうと自分に言い聞かせました)。二回も協調値上げをしました。しかし、競争が激しくなると一〇社くらいの同業者のうち、弱い会社から順次姿を消していきました。最後に残ったのは、アウトサイダーの大阪の白光金属とトップの石崎電機他と太洋電機だけでした。

昭和四八年は出張しなくても売り上げが出るくらい、在庫さえあれば売れました。その時、しみじみ思ったのは、同業者くらい憎らしいものはないと考えていましたが、大違いです。業界の半田こての需要をまかなうには一社ではいけない。同業者とともに供給義務を果たさなければならないと、品切れが続くとしみじみ思うようになりました。

材料類も二割三割と値上げされ、それに輪をかけて、徳山の出光興産の爆発事故があり、プラスチック材料からあらゆるものまで上がりました。専務が値上げしたら売り上げが止まるかも知れないとおろおろと言うので、大阪で専務と私と大阪担当の角野さんの三人で、一番安い「しずや」という旅館で会合。専務はまだおろおろと決断できないでいるので「直ちに二〇%値上げすべきだ」と私は強く言いました。狂乱物価の年の昭和四十八年一〇月二一日より値上げの文書を出すことになりました。

その前に二つの大きな出来事がありました。電子部品業界の総会があり、電子部品メーカー、取扱い商社、小売店、一会場に千人位の人が集まりました。私はいつでも商売ができるようにカタログ一部と卸し価格表を内ポケットに忍ばせていました。

たまたま、となりに座った沖縄那覇の幸地ラジオという大手の扱い屋さんと名刺交換、カタログと価格表を見せたら、直ちに二千本を岡本無線経由で送ってくれないかと。岡本無線に言うと二つ返事でOK、専務が何年も開拓に通った先です。数分で、窓口ができるだけでなく、沖縄へ行くチャンスもつかみました（本土復帰一年目のことでした）。

三条の問屋との取引と教材界への入り口

杉並区に中央機材という得意先があり、日立製作所のサービス部へ半田こての納品をしてくれる会社が、スレート葺かプレハブのような本社を昭和四八年の一〇月頃建て替えました。宇田川社長はとても上機嫌で「これでわが社も一人前になれました」と大喜び、この社長はとてもプライドが高く、我々小会社には目もくれないぐらいです。私はその新築パーティーの席に三条市のメーカーがいないかとそればかり探していました。

そのパーティーに仕入れ先の客の一人として小林工具という鉄製の小型工具箱製造の社長が祝辞を述べられました。私は待ちに待った三条市のメーカーである小林社長に、パーティーになるや否や、名刺を持って、「わが社は半田こてのメーカーで三条の大きい産地問屋を探しているところなんです。是非とも何社か教えて欲しい。お礼はしますから」と挨拶。「わかった。高儀、ババチョー商店、清新産業などがある」と教えて貰う。その後、バブルの一番建設費の高い時に立派なビルを建てるわけですから、月々の支払いが毎月来るわけです、運転資金を食い潰し、倒産しました。そこの社員の一人渡辺君をスカウトしました。

二、三日後、私は三条市に行き、ビール箱一ケースもって小林さんを尋ね、お礼を申すとともに、その三社を開拓に回り、高儀の渡辺部長と面会、「三〇Wの半田こてはいくらか」「〇〇〇円です」「二千本すぐ送れ」と即決で受注を貰いました。清新産業にも窓口ができました。

ここまでくるには訳があります。本社の専務は、私が昭和四二年に開拓し、三木市の岡田金属という大手と取引していました。全国の金物大手卸し家と取引があり、三条は三木市に本社のある中間屋である新日本金属という会社へ岡田金属から卸していました。その会社は、三木市、九州支店、三条市支店とあり、三条という大産地の大手卸しへ二軒経由して販売していたので、三条へは殆ど売れませんでした。ここで横道にそれます。岡田金属の植田専務が、東京の鬼頭輝一商店に三木市の鉋《かんな》や鑿《のみ》、金槌などの三木市の産品を卸していました。この鬼頭社長からこれから中学校で、技術科・家庭科が始まり大工道具が沢山売れそうなのだ、とのニュースを聞き、岡田金属は直ちに大工道具、木工機械、金属機械類の販路を確立していきます。これが今日のトップマンです。

話をもとに戻します。弊社の半田こてをすぐに買ってくれた高儀さんは、工具セット（ケースの中にニッパ、ラジオペンチ、ドライバー数本、半田こて、ヤスリなどを）に入れてくれたので、すぐ完売、そして昭和四九年三月のある日、「東京の大井町にある我々のグループで日本産業教育振興協同組合という組合を二〇社くらいで作っており（以後、日産協）、共同仕入れ、共同開発をやっている、そこである半田こての新しいのを作る気はないか」というので、私は「大いにあります。すぐ参加させて下さい」と対応。ある土曜日、事務局の久米さん、名古屋より柚木さん、岡崎より愛知造形社の深谷氏と高儀の渡辺部長の五人で会合、柚木さんより、同業者のテスター付半田こてを改造して、「この半田こてはヒーターが断線して困るのです。君の所でヒーターも切れず、格好も良い半田こてを作れないか」「やりましょう、できると思います」。すぐ本社に電話、「明日の日曜日、幹部だけ出勤してくれないか。しかじかのわけだから」と。福山に直ちに帰り、これを改良していいものを作ろう。その頃、本社ではあれだけあった注文がピタリと止まり、売り上げは半減し出した時です。

しかし、難問がありました、同業者の白光金属はすでに実用新案特許を取得しており、特許庁の資料館に行きコピーをとりいくら読み返しても、その特許に触れそうです。その製品はL字型に曲がり本体よりテスターの一方の線とピンがついており、ピン先とこて先を当てると、断線などのチェックができる仕組みです。当社の設計図はピストル型で取っ手の中ほどにスイッチがあり、それは三段切り替えで弱・OFF・強になっており、ヒーターを長持ちさせるため、ダイオード回路を入れて、普通に使う時は三〇W、休む時や温度の低い方が良い時は一五W、止める時はOFFができ、本体からテスターに使えるようにテスターコードとピン付です。それがなかなか格好が良いのです。このデザインと設計は松本工場長の功績です。社長は始めは乗り気でしたが、「他人の案などの製品が作れるか」と、駄々をこねるのです。売り上げが半減し社員の整理をしなければならないほど、昭和四九年はどこの会社も大変な不況でした。

話が前後しますが特許に触れるかどうか、我々素人には判断ができないので、東京の一流の弁理士のところへ資料を持って相談したところ、「大丈夫、実用新案なので、違法にはならない」と、確約を貰い、代金を払って鑑定書を作成して貰い、金型の製作にかかった次第です。もう安心です。堂々と売り歩けます。

型番は日産協にはNSK－30の型番で箱から説明書まで、日産協としました。組合員のいない地区は全国の七〇％－八〇％あり、それ以外が自由に販売しても良いことになり、柚木さんに敬意を払いＵＫ－30と名づけ、組合以外は教材問屋を通じて販売しました（テスター付半田ごてキット）。大げさですが、単価六〇〇円から八〇〇円位の半田こての中にいきなり、一五〇〇円の定価の製品です。ライバルは一二〇〇円くらいだったように思います。

大ヒットで、会社も本来なら内職でする仕事まで、社員にやらせ、社員の解雇を免れた、と後からいろいろ出てくる高 趙夫という手際の良い社員は口癖のように言っておりました。本来なら社長や専務が言うところです。これは松本工場長のおかげです。

無謀な値上げがたたり業績ダウン

話を昭和四八年の末に戻します。一〇月に二〇％値上げしたにもかかわらず、品切れ続出です。私は平生の無理がたたり、一二月、一月と約三〇日位埼玉県の岩槻市の住まいの近くの小病院にすい臓の数値が悪く入院していました。退院後一月の末位かと思いますが本社に帰ってみると、再度二〇％値上げをしているのです。専務は最初の二〇％の値上げをあれほどビビっていたくせに、売れるものですから気をよくして、「水田ごときに相談など必要ない、ちゃんと売れるではないか」と。私も馬鹿にされたものです。

病院で入院している時、同室のおばちゃんがおりまして、「うちでは、押入れ一杯トイレットペーパーや砂糖など生活必需品を買いだめしている」と話しているのです。これは今に売れなくなるぞと予感しました。東京営業所も二月の注文で、きれいに注文残がなくなりました。

私は「こんな馬鹿な値上げをして今に売れなくなるぞ、どうするのじゃ」とものすごい剣幕で怒りました。専務や社長は、知らん顔です。

三月、四月の東京営業所は月宛一千万円が三〇％ダウンの七百万円、本社は一千万円が七〇％ダウンの三百万円に下がり、さすがに専務も「わしは専務を降りるわ」とまで言い出しました。なぜ本社の落ち込みが大きいかといえば、大口の得意先へ、押し込み販売が多かったためです。東京は小口に丁寧・確実に販売していたものですから比較的落ち込みが少なかったのです。

大阪の白光金属は、もともと創業者が湯浅金物の専務で娘婿の京都大学卒の吉村さんのために設立した会社のため、金物卸し関係には滅法強く、販路が確立しており、三条市や三木市の有力問屋、東京、名古屋、大阪の有力な会社へは販路が確立しており、電機業界へも売り込みが始まり、二〇％安い価格で来るので大変な脅威でした。

ここで白光金属の話は一休みして、私の人生を変えるようなことに変っていく訳です。というのは日産協という教材の小売店である中学校へ直接販売している所へ直接メーカーが直取引するということは、教材業界の卸し会社を認めないに等しく、彼らすればグットはけしからん会社である。全産協という業界団体の流通部会で「太洋電機をボイコットしようではないか」と数社が同意し、翌年のカタログを見ると「日本教材、石野商店など」が本当にカットされていました。その時、私は本社に帰り、「営業部長」という立場を無理やり勝ち取っていたものですから、会社でも皆の見る目の冷たいこと、大口の問屋にボイコットされ、少々落ち込み、一般売り上げが激減の上の二重パンチです。そこでひそかにラジオ専門メーカーであるフォアランド電子を守口市の本社に尋ね相談することにしました。

この会社の親会社は松光電機製造といって、松下電器のラジオ事業部のナショナルラジオのかなりの台数を製造下請けしている会社です。松下電器と同質のラジオの教材品を作り、新部門を立ち上げて二、三年の会社です。絶大なる信用があり、その品質はナショナルと同じで教材の価格で買える、勉強もしっかりできるよう工夫されているのです。

販売は最初、守口市にある卸し問屋を通じて販売したが、あまり思わしくなく、少しか売れない。そこで営業のできる何人かで手分けをし、特急の停車する大都市に下車。中学校の技術科の先生に面会、どこの教材会社から入手しているのか、このラジオキットだったら、どの教材店からなら買って貰えるか、都市ごと周り、代理店を作って行った。

「もし差し支えなければ、その代理店を教えて貰えないかしら、弊社ではラジオはつくらないから」。そうしたら「良いよ」といって全国五〇社から七〇社の名前と電話番号だけ教えて貰い、本社へ直ちに電話、「教材の営業活動を直ちに中止するよう」にストップをかけ、会社に帰り、セールスに夫々手分けして、直接販売を始める。私は各問屋を回り、「カタログに載せず、売ってやらない」という宣言に聞こえる。それ故、昭和五〇年五月より問屋さんに宣戦布告して、弊社より取引を止めさせて貰います。一番虐めた日本教材のI部長の怒ったこと。「メーカーが直販するのか」と、かんかんです。全産協は、殆どはかんかんです。ただ岡田金属だけは妥協が成立し、お客ごとに分けて競合しないように併売させてくれと、なりました。代理店さんからすれば、例えば千円の製品なら七百円から六五〇円でないと仕入れできなかったものが六百円で良いというわけですから、喜んでくれるわけです。実はそこまで行くにはものすごい苦悩が続き、「日本全体で考えたらどちらが良いか。大げさですが、天皇陛下さんだったら、全国民の幸を願われるのではないか。問屋さんの言いなりなるのでなく、直接消費者に得になる道はこの方が良いのではないか」私は悩んだ時、天皇陛下か総理大臣の立場で考えて結論を出すよう勤めております。全国民が得なるに方に結論を出す、という癖がつきました。

その前に、教材界への進出について触れなければいけないでしょう。東京の五反田に業界新聞の日本電波新聞社がありました。そこの新聞に良く記事を書いて貰っていたのですが、ある日、社長がこられ、「わが社にも『日本電波教材』という会社があるから、うちでも売れないか?」と。すぐ担当の赤尾さんという方が出てこられ、「この半田こてを、キットにして生徒が組み立てられるようにならないか」。「わかりました、すぐ組み立て説明書を作り、TC－30Wのキットを作りましょう」と。すぐ松本工場長に連絡して教材用半田こてを販売して貰いました。

昭和四二年か四三年、一年ほどで利益が出ないので廃業するとのこと、赤尾氏から、「うちの後は日本教材と石野商店がいいと思う。関西は三木市に岡田金属と藤友という有力問屋があり、藤友の方が多く売ると思うけれど、岡田金属の方が、堅実経営している。二社には売れないと思うが、自分の好きな方へ行きなされ」とアドバイスを貰い、私は量より堅実な方が良いと結論を出し、東京から新神戸、それから何回か乗り換え三木電鉄といういかにも田舎の電車という風情の私鉄に乗り、鵯越《ひよどりごえ》という駅に驚きながら三木市へ到着、岡田金属はすぐわかりました。植田常務さんが担当で（この会社はもともと、三木市の刃物、金属工具、大工道具などの大卸さんで、教材の個人持ち教材に進出しかけたところで、大工道具以外は、まだ少しの扱いでした）、社長も出てこられ、聡明で誠意のある方と直感できる人物です。前にも少し書きましたが、ここの植田常務さんが東京の鬼頭商店に取引しているうちに、技術・家庭科が始まり、金属加工、木工、電機とあり、機械類や道具類に大きな市場があると情報を得て、同社は直ちに教具部を作り、教材界へ進出していたわけです。

神田神保町にある日本教材もすぐ取引ができ、次に上野入谷にある石野商店に行きましたら、山口次長さんが応対され、取引はすぐ決まりました。その時、横浜の萩原さんが仕入れに来ていたとは、まったく気がつきませんでした。あとから、萩原さんが言われるには、「すごい半田こてが出たものだ、水田さんの熱気あるセールスにも圧倒されたよ」と、後日談になりますが良く話題に出ます。当分の間、別に問題もなく、教材用半田こても二万本から五万本くらいまでで大きな数字ではありませんでした。

ここで取引した日本教材が私の運命を決めるようなことに繋がります。

レッドチップ（耐蝕こて先、鉄メッキ）

中村さんという化学の専門家がおられ、電気ヒーターのステンレスパイプの上に自分で発明された特殊な塗料を塗布すれば、遠赤外線が発生、人体を近づけると皮膚より骨の方が良く温められる、という特許を出されたか、取得されたか確認はしていませんが、遠赤外線ヒーターの製造をはじめたが、なかなか軌道に乗らず、悪戦苦闘されていたみたいです。しかし、なかなかの発明。工夫家、勉強された方で、半田こてのこて先が減るのは半田の中の錫の原子とこて先の銅の原子が結合して半田接着ができるので、半田付け後の接着部は錫と銅と鉛の三金属の合金になっているわけで、半田がつき易いほどこて先は良く減るのが原理です（分子か原子かわかりません）。こて先が減らないようにするには、半田がつき、かつ銅のように減らない金属に鉄があります。耐蝕こて先、鉄メッキの作り方は銅の丸棒に純鉄をメッキするのですが、普通のメッキ工場に依頼しても生産する方法を知りません。特殊なメッキ液と方法が必要です。

その技術を中村さんは、文献から編み出し、あるメッキ工場を指導してできるようになります。例えば、直径四ミリ×長さ六〇ミリのこて先を作るには、直径三・六ミリ×六〇ミリの銅棒の先端一〇ミリ位を鉛筆の先のように切削し、一万本とか三万本単位でメッキ工程に出します。メッキ時間は二四時間と、普通のメッキに比べ桁違いに長時間メッキ槽に入れて通電し続けます。その間、停電や電圧低下などがあると全部不良品になり、きわめて神経を使う作業です。二四時間も鉄メッキをすると三・六ミリのこて先の中心部分の九〇％くらいは四ミリの太さになり、六〇ミリの両端は花の形のようなとても太く、花びらのような形です。半田を付ける方は円錐に旋盤で切削します（セージングマシーンで三六〇度の方向から叩くのが優れています、初めは特許がありました）。もう一方のヒーターに入る方は、きれいに円形に切削します。鉄は空気に触れると錆びてきますので、半田を載せる先端の五ミリ位を残して、アルミ塗装かクロムメッキを施します。先端部分は溶けた半田槽に付けて、半田メッキ状にして、初めて出来上がりです。

すでに同業者のボンコート社は大手工場への納品が主力のため、カニゼンメッキ、耐蝕メッキ、鉄メッキ付として定着しており、我々はかなり遅れて、やっとロングライフ、耐蝕メッキのこて先が手に入る道が開けました。半年か一年位ぼちぼち売れている位でした。太洋電機ではアルミ溶射の白いアルミに特殊な塗料を作って貰い、常温では赤い色、温度が上がると茶色に変る「レッドチップ」という名前を付けて売り出しました。耐蝕性が高くこて先が減りにくい製品でした。

ある日突然、考案者であり、納品業者である中村さんが倒産してしまいました。遠赤外線ヒーターの事業がうまくいかなかったようです。切削やアルミ塗装をしていた伸和工業が債権者となるも、いくらかの機械と設備を残したまま、売掛金が全然入らない状況です。

どうするかとの相談があり、このまま廃業してしまうか、継続して仕事をするかの瀬戸際に立ちました。私は「わが社ができるだけ沢山売るから仕事を続けて欲しい」と要望。こうなったらなんとしても個数を販売しなければなりません。一般アマチュア使用者にはレッドチップ付半田こては少し高価ですが、こて先が錆びず減りにくい高品質の製品です。

あるアイディアが浮かびました。電気店向けに売り出しをやろう。幅五〇センチ×縦一メートル位の台紙に三〇Wのこて二本、四〇Wのこて二本、六〇Wのこて二本の台紙付六本組みセットの真空パックで、一本ずつ売れるようにミシン目付の半田こてセットを二千枚とか三千枚位の単位、東京墨田区の白髯橋を渡ったくらいの所に真空パック屋さんを探しあて、本社より半田こてを東京営業所（その頃は台東区上野一丁目木造二階建ての一階の半分約一〇坪に移転していた）に送って貰い、その真空パック屋さんに、スバルサンバー三六〇CCのワゴンタイプの軽自動車で持ち込んでいました。最初三千円程の自転車、次に一万円で買ったバイク、三六〇CCの軽自動車が買えた時の喜びは、今でも忘れられないほど嬉しかったです。それまで雨の日の配達など本当につらかったです。バイクの荷物を荷台に固定するのに太いゴムひも（テープ状）の先端には荷台に止めるＵ字方のフックがついております。ある時、荷物を締め付けるのにそのフックを掛け損ね、いっぱいに引張ったゴムの先の金具が眼鏡にまともに当たり、眼鏡が瞬時に割れると同時に、割れた眼鏡のガラスのかけらが目の中へ入りました。思わず悲鳴を上げ、たまたま近くに日立病院があり、ガラスのかけらを一つずつ取り出して貰いました。今思い出してもぞっと寒気がします。

そのように、バイクから軽自動車になり、本当に嬉しかったです。売り上げが増えてきたのと、レッドチップ付など商品力もつきました。廃業しなければならなかった伸和工業も仕事ができるようになり、その後、その会社は工場まで新築、経営も安定しました。その二〇年後、久富電機産業になっても生産して貰い、順調に営業しているさなかに、太洋電機から圧力があり、「久富電機に製品を供給できない」と突然の通告です。こちらはこて先が入荷しなければ、半田こての生産ができないわけです。思わず「この恩知らずめ」とつぶやきました。太洋電機の時代のことを書いているのにいきなり、二〇年も先の久富電機のことになりましたが、私も伸和工業訪問時、ひそかにどこでメッキしているのか、荷物についている荷札をそっとメモし（松本電化工業所、大田区〇〇〇〇番地）と手帳に残しておきました。久富電機時代、こて先のメッキだけは松本電化工業所で加工・塗装したことがあります。

即熱こての開発

当時、昭和四〇年代、東京の石崎電機と大阪の白光金属の二社は一〇〇Vを二、三Vに落として大電流をこて先に流すという方式で、すでに販売していました。しかし、ピストル型の取っ手の部分に電圧を下げるため五百gから一Kgくらい重く、こて先はテープ状の金属をU字型になったもので決して使いやすいものではありません。しかし、数秒で半田は溶け、速熱性は抜群です。

私が即熱こてに、拘泥するのには訳があります。三六〇CCスバルサンバーは、第三京浜（高速道）でどんなにアクセルを踏んでも八〇キロしか出ません。又隣りを大きなトラックが追い越すとハンドルを取られる位ゆれます。何より交差点での出足、いくらアクセルを踏んでも他の車に遙かに出遅れてしまいます。交差点で右周りする時など、出遅れて随分怖い思いをしておりました。

次第に荷物が増え、軽のワゴントラックでは間に合わなくなり、サニー一二〇〇CCのライトバンを買うことになり、取り替えたところ、その乗り心地は今迄とは比べ物にならず、出足の早さ、隣に怖い大きなトラック等が来ても逃げ切れます。「もう二度と軽自動車など乗るものか、あんなに恐ろしい車に」にとしみじみ思いました。あんなに嬉しかった三六〇CCのスバルサンバーも、サニー一二〇〇CCのライトバンにはまったく歯がたちません。「そうだ、半田こてもすぐ使える速熱ごてが必要だ」とひらめきました。それから数々の即熱半田こてへの挑戦が始まりました。三・五坪の屋根裏の事務所の隣に中堅のプラスチック成型屋さんがあり、取っ手の部分のプラスチックのデザイン、金型、成型（電圧を下げてこて先に大電流を流す方式）の相談をしているとき、「ちょっと外、近くの喫茶店で話しませんか、この話を会社で経由ですれば、かなり高額になります。デザイン、設計、プラスチック成型と、私の知り合いのグループで、闇にて特価でできます。そうしませんか」。その時、本社とどのような相談をしたかよく覚えていないのですが、松本工場長と設計のポイントは打ち合わせたのは確かです。

こて先は砲弾型で、取っ手の右手で握るところはピストル型で白色でした。なかなか格好の良い製品ができ上がりました。いざ売り出したのですが、そこそこしか売れず、投資額はとても回収できそうにありません。一番の欠点は、重量が重いということです、トランスを内蔵しているので、同業者のものも同じです。どうもうまく売れない。恰好・デザインはかなり優れたものだったと思います。

本社の工場長に、「松本さん、やっぱりトランスが重すぎることが致命的なような気がする。軽くて即熱のこてはできないものか」と何度も提案しました。

直径一〇ミリ×長さ一五〇ミリ位のステンレスパイプの素材に先端部分の五〇ミリくらいは五ミリ位に絞り、その部分に円形にしたニクロム線ヒーターをできるだけ強力な六〇W～五〇W位のものを入れて、パイプの上に砲弾型のこて先の内側をくりぬき、ステンレスパイプに固定する、という案がまとまりました。

そのためには一〇ミリのパイプの先端部分の五〇ミリを五、六ミリに細くするセージングマシーンという絞る機械がどうしても必要です。機械屋を通じて、茂原市（千葉県）にある工場に三百～四百万円という大金が要ります。やってみようと本社が決断し、発注をしました。なかなか機械が出来上がりません。私は千葉県の太平洋に近い茂原市のその工場まで行き、「早く機械を作ってくれ」と督促に行った覚えがあります。ＴＱ－50という型番で、二段切り替え式で、強にすれば五〇Ｗ、弱に切り替えれば二五Ｗという、ピストル型で軽く、強にすれば約三〇秒にて半田が溶け、休む時は三〇Ｗにするという仕様です。そこそこ売れたのですが、細いところへ五〇Ｗのニクロム線ヒーターを空気に触れる状態で挿しこんでいるため、どうしてもオーバーヒートしてしまい、しょっちゅう断線不良が発生。その度に交換したり改良しても、根本的解決にならず、行ったり来たりの繰り返しです。

丁度、私が本社に無理やり転勤し、帰った頃の出来事です。私が東京営業所にいる頃、京セラのセールスが来訪、セファインセラミックの五ミリ位の棒状のヒーターを持ち込み、「半田こてに使えないか、共同で研究しませんか」との提案を受け、私は直ちに「やりましょう。いい物ができそうです」と思わずつぶやきました。京セラのヒーターは棒状の焼却済みのセラミックに、餃子の薄い皮の生地にタングステンの粉末を印刷、先端側の三分の一位にヒーター用の印刷されたタングステン、七－八ミリ位のところにはリード線用に溶接したリード線が出ているわけです。これならＷ数さえ合えばすぐにでも製品ができそうです。

しばらくすると横浜のボンコートの下請けの田中電気はパイプ状のヒーターを作り製品化、大阪の白光金属はタングステンの速熱をうまく使った「ダッシユ」という製品を発売しているではないか、わが太洋電機はそのうち、京セラから取引打ち切りの通告が来ました。東京は田中電機のみ関西は白光金属のみと取引する。他とはもう打ち切りとする。という一方的な取引停止通告をされたのです。私は社長、専務、工場長を集め、「天下の京セラが太洋電機は落第だと宣告されたのですよ。責任者は全員責任があります。やることが遅すぎます。他社はとっくに製品を発売しているのに、構想さえない。これからどうやって経営していくのか」。私は怒り心頭です。なんで商品を開発できないのか。情けなくてたまりません。

京セラ本社に直談判

あれは三月中頃だったように覚えています。私が本社に帰ってからでしたから、昭和五一年三月のある日、大阪出張したあと、どうしても怒りが収まらず、京都市山科にある京セラ本社へ予約もなく乗り込み受付に、名刺を出して「これこれしかじかのわけで、稲盛和夫社長に面会させてくれ」。受付では「お会いすることはできない」といっております。「そうですか、じゃ会えるまで二四時間でもここで待たして貰います」と宣言し、受付女性のいる前に、座禅風に座りこみました。こちらは覚悟を決めました。

一〇分もした頃でしたか、専務という名刺を持った方が出てこられ、「あなたのご希望の趣旨はわかりました。この件に関しては三月中に会議があるので、あなたの意向をふんで会議の結論を出しますから、とりあえず半月ほどの時間を下さい。決して無視はしませんから、とりあえず今日はお引き取り下さい」。私は「わかりました。良い返事を待っております」といって京セラ本社を出ました。

その後、間もなくして「取引はさせて貰いますから、できるだけ速やかに注文を下さい」との返事があり、会社幹部に直ちに製品を開発して欲しいと要望。私の腹案の一つに、熱いままますぐしまえる半田こてを作りたい、その案として、亀の首からヒントを得て、首を出したら、スイッチがONになり、取っ手の中に入ったら、OFFになる持ち歩きし易い半田こてを作って欲しい。結局、名前は「ストン」と名づけた、京セラヒーターを使った第一号機はできました。

しかし大ヒットとはいきません。前の項で書いたTQ－50が、ヒーター切れだと相変わらず悪戦苦闘しているのを眺めながら、私は言いました。「この構造のこてはもうやめなされ、理論的に断線するようになっている。思い切って、材料や部品を全部捨ててしまって下さい。材料があるから、勿体ないと執着が断ち切れない、発想の転換をして下さい。酸素にニクロム線が触れたら、断線して当たり前です」。そこへ京セラのタングステン印刷の上、一五〇〇度Cの水素炉で焼却したヒーターなら断線しないものができるではないか。

丁度、京セラより二〇Wと一三〇Wのように二重のW数のヒーターができると情報が入り、HIにしたら2Aから1・3Aに変化、LOWにしたら〇・二A用は二〇〇Wから二〇Wに切り替るヒーターが作れるとの回答が得られ、直ちに設計に入りました。これは私の主張が製品になった私の生涯を代表する自慢の作品です。私は図面一つ画いていませんが、一〇秒で使える半田ごて、実はこの開発には秋葉原の山鉱電線（工具の大手販売店）の滝野店長の果たした役割が大変大きいのです。二人で「水田さん一〇秒で使える半田こてを作ろうではないか」「滝野さん、私もどうしても一〇秒にしたいが、ヒーターとこて先の間に空気の層が少しでもあると、熱伝導が悪くなり、こて先とヒーターを一体化しなければ無理なのですが。こて先の交換時にヒーターごとしなければならず、高価になりますが、どうでしょうか」と。滝野氏は「それでも良いから、作りなさい、売って見せましょう」というやり取りがあったのです。

本社に帰り、色々議論していると、社長が「どうしても、立ち上がるのに一五秒から二〇秒かかる。もうこれでよかろう」と。「いや、どうしても一〇秒でなければ、即熱半田こてとは言えない」と応じました。滝野さんの話をして、ヒーターとこて先を高温接着材で固定し密封・一体化してみたら一〇秒で半田が溶け、「とにかくこれで売り出してみよう」となりました（イラスト3－3）。

その後、大ヒット製品となり、世界五〇か国以上に輸出できるようになりました。但し、こて先は

イラスト3-3

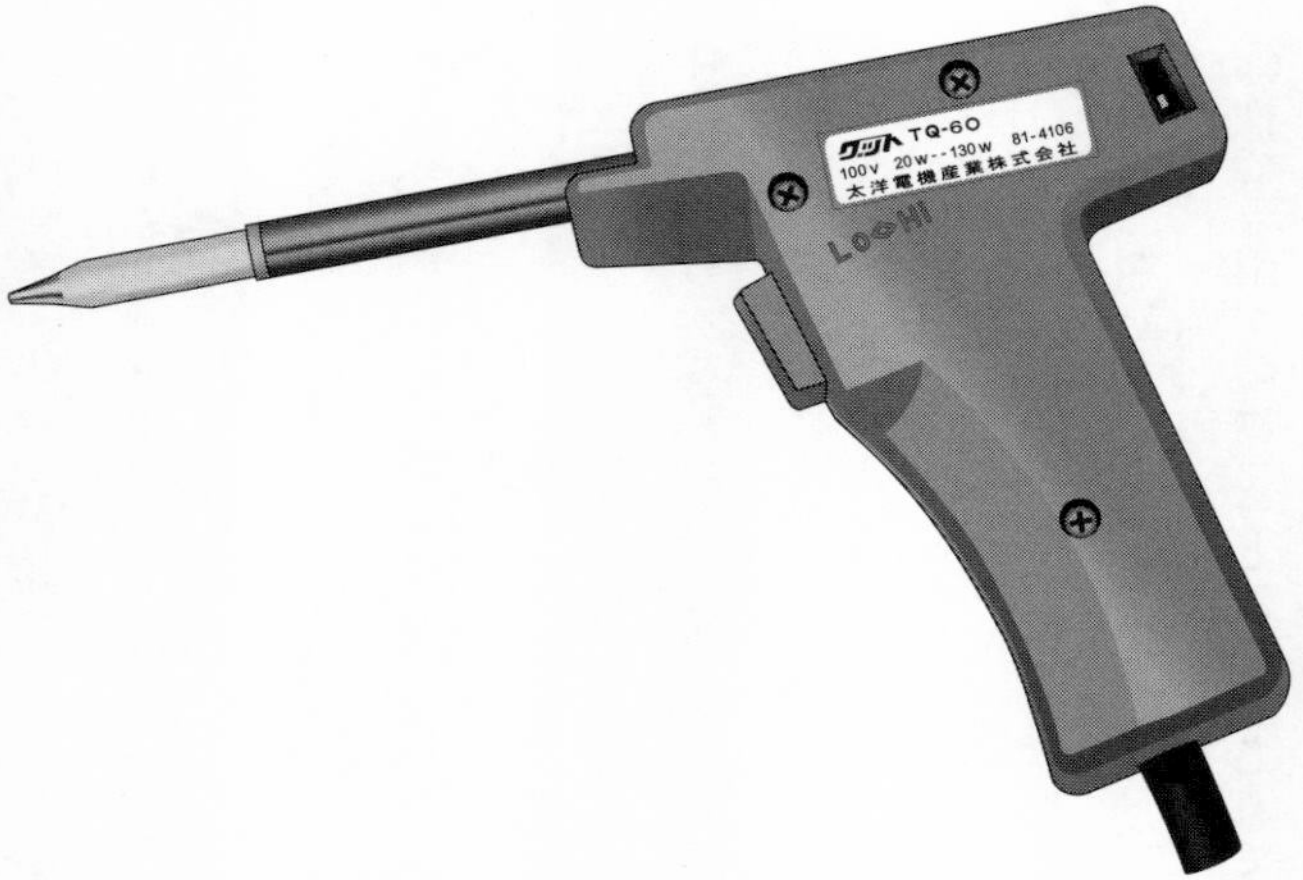

京セラのヒーターを使用した即熱半田ごて TQ—60。大ヒット製品となった。

交換式に変更にはなりましたが、一〇秒にこだわっただけの成果はありました。京セラは二社で共同開発したものは他社に販売しない約束でしたが、先方が一枚上で、「月一〇万本以上注文を貰わねば、他社に売る」とか言い出すのです。まあ、京セラという会社には良い面も、厳しい面も良く勉強させて貰いました。稲盛氏に関する逸話は、まだまだありますが、ここではこれまでにしておきます。

事業部制の導入

京セラに取引を打ち切られ、何かに付けて対応が遅く、ランプ付テーブルタップの開発も、私と取引先の社長、先方の久保田工場長の三人で作ったようなものです（イラスト3－4）。若い社員だけで半独立した組織を作り、独立採算制でやる。当時の利

イラスト 3-4

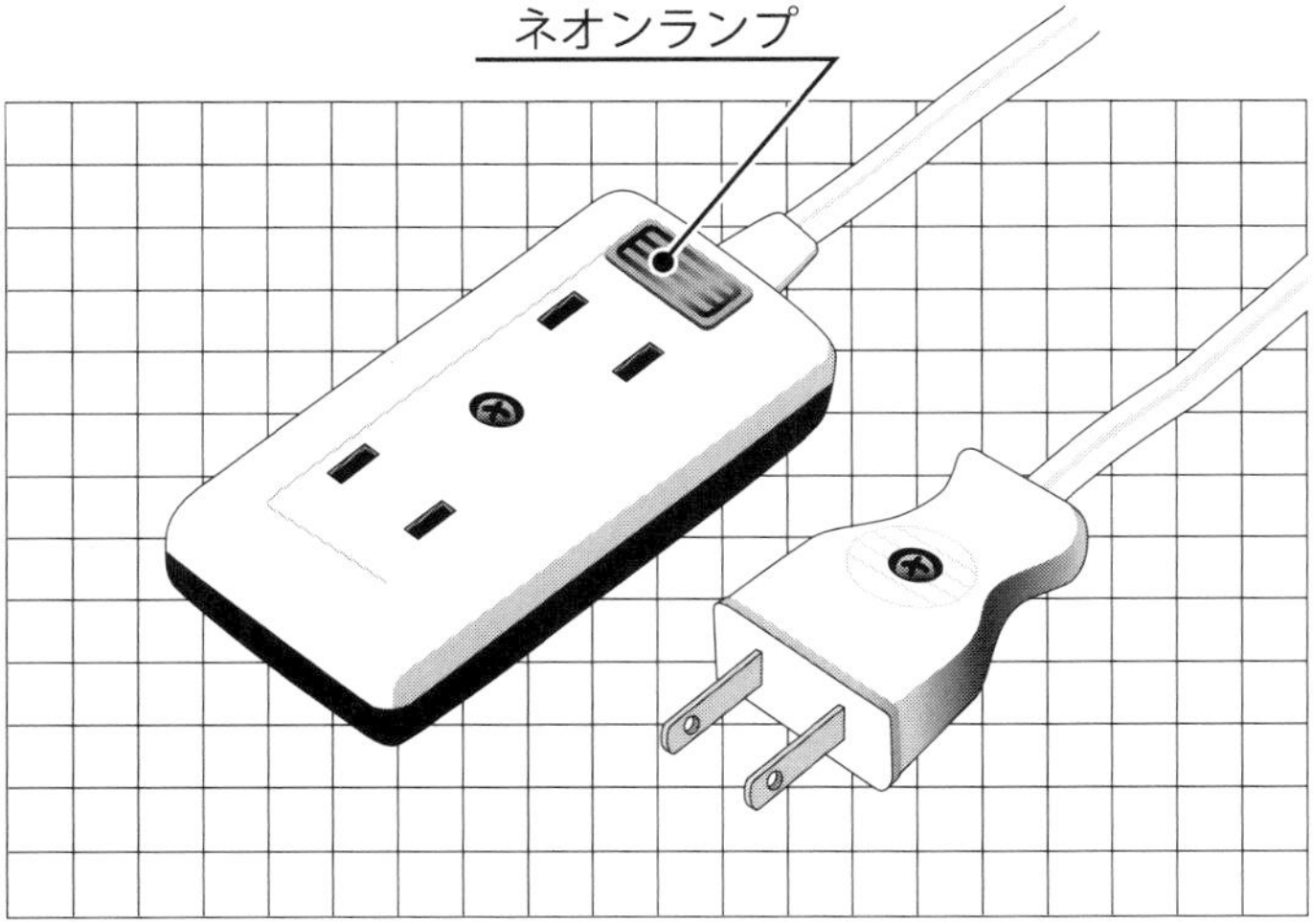

ネオンランプを付け、通電確認のできるタップとして売り出し大ヒット商品となった。

益、売り上げで、半分ずつになるよう公平に分け、第一事業部は社長が監督者、第二事業部は専務が代表取締役を兼任して監督、第二事業部は私、水田が部長、高 趙夫君が次長、その他、新人は殆どが第二事業部へ入り、製品開発と売り上げ、利益の競争をしようということになり、半田こて販売は第二事業部経由とするも、新規に開発した製品は、どこへ売り込みに行っても良いこととし、利益処分も一定以上は事業部の采配に任すということを文書で確認し合い、一斉に競争の始まりです。ここで才能を発揮したのは、高 趙夫次長と佐藤繋行という社員です。

ここで佐藤さんについて触れますが、尾道工業高校を次席で卒業、どこかの大学を卒業後、京都市内のある製品研究開発会社に就職。なぜ

イラスト3-5

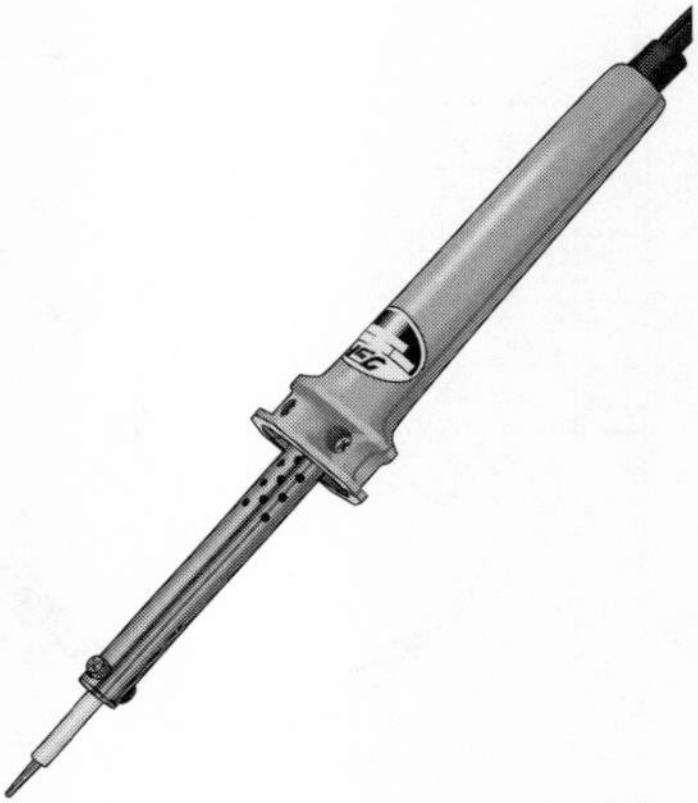

ナショナルのベタープラグを参考に開発したハンダゴテKS—30R。これも大ヒットとなった。

か数年で退社し、郷里の尾道に帰り、たまたま太洋電機に入社したところでしたが、不満だらけで、部を分けて好きな開発をさせるからと伝え、ナショナルのベタープラグを与え、何かヒントにならないかと分解して見せると、コードのとめ方や全体の構造などから、半田こてのハンドルを設計。

ヒーターは斉藤君という優秀な社員が巻き線機を作り、高 趙夫君が全体をうまくまとめて、新しくかつ今迄より格段にレベルの高いＫＳ－30Ｒ（レッドチップ付）が安く生産できるようになり、今迄ジリ貧であったＴＣ－30タイプに、どんどんとって代わりました。ホームセンターで大量に出回っているの青色のものがこれです。型番は功績の大きかった高 趙夫のＫと佐藤のＳを付けたＫＳ－30Ｒシリーズとして、永年にわたるヒット商品になります（イラスト3－5）。

その前に事業部発足と同時にすぐ始めたのがこて台で、楕円形の鋳物の台の上に螺旋状の鉄線を巻いたものを溶接し、半田こてを差し込む台を作りました。これは佐藤さんの功績が一番なので、彼の名を冠し、ＳＴ－11、プリント基板の作業台はＳＴ－01としました。その後、今でもＳＴ－11は良く

イラスト 3-7

イラスト 3-6

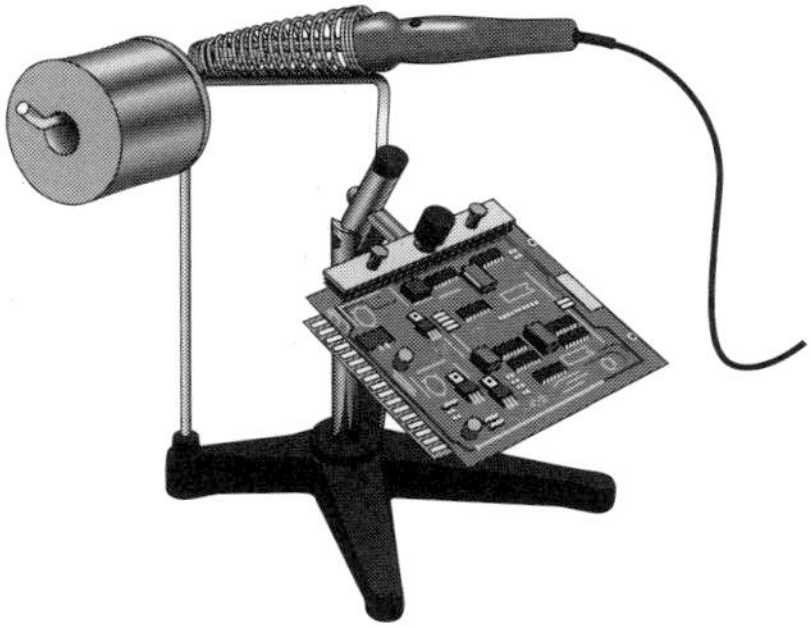

ロングセラーとなった半田こて台と、プリント基板の作業台。

売れているようですし、現在、中国に依託生産して貰っている大抵の中国製コピー機に実に多く使われています（イラスト3－6、3－7）。

半田こても、KS－30から始まり、次々と機種が多くなり、販路も今迄の電気店からホームセンター、輸出、教材キットと拡大し、福岡のエレキットを真似て、サンデーキットという部品組み合わせキットも作り、毎年三割以上の比率で売り上げが増えていきました。

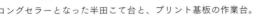

ある日、三条市にある与板利器工業という大工道具の卸しがメインの中島部長から電話があり、「お前のところはホームセンターへの進出は考えてないのか。ビニールのフック付袋入れなど、時代遅れで、ホームセンターでは相手にされないぜ、やる気があるのか、ないのか」と大変な剣幕でおどされ、「やる気は十分ありますが、今、ブリスターのメーカーを探しているところです。今すぐ参上しますから相談させて下さい」と対応。

この与板利器は、専務が岡田金属のメーカーと得意先の懇親会で、ここの中島社長と親しくなり、取引しようとなった会社です。中島部長は社長の娘婿で、どうしてもホームセンターに進出したいという思いに執着しており、社長の弟たちとはいつも対立状態でした。昔は地方に行くと金物屋さんは大抵地方の資産家で、ホームセンターなどは、水もので危なっかしく、大きな取引をしては会社の屋台骨が折れると、つねづね反対されていたようで、流通革命に気付けないようでした。

私自身も埼玉県岩槻市（現さいたま市）にいた時、与野市の日本最初のホームセンターの「ドイト」からチラシが入っていたのに殆ど気にもかけませんでした。本当に馬鹿者でした。時代について行けていないのです。中島部長にしっかり説教され、目覚めました。よし、今後はホームセンターの時代だ。

すぐ本社に帰り、ブリスターメーカーを探すことになりました。仕入れ担当の高趙夫君が、「大日本印刷では、すぐ用意ができるとのことです」と。直ちに発注して、数種類の半田こてが用意できるようになりました。

全国のホームセンターに自社製品が並ぶ

ここで私の自慢話を聞いて下さい。

半田付けの仕方を絵にして、半田こてを初めて使う人にも役立つように、半田付けの原理まで、簡単に説明を台紙の裏側に印刷しました（写真３－２）。それまで、金物卸しルートからすでに白光金属のこては、ホームセンターに大量に進出しており、こちらは後からの参入です。

こて先はレッドチップ（耐蝕の長寿命のもの）付で、ヒーターはマイカではあるものの、二重でしっかりしております。白光の板状のものではありません。丸型で小型です。パイプは同業者の鉄板ではなく、ステンレス３０４を使い（鉄と熱伝導が随分違い、短い距離でも取っ手があまり熱くならず、錆びにくく、また強度も強く、取っ手のデザインも淡い水色で、佐藤さんの設計だけあってなかなか格好も良い）くらべたら、競争に勝てます。

写真 3-2

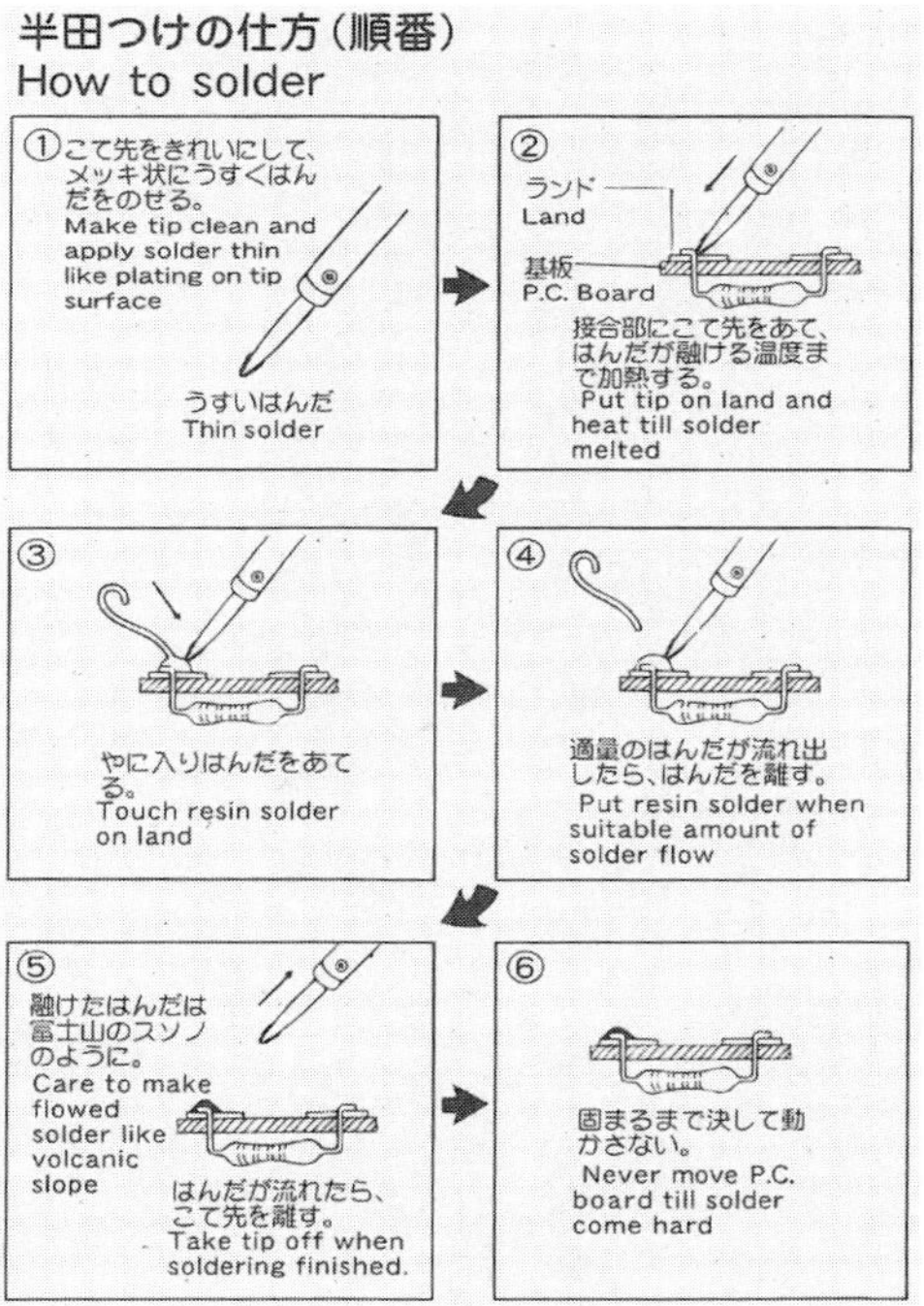
半田つけの仕方（順番）
How to solder
①こて先をきれいにして、メッキ状にうすくはんだをのせる。
Make tip clean and apply solder thin like plating on tip surface
うすいはんだ
Thin solder
②
ランド
Land
基板
P.C. Board
接合部にこて先をあて、はんだが融ける温度まで加熱する。
Put tip on land and heat till solder melted
③
やに入りはんだをあてる。
Touch resin solder on land
④
適量のはんだが流れ出したら、はんだを離す。
Put resin solder when suitable amount of solder flow
⑤
融けたはんだは富士山のスソノのように。
Care to make flowed solder like volcanic slope
はんだが流れたら、こて先を離す。
Take tip off when soldering finished.
⑥
固まるまで決して動かさない。
Never move P.C. board till solder come hard

私は早速、一枚板に白光のこて（パイプは鉄板のプレス物ですから力を入ればすぐ曲がり、取っ手も木材かあまり良いデザインでない板形のヒーターに、先端は五寸釘のようなかたちで、ヒーターの当たるところは板状のものと、Uタイプは丸型ではあるものの、あまりしっかりしたものではありません）と、当社のKS－30Rタイプとの違いを一枚ボードに現物を並べ、各セールスに持たせて、各バイヤーの所を回らせました。

効果抜群で、いたるところで採用が決まっていくのです。ところが、ホームセンターのくせで、現在店頭に陳列しているものを、「そっくり入れ替えてくれ」と要求。店頭にある同業者の製品を原価で引き取り、こちらはディスカウントストアで、損をして投げ売りです。そんなわけですから、取引先全部への一斉売り込みは大変な費用と手間がかかり、与板利器さんをはじめ、こちらのセールスが一軒一軒切り替えていくわけです。私はこれを「ブルドーザー作戦」と呼び、全国のホームセンターにグットの半田こてが並び始めました。この作戦では、与板利器の中島部長の功績が一番大であったように思います。

三条市の産地問屋にはそれなりに売込みが成功したのですが、まだ三木市の一番の大口は岡田金属ではなく、藤原産業で、売り上げは圧倒的に強いのです。

ある日、例の通り展開ボードを担当部長に見せると、「なかなか良いではないか、これをセールス会議に出して皆に見せるから、その展開ボードを何日か貸してくれ」と。こちらはこれで新しい道が開けるぞと、楽しみに待っていたのですが、一向に返事がなく、しばらくして「取引はしばらく待ってくれ」。数か月後、気がつけば白光金属が、こちらのKS－30Rをモデルに赤い取っ手のそっくりさんを作って売っているではありませんか。

こちらが渡した展開ボードがそのまま白光に渡り、やることなすこと実に手早く、福田さんという成り上がりの社長の手に渡り、一分の隙《すき》もなく、こちらの手の内を全部見破られ、反撃に出られてしまいました。藤原産業には一杯食わされました。

その後の話になりますが、ＤＩＹ業界の欧州研修旅行があり、三木市のあるメーカーの方と同室になり、「わが社も藤原産業にドリルで刃を納品しているのですが、何かの都合で、図面を貸してくれと言われるので、素直に図面を渡したら、いつの間にか、同じものを台湾で作らせておりましたわ。油断も隙もあったものではないですよ」と。今でも白光金属が一番強いのは、やることが早いからなのです。

教材業界にも似たような会社があり、ある同業者が弁当箱のような大きなケース入りのラジオを発売。それを見たある社長は金型屋に行き、「金型代を倍支払うから、すぐこれに対抗できるラジオケースを作ってくれ」と言って、あっという間に同等のものを作り、市場に売り出したと口癖のように言っていたとのことです。

どの業界でも同じで、時代に少しでも後れたら生き残れないのです。実業界で成功した人は、時代の流れをいち早くつかみ、その波に乗った会社だけが生き残るのです。「適者生存」の法則は、常に日々流れ、動いております。私が言う「社長ほど損なものはない」とはこのことです。

与板利器の中島部長との作戦はうまく作動中でしたが、突然、中島部長が解任されたとのこと、その上、社長の娘婿も離縁したとのこと、詳しい事情はわからないのですが、なんと切ないことか、私と同じ四二歳での突然の解任。それまで「ホームセンターは危ない」と言っていた社長一族の中で、うまく行けば行ったで、孤立していたのでしょう。

まだあります。札幌の北洋電気の佐々木社長も同年で倒産、得意先の角田無線の鈴木課長は、生死をさまよう大病にかかるし、四二歳はやはり何かあるのでしょうか？

海外との契約が続々と決まる

貿易品物が揃い出した頃、昭和五四年三月、シンガポールのTANブラザーズの陳氏から突然電話があり、「今、大阪にいる。是非とも貴社に行きたい」と通訳を通じて連絡があり、当社に来られました。陳社長は広東語か中国語しかできません。英語の通訳を同行です。こちらも英語の通訳付です。朝の一〇時から五時ぐらいまで、シンガポールとマレーシアの代理権と一〇%値引きしてくれの粘り腰です。六時間も交渉していると、こちらも通訳もへとへとです。もうこれで終わりと思いきや、翌日、又半日来て粘るのです。さすがにこちらも疲れ果てました。

華僑とはその後、沢山の方と交渉するのですが、どの人も皆、優秀で、私はいつも、「周恩来総理と交渉しているのだ」と自分に言い聞かせていました。それくらい中国系の人は皆優秀で一筋縄では行きません。

次に香港の話をしましょう。香港を初めて訪問したのは、昭和五四年五月頃だったか、はっきりしませんが、大体その頃です。私は海外に出るのは初めてで、同行者は平田 正さんという英語がとても流暢な方で、貿易の手続きを委託していました。香港に初めて着いて驚くこと、驚くこと。超高層ビルの間を縫うように空港に着陸。見るもの、聞くもの、まったく別世界の如しです。

通訳の平田さんの足跡をそのまま辿るように歩き、タクシーでホテルに着きました。彼曰く「一流ホテルに宿泊しないと初めての所は馬鹿にされるから、格付けが必要なのだ」と言って、ペニンシュラという九龍半島の突端にある超一流ホテルで、香港島が目の前に広がっています。

海峡を挟んで一キロ程先の高層ビルの間には、日本の家電メーカーやカメラメーカーの看板が林立し、改めて日本の力を確認した次第です。汽船で香港側に渡り、それも一等席をわざわざ選んで大臣気取りです。香港島では二階建てのチンチン電車に乗り、ノースポイント（北角）で降りて「TRC凱旋無線」という部品店を訪ねました。

社長のMr・FUI（許氏）は中国の文革の頃、福建省から亡命してきたとのことでした。ここも同じく、香港と中国大陸の代理権をくれ、一〇%の値引をしてくれだのの繰り返しで、結構時間がかかりました。華僑は例外なくどこも厳しく、そして商談後は手一杯の接待をするのです。大抵の日本人はこの手で思うようにされてしまいます。中国系の人達にとって、接待や交際のできないことは、ビジネスのできないことの証明です。また一族の結束が極めて強く、その後、インドネシアの華僑と取引するのですが、悪い人の代表みたいな商人で、マレーシアのその後とても親しくなったMr・林さんは、「あそこは用心しなければならない。ずるい商売をするので、華僑仲間でさえ信用しない会社だから」と。しかし、一族だけは決して裏切らないらしいのです。その親玉は常々言っておりました。「わしはインドネシアのジンギスカンになるのだ」と。

取り扱いの製品の殆どが、日本製かアメリカ製かヨーロッパのコピー品です。この話は、また後程します。

東南アジアやアルゼンチンのお客など、当時、代理店契約を結んだ所とはすべて、先方の社長とこちらは DIRECTOR M.MIZUTA の名前でサインしております。売り上げの二〇%〜三〇%くらいが輸出です。

通訳の平田さんとオーストラリアへ行った時、向こうは夏で、スコープ、ラボラトリーという会社と契約しておりました。そこの社長の名前は思い出せませんが、昭和四〇年代、私がまだ東京営業所にいる頃、取引のオファーがあり、根本さんという一流の外国特派員をしていた方を通訳に商談をしましたが、こちらにまだ輸出できる充分なものがなく、取引に至りませんでした。しかし、帝国ホテルのロールパンとカレーライスの美味しかったことだけは不思議と覚えています。

その後、昭和五四年の一二月か翌年一、二月かに、通訳の平田氏と訪問してみると、半田こて関連の商品をいくらか製造する小さな会社でしかありません。帝国ホテルのデスク付の豪華な部屋を借りるほどの会社ではありませんでした。しかし、基板作業台ST－01やST－11、半田こてなど、旅費は充分出るだけの注文は貰っていました。

当時、オーストラリアは東京都と同程度の人口で、人口としても、人件費の高さからしても、製造業はなかなか難しいのが実情でした。商談の後、モーターボートでシドニー湾を案内して貰ったり、随分楽しい思い出があります。また、平田氏の友人のH氏が海水浴に案内して下さり、休暇を楽しみました。

私はニュージランドのお客とアポイントをとり、通訳の平田氏をオーストラリアに置いたまま、一人でオークランドに行く、カンタス航空の切符を持っていました。しかし、運悪くカンタス航空のストライキが終わらず、結局行けずじまいになり、今だに、ニュージランドに行けなかったことを思うと残念でなりません。通訳なしでも、同じ思いの者同士なら、単語を並べるだけで結構意思が通じるものです。

速熱の半田こては、最初は単価が高いので注文がとり難《にく》かったのですが、そのうち、目玉商品になっていきます。

翌年、香港について変ったことと言えば、昭和五五（一九八〇）年五月、中国銀行（バンクオブチャイナ。私は中国銀行だからてっきり日本銀行と同じく、中国の中央銀行と信じていました）の壁一面にあった「毛沢東主席万歳」のポスターが取り除かれているのです。平田さんと二人、「中国で大きな変化が起きているに違いない」と話し合ったものです。こちらも勘の鈍いことです。前年に香港と中国の国境に上水《シャンシュイ》という高台の中国を見る観光所があり、双眼鏡で中国本土の深圳《シンセン》側を見ると、棚田に農夫一人歩いている程度のまったくの一農村でしかありません。あの向こうには一億人の紅衛兵がいるに違いないと、時代遅れのことを考えていたものです。

昭和五二年には鄧小平総書記が福田総理に日中国交条約の批准書を届けに来ており、文革の四人組はとっくに逮捕され、文革は終わり、鄧小平の改革開放が始まっていたのです。この話は技術教育に深く関係するので、久富電機産業株式会社を設立してから、第6章で十分にお話ししたいと思います。

次に、あの疲れ果てた交渉相手のシンガポールのTANブラザーズ（陳金水氏）、度のきつい二重眼鏡のようなものをかけ、平田氏が「もう沢山だ、会いたくないな」と思わず呟《つぶや》いたくらいの人です。行ってみると、自分の会社の車に「Ｇｏｏｔ半田こて日本」と描《えが》いた車で販売に力を入れているではないですか。そして今度は「親戚と同じだから、大いにビジネスを大きくしようではないか」と精一杯の接待をしてくれるのです。華僑の凄腕には、ただただ舌を巻くしかありません。

そしてシンガポール航空（ＳＱ）で、バンコック、バーレーン、ローマ（レオナルド・ダ・ビンチ空港）と全部給油のために着陸。そして目的地フランクフルト空港に日曜日に到着。翌日、フランクフルトから北へ約二百キロ程のカッセルという都市に列車で到着。商談相手であるゼバという会社の社長ドクターシュミット氏がベンツで出迎えてくれました。そこから一〇～二〇キロの所にあるアローセンという人口一、二万人の小さな街にその工場はありました。実はここに来るまでに、先方も福山の会社を関係会社のドイツ人と調査に来ておりました。太洋電機が真似て製作したアルミ鋳込みの半田こての元祖の会社です。ヒーターを分解してみると、太洋電機とはまるでレベルが違い、五〇人程の中小企業ではあるものの、社長とロブマイヤーとかいうもう一人の博士号取得者がおり、そのヒーターの構造は丸いパイプの上にマイカという絶縁物を巻きつけ、その上にニクロム線をW数ごとに変えて巻きつけ、また絶縁、ここまではさほど違いはないのですが、その上に絶縁の粉末をほぼ密封状態にして密着し、さらにアルミ鋳込みするという、太洋電機のコピー品とは月とスッポンの製品です。ゼバ社は人件費が上がり、黒字を維持するのができにくくなったので、委託製造を考えていたようですが、技術レベルが違い過ぎ、この提携話はうまく行きませんでした。

翌日、社長が東ドイツとの国境まで案内してくれました。国境は西ドイツ側も東ドイツ側も鉄条網で、約百メートル幅の中立線上は綺麗な芝生で覆われ、一キロ置きに高い塔があり、機関銃を持った東ドイツ兵が四六時中見張っています。西ドイツ側の小さな森にはコケ生《む》した小さな墓があり、シュミット氏が、「この墓の埋葬者は、皆あの鉄条網を乗り越え損ね、東ドイツ兵に撃たれて死んだ人たちです」と説明してくれました。鉄条網の向こうを見れば小さな川が流れ、橋があり、人がいるなら呼びかければ聞こえる距離です。鉄条網の間はきれいな芝生です。しかし、地下には地雷が一杯あるそうです。私はこの国境線を見てしみじみと考え、思いました。

日本では、「この土地は先祖伝来のものだから、たとえ滑走路を作るためであろうとも絶対売り渡せない。これは自分に所有権がある、いかなる理由と言えども売れない」という地主がいることは確かです。しかし、私は申し上げたい。「旧ソ連が占領したら、そこへ畑を耕しに行ったり、木材を伐採に行けますか？」と。私の取り引きしたお得意さんで一人、択捉島の真ん中あたりの出身の方がおられました。お墓参りもままならず、いわんや木材一本伐採して帰ることなど考えられません。

私がまだ東京勤めの頃、足立区内で道を間違えてUターンしなければならず、やむなくある会社の駐車場みたいな空き地に勝手に車を入れてUターンしました。すると、ちょっと酔っ払ったような親父《おやじ》さんが現れ、「おいこらちょっと待て、他人様《ひとさま》の土地に勝手に入る奴があるか」と。こちらは平身低頭で謝りました。道を間違えて困っていること、元の方向へ戻らなければならないこと、いくら断りを言っても許してくれません。とうとうこちらも居直って、「確かにここは伯父さんの土地です。しかし、もしソ連がここを占領していたら、あなたは同じことが言えますか？　国後島に山を持っていた人は、木一本切り出せないのですよ。日本国の国権があなたを守っているからこそ、自分の主張ができるのではないでしょうか。車がちょっと入ったくらいで、ソ連領になったら、私もあなたも銃殺刑ですよ。ここは日本ですから、許して下さい」と。向こうは「もう良い。出て行け」とようやく解放してくれました。渡り鳥には三八度線も国境もありません。人工衛星から日本を見ると、赤く塗ってはありません。土地の所有権は地球にあるのではないでしょうか。資本主義社会ですから個人所有は認められますが、江戸時代は大名の所有、幕府の命令でどうにでもなる。現代社会においても、個人の所有は認めても、土地は社会全体のためなら、もっと制限されていいのではないかと思う次第です。

かつてニクソン大統領は、「自国民が逃げないように城壁を作ったのはフルシチョフ書記長が歴史上初めてではないか？　歴代王朝は敵から自国民を守るために万里の長城まで築いたのではないか」と……。東ドイツの国境線を見るにつけ、如何に自由が良いかと、共産主義の非情さを実感した次第です。

欧米では空振りの連続

ドイツの商談は失敗でした。次にイタリアのトリノへ行きました。ユダヤ系の財閥の子会社の一つで、半田こてメーカーとの提携話です。イタリア製品は品質的には日本とあまり変りませんが、色とデザインは一目おく必要があります。ここも商談は成立しませんでした。次にミラノへ行きました。イタトリノから列車でミラノまでイタリア北部の大平原を列車で移動途中に驚くことがありました。イタリア人の主食のパンやスパゲッティの材料の小麦畑ではなく、あたり一面水田に稲が植えられているのです。イタリア人は意外に米食もしていたのには驚きました。

ミラノではサンデーキットという丸いケースに電子部品を詰め合わせ、満水報知器とか、暗くなるとライトが点灯するとか、トランジスタやコンデンサー、抵抗など一〇個から二〇個位の電子部品の組み合わせキットで、日本ではかなり売れ行きが下火になり、残品に近づいておりました。理由は後から気がつくのですが、任天堂のゲーム機が爆発的に売れ出すとともに、電子部品のキット物は売りにくくなっていたのです。福岡のエレキットでさえ同じです。その売れにくくなったサンデーキットをミラノの会社に三万個買って貰えました（売上金額三千万円）。ただ驚いたことに組み立て説明書をイタリア語、フランス語、英語、ドイツ語があったかどうか忘れましたが、それだけの多様な言語の説明書を印刷し直しです。英語以外は先方が原稿をくれましたが、ここはヨーロッパなのだとしみじみ実感しました。ここで旅費分くらいの費用は充分稼げました。そういえば面白い体験がありました。この町は英語も殆ど通じません。ドイツでは高校卒くらいの人なら殆ど英語ができます。一六〇〇年前はイングリシュの大部分は北ドイツかデンマークあたりに住んでいたゲルマン人ですから、もともと同系のゲルマン人です。東京人が沖縄方言を習うくらいのものなのでしょう。

町に出て買い物をしていると、店先に名前も知らない美味しそうな果物が見つかり是非食べてみたくなりましたので、何個か買いホテルまで持ち帰ったのはいいのですが、ナイフがありません。地下かどこかにレストランがあるのですが、ナイフを貸してくれとどのように言ったら良いか分かりません、一計を案じ自分の洗面用品を入れているバッグに爪切りと小さなヤスリを取り出し、爪切りの取っ手の分部は比較的やわらかい金属なので、辛抱強くヤスリで削り、一〇ミリか一五ミリくらい刃物のようにして、その果物の皮をむき、執念で美味しく食べました。

また、サンプルや研究用カタログで旅行鞄が随分重くなり、どこかでダンボール箱を入手、それらを詰め込み会社宛に小包を作りました。しかし、重いので縄で縛らないと送れそうにありません。郵便局の前で色々な紐になりそうなものを集めて、縄を綯《な》いその縄でしっかり小包を作りました。それを見ていた通訳の平田さんの笑うこと笑うこと、私らは子供の頃より百姓ですから生きる知恵があります。また丸太木材の円形な物の真ん中をくり貫き、三輪車を作って遊んだくらいですから、少々のものなら知恵を出します。技術科製品を作る会社の責任者ですから、いざという時には、生活の知恵が出てきます。ナイフ代わりにした爪切りは長いこと洗面道具入れケースに入れて出張のたびに持ち歩いていたのですが、どこかの空港で金属類ということで取り上げられてしまいました。

ミラノを後に、今度はニューヨークです。飛行機の下を見ればモンブランの上を飛んでいるのです。それからどう見てもイギリスの上空を飛んでいるようです。メルカトール法の四角な世界地図しか見てないものにとって、パイロットが道を間違えているのではないか、西に飛ぶならスペインから大西洋に出るはずなのに？　……と。そして飛行機はニューファンドランド島上空を通過、ジョン・

F・ケネディ空港に無事着陸。

ニューヨークには特に良いアポイントが取れた会社はなく、アメリカ最大の都市に来た割には売り込み方法がないのです。セントラルパークを散歩していると、黒人の青年が大きなラジカセをボリューム一杯に大音量で鳴らしながら、腰を振り振り歩いているのです。いかにもアメリカらしいなと実感していました。

セントラルパークの北側の向うに尊敬してやまないアンドリュー・カーネギーの邸宅跡を感慨深く眺めていました。カーネギーの如き、誠実な人柄と頭脳明晰で集中するとすぐ暗記できる、その頭脳とひらめきからくる洞察力に感服するとともに、万分の一でも近づけたらとの思いに耽《ふけ》るのでした。

カーネギーが、まだスコットランドにいる頃（小学四年生まで）兎を飼っていました。夏、沢山の子兎を産みました。その餌をとって来るのが大変な作業です。一計を案じ、数人の子供仲間に、「この母兎は子供を産んで沢山の餌がいる。僕一人では大変なので手伝って貰えないか？　但し、この子兎に君たち一人ひとりの名前を付けてあげるから手伝ってくれないか？」と頼みました。友人たちは自分の名前をつけて貰った子兎のために夏休み中、一所懸命餌とりに協力してくれたそうです。

後年、大成功を収めたのち、美しい新妻とスコットランドを馬車で旅をしている時、その時に名前を貰ったマッキントッシュという友人にただ一人だけ会えたのだそうです。カーネギーは一ペニーの金もなく、彼らに対する報酬は名前を付けてあげることだけだったのです。彼は実業界に進出した後も決してこのことを忘れませんでした。「エドガー・トムソン製鋼所」とか「プルマン寝台車カンパニー」とか、つねに他の顔をたて、自分の功績を常に下にするようにつとめております。私も自分の事業部で良い製品を開発した時、できるだけ、その人たちのイニシャルを冠するように努めたのです。そんなわけでセブンアンドアイHDの名前を見た時、違和感を覚えたのは確かです。私ならイトーアンドセブンHDにしたように思います。また、松下電器が、ナショナルの名前も松下電器の名前も完全に消し、パナソニックになった時、私は確か朝礼で、「この会社は将来きっと何か起きるでしょう」と言った覚えがあります。経営者の傲慢さがどこかに隠れているように思えたからです。

ニューヨークでは商売にはならず、シカゴへ飛びました。こちらの一番の望みは当時、世界一のカタログ販売会社であるシアーズ・ローバックへの売り込みでしたが、いくら手紙を出しても何一つ返事がありません。我々の如き製品は先方には魅力がなかったのです。巨大な本社ビルの前に立ち、いつの日か必ず売り込むものを作って見せるぞ、と心ひそかに誓いました。アメリカのように広大な国では田舎の人たちにとって、カタログでの注文はとても有り難く、百キロも二百キロも先へ買出しなどいつでもできることではないのです。

それがアマゾンには勝てず、倒産してかなりの時がたちます。時代について行けない企業は淘汰されるのみです。わが身も今が良いからといって安心していたら、没落は早いです。

シカゴから平田さんの友人のいるロサンゼルスに寄り、アメリカへの売り込みの相談をしました。

名前はビルというユダヤ系の目の青いアメリカ人で、福山で英会話を教えるため、福山へ来て、平田氏など、日本人の友人がおり、日本語もかなりできました。当時、彼は生肉の商売をしており、半田こてとか工具などには殆ど関係ありません。

英語ができるから外交ができるとか、商売ができるとか思うのは大違いです。日本で考えたらよくわかります。一流大学を卒業しているからビジネスができるか、そんなものではないでしょう。その道に通じ、ビジネスの本筋を心得た人物でないとできません。その後、太洋電機ではPTCという半導体を使用した世界初の半田こてを開発。ロサンゼルス郊外のパサデナという都市で「電気見本市」に出品、ビル氏に大変な助力を頂きましたが、こちらの製品が満足なものでなく、PTCヒーター搭載の半田こては最高温度が三百度Cしか出ず、半田こてとして充分な機能を発揮できなかったのです。

後年、久富電機になった時、瀬戸市のあるセラミックメーカーと提携して、高温のPTCができるかも知れないというので、開発を待っていましたが、結局できませんでした（社長の子息が慶応大学の研究室にいて高温のPTCヒーター開発をしているとの情報に期待していたのです）。そこの社長は、なかなか学問のある方で、国連の技術指導員か何かの資格を持ち、世界中の飛行機に乗れるとのことでした。こちらはセラッミックを仕入れていましたが、日本の会社は傾いてしまいましたが、インドのバンガロールにある子会社は、上場までして成功しているとのことでした。

話が横道にそれましたが、ビジネス社会においては肉屋さんに半田こての商売ができるわけがないのです。平田氏とはその辺りが、根本的に思想が違っていました。

彼は英語が達者であるだけでなく、絵が描け、音楽も素人離れしており、私からすればいつも尊敬の的でした。彼は大阪市立大学を二番で卒業、当時の神戸銀行へ就職、外国為替の仕事をしていたようで、辞めた理由はわからないのですが、福山の東洋実業という中小商社に転職。常石造船という大手造船会社が一番の得意先で、ニューギニアあたりに造船所を建設するというプロジェクトの調査などをしに行ったり、雨合羽をシンガポールへ売り込んだりの仕事をしていたようです。その勤め先は、粉飾に満ちた会社で、途中で退社してしまい、独立。中国銀行の外為の手伝いを頼まれていた時、中国銀行が太洋電機を紹介して知り合ったわけです。中国銀行の紹介にもかかわらず、広島銀行を自分の知り合いに紹介したり、しまいには広島相互銀行へ紹介したりで、中国銀行も気付き、彼に仕事を出さなくなりました。

当地方最大手の企業の社長でさえ、自分の能力からすれば馬鹿に見えるのでしょう。自慢話は随分聞かされました。ある日、彼の奥さんと階段で立ち話になり、「内の人、自慢話ばかりで嫌でしょう」「いやいや、私らにとって雲の上の人のような存在です」。ものごとを処理するのは実に手際よく、何をやっても都合よく仕事をこなしてくれて、じつに素晴らしい人でした。ある時、宮沢喜一(元総理)が来るというので、友人と話しているのです。「どちらが英語がうまいか試してやるか」。世界に通用する宮沢喜一氏ですよ。これくらいのことを平気で考える自信過剰人とひそかに思いました。それに、どこか人生観とか、ビジネス感とかが合わないのです。

ロサンゼルスからハワイで休憩し、無事帰国しました。西回りで地球を一周したわけですから、我々二人には地球上から一日消えているのです。マゼランの船と一緒です。

その前に昭和五四年か五五年か忘れましたが、第一勧業銀行福山支店の小原光雄さんという方が何度も何度も弊社を訪問され、取引をしないかと勧誘されるのです。「都市銀行は預金を集めるだけで、我々中小企業は取引相手ではないのではないか」と言うと、「いえいえ、貸し出しもこんなにしていますし、わが銀行は四七都道府県、全国に支店があり、手続きも早いです。ためしにやってみて下さい」。三〇回くらい訪問され、その熱意にほだされ、専務と相談の上、「じゃあ取引してみようではないか」となり、三月のある日、私が印鑑を持って福山支店に赴き、直ちに当座預金取引から始めました。

ある日、輸出のLC付書類が揃ったので、一度、第一勧業銀行へ持って行こうということになり、窓口にLC、インボイス、BLなど揃えて提出。驚いたことに、その日のうちに当座預金に入金しているではありませんか。今迄、中国銀行では福山支店で書類を徹底的にチェック、それから岡山の本店の外為係でチェック、それから外国取引は三和銀行へ送り、再度チェック、一週間位でないと入金はしませんでした。それが当たり前と思っていたのが、その日に入金、これでは勝負になりません。また、ちょっと在庫が増え、資金が二千万円位必要になり、お願いしてみると、二つ返事でＯＫ。

（代表取締役の印鑑を押した）手形一枚持参しただけで、その日のうちに二千万円が当座預金に入金しているではありませんか。

それからは第二事業部では、殆どの取引が第一勧銀になってしまいました。担当の小原氏は、その後、渋谷支店、日本橋支店、銀行退職後は系列の日宝販に移られ、そこで随分活躍なされ、職名は聞きませんでしたが、数年前に亡くなるまで、年賀状を頂き連絡がありました。銀行より宝くじ販売の会社の方が活躍できたようで、自分の企画した宝くじが大ヒットしたらしく、恐らくかなり上の重役までなされていたのではないかと思います。じつに人間性のある方で、今でも尊敬できる銀行員さんです。

その後も年率三割くらいずつ売り上げが伸び、利益は一〇％以下の時もありましたが、実質税引き前利益で売り上げの一〇％くらいは維持しており、資金繰り的には集金した手形をすぐ割り引くくらい、手一杯の状態でした。理由の一つが三〇％位ずつくらいの成長をしていると資金は常に必要になるわけです。教材部門が約三〇％、輸出部門が三〇％位、残り四〇％が電気店向けとホームセンター向けとバランスよく成長しておりました。

家庭のことなど見ている暇はありません、出勤日数の三分の一位は出張していたと思います。それ故、辞める時の売り上げの七〇％が私の開拓したお客さんでした。

賭け事と人生の破滅

供給公社の分譲住宅を売った金と、いくらかの金を持っていたので、自己住宅を買うことはできたのですが、心底、専務や社長が信じられず、現金を持っておらねばという思いはありました。又、何で自分がこんなに悩み苦しまねばならぬのか？　社長や専務のすることではないかと、思うこと多かったことか。

太洋電機時代、第二事業部時代の実例です。僅か二五人くらいの社員しかいないのに、三人の社員の家族が、破産、離婚、命を絶つ、という悲劇を経験しています。

まず現場のパート女性社員を採用、経緯を聞いてみるとご主人が詐欺罪で服役中とのこと。わけを聞くと「福山競馬（現在廃業）で馬券にかけているうち、嵌《は》まり込み、しまいには持ち馬まで買うようになり、至る所で借金、今では六千万円もあるとのこと。支払いに終われ、至る所で寸借借金、詐欺罪で逮捕・服役中」とのこと。その社員はパート賃如きでは食べてはいけず、水商売に身を堕《おと》していかれました。

もう一人の五〇代の女性社員はごく普通の主婦です。お聞きしてみると、ご主人が競馬に嵌まり、退職金の前借り、資産という資産は皆売却。債務が奥さんと娘さんにまで及ぶので離婚。銀行勤めの娘さんと暮らしているとのことでした。競馬の虫が付くとやめられないのですね。

もう一人は、仕事に関係する重大事件です。重要な事務員さんが突然、夜逃げしなければならないので辞めさせてくれとの申し出。それは困る、何とか善後策ないものかと聞くと、ご主人が、福山にあるサラ金の殆どから三百万円程の借り入れがあり、もう逃げるしか方法がないとのこと。当社の事務員さんの親とご主人側の親戚に来て貰い、先ず借金の明細を見ると本当に驚きました。広告に出てくるサラ金業者からそれぞれ二〇万、三〇万円と借り入れているのです。当時、昭和五六年頃は、利息が三割乃至《ないし》四割位でしょう。仕事は植木のブローカーで、昼間時間が好きに取れるので、マージャン屋に入り浸っていたのです。これが初回ではなく、二回目か何かです。実家の長兄さんは縁を切るといって、堅実に家業の畳屋さんを経営されておられたようです。次兄の方は専売公社に勤めておられ、奥さんも同席されておられました。私は借り入れ先と金額に本当に驚きました。新聞記事に出ている事件が目の前で起きているのですから。

私は企業人としての判断で、「マージャンのような賭け事で損を出したものを、全うな仕事をしている人が支払いできるわけがない」と申し上げました。これについては長兄の方も同意見です。私が「一度破産宣告を受け、弁護士と相談して、サラ金業者からの借り入れ金をチャラにするしかない」と言うと、ご本人は「破産すれば商売ができなくなる、何とか金を貸して欲しい」。私はすかさず、「マージャンができないよう、会社の門を入ったら出られないような工場勤めに換えなされ、そうしなければ親子五人が飢え死ですよ」と応じました。それまでも僅かな奥さんの給料を盗み出し、マージャンにかけ、その日の食事代もなくすような生活をくり返していたのです。

専売公社勤務の次兄の方は、「それでは弟があまりにもかわいそうだ。わしが退職金を前借してでも、何とか工面してやろう」と言うと、彼の奥さんがすかさず、「本人さんは何も反省してないし、また同じ借金を作るだけです。私は反対です」と仰っていました。

「水田追放」の不穏な動きが社内に

ここで時間を昭和五〇年四月に戻します。私が本社のすることに信用できず、本社勤務になりたいと専務に言うと、あれだけ社長の独善を非難していながら、水田が帰ることには反対するのです。本社の主流派は、社長をはじめ、社長のことなら何でも賛成する子飼いの右野山夫さんがおり、実際の仕事は、ただ作業に忠実で仕事はするが、戦略とか発展とかには何の功績もなく、ただの社長の太鼓持ちです。実質的に会社を動かす資金繰りをするのは、経理を握っていた真備君です。金の動きを握っているのは大変な権力です。

本社に帰ってまず気づかされたのは、高　趙夫君が前年大阪の見本市に出展に出向き、五〇万円を未だに決済してないとのこと。実際の経費と残金の明細を出さず、およそ二〇万円ほどをネコババしたままです。経理としてこんなことが許される筈がありません。私が「どうして経費の明細や旅費の明細を出してきれいに決済しないのか？」と問い詰めると、みんなの前で、「会社のやり方が悪いからしない」「それとこれは別ではないか、すぐ給料から差し引いても、決済するように」と厳しく申しました。すると専務が助け舟を出し、経費に使ったのは、大体このくらいではないかと、予想して伝票を発行したのが三〇万円、残りの二〇万円は、給料から毎月一〇回位に分けて決済することになりました。

本社の中身は腐りかけており、専務は私が帰るというと、「高君とちゃんとやるから、君は東京で頑張ってくれ」と。私はこの会社はこのままではローソクの火が消える如くジリ貧になり、少ない給料も出なくなるぞと確信し、半分命賭けで福山へ帰った次第です。

家族には反対され、本社では経理の真備君が一権力者として君臨。松本工場長はわれ関せずで、いつも社長と職人同士の意見の食い違いで対立していました。また倒産寸前の創業一、二年は遅れながらも給料は取っていました。余裕ができた頃、「そういえばわしでも農協に頼めば百万くらいは用意できたのに」と。しかし、私には「自分で本当に現金を出資していないと心が入らない」という思いが強くありました。結局、給料を一年近く貰わずに頑張ったのは、社長、専務と私の三人だけでした。それ故、堂々と主張できたのです。

真備君にも「後から入社してきて、えらそうに言うな」と言ってやりました。彼は実にずる賢く、右野さんのように何でも社長の言う通り賛成できない時でも、社長と対立しないのです。社長の性格を良く知り、まずいことはそれとなく従わず、それなりに会社の資金繰りは、ぎりぎりうまく回していました。それだけに水田如きうるさいのが突然帰ってきたことに、不快感を懐いておりました。社長は前述した如く、人間的には誠実な職人気質の頑固者です。誉めさえすれば「あいつはいい奴だ」と、高君に対しても「始めはなんと気持ちのいい男か」と褒めておりました。

何年か前、私が東京営業所にいる頃、たまたま東京にこられ、それも私の家内が赤ん坊を連れて病院へ行った時、営業所に立ち寄り、社長と鉢合わせしました。授乳の時間になり、赤ん坊がおっぱいからお乳を吸うのを見ながら、「赤ん坊が乳を吸い込む原理で、半田吸取り機ができないかな」と。そこにいる赤ん坊や家内には関心を示さず、乳を吸い込む原理に関心が行っているのです。人間より機械に関心があるのです。

会社も順調に行っている昭和五六（一九八六）年八月のある日、社内からおかしな話が入ります。どうも「水田部長を追放しよう」という話が進んでいるらしい、というのです。

それまで第二事業部を作って、社長の方の第一事業部は殆ど伸びず、社長は色々な商品開発に挑戦しておりました。専務が第二事業部へ戻ってきて「こねつら（あいつ等という意味で、方言でも極めて下品な言葉）あんなもの作ろうとしているで、今に大赤字になり、こねつらの株式を全部引きとり。会社全体を自分らのものにしよう」という話ばかり、何十回も聞きました。私は社長に全部損をさせて、会社を乗っ取るなど賛成ではありません。私は若い社員が生き生きと能力を発揮し、それなりの報酬を出せる体制だけで十分です。

専務が社長になることには反対でした。彼は精麦業をやったり、材木を切り出す仕事をしたり、本業の農業の傍ら、いろいろな仕事をし、その度に損を出し、奥さんの愚痴からは「うちのお父ちゃんは『A子やこれでもう借金は終わったよ』と言った後からまた借り入れが出てきたりするのです」と、大抵うまく事業ができた試しがない。

太陽台土地造成組合の理事長になり、団地の開発が絵に描いた如く成功したのが、彼の唯一の成功例ではないでしょうか。ただ彼の分配金はたったの二八〇〇万円だけだと聞きました。

太陽台の地主に皆、畑や田んぼを提供させ、最初に有力な議員を動かして山陽高速道路の用地として、かなりの面積を国に売却。その金で土地造成業者に団地の道や石垣を作らせ、一軒ずつ売却できるようにして、その地区の地主に大金をもたらしました。

彼は名誉職が好きで、PTAの会長、地元消防団の分団長など、資格がある間はずっと会長職を務め、自分でも町一の名士と自認していました。福山市に合併する前の町の時代に、町会議員を一期だけ務めており、政治的な動きには他に勝るものがありました。

しかし、その裏で常々ずる賢い商売をしていたらしく、友人のおばさんが彼の近所の生まれで、「豊（専務の名前は芦田豊）さんはチョコチョコ悪をするので油断できない、近所ではあまり信用されていない」と言い、私の中学校二年生の時の同級生が結婚した大坂屋証券（現コスモ証券）福山支店長の高橋作さん（故人）は目の色を変えて、「何、芦田と一緒に仕事をしているのか？　すぐ辞めなされ、あいつはＰＴＡの会長の時、運動場の拡張工事用の土地売却に当たり、内部情報を知っているだけに、自分の土地だけは他人より高く町に売却しており、周りから総攻撃された人ですよ」と。その時の答弁が振るっている。「○○君はそんなにわしのことを思ってくれているのか。有難う」と。「そんな奴だから絶対信用してはならんよ」「いや、もう遅いんです、首になってしまいそうなんです」と、そんなやり取りをした覚えがあります。

三洋電機への売り込みが成功し、後を専務に託したら、全部自分が如何に苦労して受注したか、社長や経理の真備君に手柄を報告していたのは、前に書いた通りです。また、電響社という大口の取引先があり（岩谷社長は九州の岩谷産業〔ガス業者〕の甥に当たり、裸一貫から第二部の上場会社にまでした）、その岩谷社長が支店長会議で「グットの水田を見よ。彼はトップの石崎電機に勝っているではないか、あの小柄な水田如きにできて君らにこのくらいの割り当てが売りさばけないわけがないでしょ」と、あの大物が水田を褒めていたというのです。専務は決して本社の皆んなの前で水田を誉めません。男の嫉妬くらい嫌らしいものはありません。

専務の自宅でよく色々な相談をしていた折、奥さんが出てきて、「あんたらや兄さん（社長のこと）らは、やることが間違っている。これこれこの様にやるべきだ」と。聞いている私にとって自分の都合の良い話ばかり主張（専務はずるい人なので、自分の失敗や不都合なことは奥さんに報告せず、半分の情報で説教するのです）し、一見聡明でもっともらしい話をするのですが、その裏には冷酷で非情な面が見え隠れします。当時、非常勤取締役であったかどうか思い出せませんが、専務から「家内に指導料を払ってくれないか。いつも指導して貰っているから」との要望に、私はそんな馬鹿な話に乗れるかと、いつも嫌な顔をしておりました。いつの日にか、太洋電機をオーナーの落合家から芦田家のものにしようという魂胆がにじみ出ていました。彼が関係してうまくいったのは太陽台造成組合だけではないか。それも自分の力というよりは、日本の成長期で、土地成金の時代、もう一つ、福山の好条件は日本鋼管の年産一千万トン生産を誇る福山工場ができたからです。

専務は「日本鋼管を福山へ誘致の言い出しは、芦田豊だ」といつも口癖のように言っておりました。信じているのは彼だけで、一番の影響力があったのは「宮沢喜一代議士、徳永福山市長、赤坂日本鋼管社長の三人だ」と私は思っております。

「水田追放」に暗躍した黒幕の正体

話を戻し、なぜ水田が解任・追放されたかに触れましょう。一〇年本社を留守にし、私は東京在住一、二年は白鳥荘アパート（今でもそこの奥さんにお礼ができていないことを悔やんでおります）に住み、食事は近くの食堂で、朝飯は八〇円の定食、昼は秋葉原あたりの食堂で一〇〇円のカレーライス、夜はいつもの食堂で、C定食一二〇円、B定食一五〇円くらい、A定食一八〇円、一日三〇〇円の予算では、C定食しか食べられない、勿論いつも腹ペコです。

郷里の友人、森山直樹君が東京大学入試に失敗。一年浪人するというので、彼からすれば東京の知り合いは私一人くらいなので、私のところへ布団袋を送ってこられ、たまたま二つ離れの部屋が空いていたので、そこを寝城に駿河台予備校に行くことになり、それまでの外食から二人で自炊しようということになり、ろくな料理はできませんが、腹一杯に食べられるようになりました。しかし、給料はろくに出ないし、彼を応援する余裕などありません。

東大法科に入学後であったと思いますが、アルバイトの金が入ったので焼き芋を買いました。袋一杯です。お腹一杯、久ぶりにお腹が満足しました。その時の味は美味しいステーキを食べた時に勝るものでした。

こんなに苦労して東日本の市場を作ったのに、社長から「給料が遅配し、申し訳なかった」の一言もありません。会社が苦労しているのだから当たり前だとでも言うのでしょうか。私は役員でもなく、一社員でしかありません。社員に給料、いや給料は来ていたかも知れませんが、経費をくれないのです。集金した金は全部現金化して三菱銀行秋葉原支店より本社に送金、手形は一時間でも急ぐので、東京駅近くの中央郵便局まで行き、速達書留で送っていました。経理をやっていた真備君は、東京が如何に苦労しているか、わかっていたはずです、しかし、ずる賢い彼は、伝票も見ない社長にはろくに報告していなかったのではないかと思います。

水田の苦労より、「あいつの傲慢さの方が腹が立つ」というのが大多数の、本社のそんな雰囲気の中で、思いついたのが事業部制にして、若い者だけで、開発や販売が自由にできるようにすることです。その結果、第二事業部のみ成績が伸び、第一事業部は停滞したままです。ある日、社長が鯛の塩焼きの高価な土産を持ってこっそりとわが家を訪ねてこられ、「よろしく頼む」とのことです。私は専務や高趙夫とは肌が合わず、会社を全部自分らだけのものにしようなどと考えていません。しかし、彼らは社長の持ち株を全部取り上げ、会社を自分らだけのものにしようと考えており、専務は親戚に非難されないよう、古い工場を社長にやり、会社は自分のものにする、という作戦です。

会社は順調に成長し、利益も出ている、芦田一人のものにしたいというのは見え見えです。ところで、私の知らない所でとんでもないことが起きておりました。

ある材料を1トン仕入れたのですが、半分しか届かず、何処かへ消えてしまったのです。

後日その材料屋へ行き、辞任の挨拶をした際、「私の後はもう若い連中の自由です」と言うと、先方は「そうかな?」と怪訝な顔をするのです。

部長時代、私は伝票を一枚一枚見てないのと、材料比率を十分把握してなかったのです。

専務は高君と一緒になって、いかにして水田を追い出すかに全精力をつぎ込み、社長や第一事業部の真備君、右野君までもが「水田がいなくなれば、うるさくなくなり、自分たちも自由になれる」と大部分の人が賛同。

これで水田の追放は決まりです。「水田は会社を自由にして実にけしからん」多くの上司、同僚がそう思っていたのは確かです。

ところで、私には心の痛むことがあります。東京から本社に帰ってきた時、いつも冷や飯を食わされている現場の女性たちが、「水田さんが帰ってこられたので、会社もよくなる」と、私に期待をかけてくれていました。そんな彼女たちを裏切るかたちで、第二事業部へ行ってしまったのです。彼女たちの待遇を良くしてあげる間もありませんでした。

社長はローソクの火が消えかけている現状がわからないのか。情けないことこの上ありません。自分に反対せず気持ちのよいことだけを言う社員しか重用しないのです。そんなふうに会社を運営していたら潰れてしまう、ということを理解しないのです。

高 趙夫君が製造部門の人らを扇動の仕方は元労働組合の執行委員です。それはかなり手馴れており、また、頭をずる賢く働かせる能力が並ではありません。仕入れをやらせても、下請けの値引き交渉が実にうまく、「高 趙夫さんと交渉するのは博労《ばくろう》（牛馬の売買をする人で、口がうまい）と商売しているみたい」と、その口のうまさに一部軽蔑感をふくませて言われるほど、上手でした。

「水田を追い出せば、俺の自由になる。専務如きは何にも中身がわかっていない」と製造部の部下と仕入れ先を「水田について行かないように」と一人ずつ説得。貿易は通訳の平田さんさえ手に入れれば、水田がいなくてもなんら困らない。機械のブローカーのOさん如きは大きな目玉をして、いつも、社員のS君や下請け工場の紹介など、実に親切で純社員並の付き合いをしていました。昼の弁当も当社で食べていたくらいでしたし、忘年会や社員会などでさえ、一緒にしているくらいの仲でした。しかし、それが私が追放されるという話になると、今迄の仏様のような顔が閻魔大王の如く、冷酷で冷たい光を出すのです。「裸になった水田如きと付き合っても一円の売り上げも稼げない」と一〇〇％専務と高 趙夫につきました。

また、一緒に地球一周までし、常に外国訪問は平田氏と同行、なんら衝突や喧嘩もしたことのない、こちらは常に尊敬の目でお付合をし、誠心誠意円満な仲でした。それが私が解任されたという挨拶状を今迄お世話になった人何百人かに郵便で出しましたところ、福山で近いということもあり、彼の所へいち早くその郵便は届きました。彼はそれを持って会社に来て、鬼の首でも取ったように皆に披露。「水田は部長職だから偉そうに仕事をしていたようだが、実は何もしてないではないか。部長がいなくても私が応援するから、貿易は大丈夫です」と、高趙夫、専務の根回しどおりの対応です。余りの薄情な振る舞いに、何も関係ない事務員さんなどは、実に嫌な思いを懐き、すぐに連絡をくれました。また、後日談になりますが、彼の奥さんと良く階段で立ち話をしておりました。奥さんは「あの真面目に、私心を忘れて仕事をしている水田さんを、何の理由なく追い出すなんて、太洋電

写真 3-3

長年にわたって久富電機産業を支えてくれた池田澄子さん。

機さんはおかしくなりますよ」といわれていたとのことです。

社員も専務や高 趙夫に手篭めにされた人以外、「こんなおかしなことがあるか、仕事を放棄して、ストライキをしよう」ということになりました。私は「待て、お客さんに迷惑をかけてはいけない、作戦を練ろう」と制止。私の家は借家で狭く、皆で会議することもできません。その時、入社一年の池田澄子さんという、会社から一キロくらいの所へ広島からお嫁に来て、子育てが一段落し、太洋電機に就職してくれていた人です（写真3－3）。お姑さんが婦人会長をずっとする程バリバリの方。すぐ専務の近所にいる知人に電話し、芦田豊のことを色々聞き、「根性の悪い人との近所の評判です。澄子さん、部長さんを応援して上げなさい」と。

そんなわけで、池田家を借りて、東京営業所の三人全員も集まり、一三人か一五人が集まり、善後策を協議するも、妙案とてありません。私は「皆静かにして貰いたい」と。島根玉造温泉のひなびた安い温泉旅館に一か月、英語のテープレコーダーを持ち込み、まだ世界を相手に仕事をするつもりで英語の勉強をしていました。

福山ではいつも専務と社長は仲が悪く、簡単に手を組むような状況ではないのですが、そこは専務の方が一枚も二枚も上手でした。社長を騙すくらい朝飯前です。前にも話した通り、幼稚園児みたいなところがあり、言葉巧みに褒め上げ、「悪いのは水田だから、あれを追い出しさえすれば、会社も我々のものに取り戻せるではないか」と、それに経理の真備君も、あのうるさい奴がいなければ助かる。工場長の松本さんはわれ関せずです。

社長と専務が手を握れば、完全に会社の株式の過半数の賛成が得られる。水田を追放する一か月だけ二人は手を握りました。どういう話をしたかわかりませんが、専務と高趙夫は周りを固め、水田が一か月の休暇を終わり、福山に帰ると、自分の机と椅子がありません。

その間、私の自宅の見張りも欠かさず、水田の車があるかどうか、見張り役まで付けていたようです。首になるのは当然です。社長には常々反論するし、意見には従わないし、傲慢この上ない奴です。専務はいつも自分の手柄を奥さんや会社ではするが、水田がやったことまで、平気で自分の手柄にする人です。私を使いこなす人や、任せる上司がいなかったのです。私が立てる戦略を実行する実行力と能力がある上司がいなかったのです。足を引っ張ったり、けちをつけられるのが落ちです。男の嫉妬は怖いものです。

会社追放が決まったあと、良く霊感が当たるという真言宗の尼さんが住職のお寺さんがあることを聞き、いきさつを話すと、「なんとひどい会社か、あなたはこの会社に居続けてたら、命をなくしますよ」と予言されました。信じるかどうかは別として、上からは嫉妬され、下からは足を引っ張られて、神経が持たなかったことでしょう。

返す返すも後悔することは、社長を如何に裸にして追い出すか、いつも専務と高 趙夫が話しているのに、それを社長に伝えても信じないのです。なんと情けない社長であることか、悪人ではないのですが、経営者でもなければ、人の上に立つ資格のない方です。ゴマスリしか信じない人なのです。

もう一つ、未だに後悔するのは娘の勉強です。小学六年生で、国語と社会は上の部類なのに算数と理科は中くらいなのです。私立のレベルの高い、荒れてもない、中学校を目標にしました。算数の受験勉強を二か月（私立の入試テキストを買い求め、順次教えていきました。それが結構難しくて、私でも解けないのです。風呂に入って考えにふけり、あ、やっと解った。こうやれば解けると）。受け持ちの山下先生が「水ちゃん、どうしたの。急に算数ができるようになったの？」と、よし理科を始めようとしたら、受験日が来ました。しまった、温泉に浸かっている間に子供の受験勉強でも見てやればよかった、と。レベルの高い中学校から高校へ自動的に進学でき、東京か京都の女子大に行かせられたのにとあとの祭りです。当時、福山は県立の名門校でさえ荒れ放題で、先生もやる気が無く、「早稲田、慶応など現役で受験しても誰も合格しないでしょう」と。娘を親から離して自立させてやりたかったのに残念です。

騒動の一か月後、福山に帰り、会社に出勤してみると、自分の机と椅子がありません。事務員さんが泣いて寄って来られ、「昨日まであった机を隠されたのです」と。私は思わず叫びました。「売り上げを六年間で三倍にし、営業利益は一割を出し、得意先の七割は私が開拓したものです。功績がある者に対する、これが仕打ちか」と。

覚悟は決めましたが、もし江戸時代だったら決闘を申し込んだことでしょう。現代は法治社会です。仕事で見返すしかありません。

高　趙夫は第二事業部時代も日興証券の中野さんという人から仕事中いつも電話があり、私は「仕事中、株の話などしてくれるな」と、いつも叱っていました。

「水田追放」のその後

私の去った後は、高のわが天下、わが世の春。取引先から中元などを沢山頂くのですが、私のいる頃は、第二事業部の約二十数人に小分けして箱に入れ、阿弥陀くじで平等に全員に分配しておりました。ところが私の出た後、製造部のS君が「皆で海水浴に行くのでビール一箱貰えませんか」と高趙夫に頼むと「だめだ」といって、ビールなどは自分が飲んだり、換金できるものは全部一人で持ち帰るのです。また、忘れていた給料袋が車の中から出てきた。忘れていたのです。奥さんに給料を渡さず、殆どを株式投資に回していて、奥さんは生活費を稼ぎにうどん工場の事務員として勤め、それで生活費、養育費をまかなっていたのです。彼らの結婚は見合いで、銀行員であった彼女と結婚、こちらもお祝いを気持ちだけ上げ、お返しになにか余り欲しくも無いものを持ってきたので、「わしにまでお返しはいらないよ」と言ったら、「そうですか」とさっさと持ち帰りました。

銀行勤めの経験者なので、金利のことは良く知っております。郵便局は毎月一日に預け、一六日まで置いて置くと一か月分の金利がつくそうです。毎月一六日になると引き出し、今度は銀行へ預けるのです。これは日割りで金利がつきます。夫婦して一億円貯めようと、凄まじい意欲です。そのうち株式を買うようになり、僅かな元金で何倍かの売り買いができることに味を占め、太洋電機の勤務中でも、しょっちゅう売買指示を日興証券にしていたようです。「私は株の投機で成功した人は殆どないのだ。やめとけ」と、何度か言いました。次兄は義弟のやることは見透しで、「兄貴らは馬鹿だから、僅かの儲けで汗を流してチンタラチンタラ働いてやっている、わしらは電話一本で百万円儲けたわ、と笑っているに違いない」と。兄は何回も煮え湯を飲まされているのでやり口は熟知していたはずです。私も、彼が億単位の資産家になっているらしいと風の便りに聞いておりましたが、「大損をするであろう」と確信を持っていました。彼は買うことは好きであるが、これは本能的なもので、売ること嫌うのです。

太洋電機から水田を追い出し、わが世の春を迎えた高 趙夫は人生絶頂の気分だったことでしょう。後には久富電機の仕入れができないようにしたり、あちこち電話して、今にも潰れるぞと仕入れ先に圧力や言葉で猛烈なる妨害をされました。そして、専務、いや今度から社長の芦田豊と高 趙夫は欲の塊で、先ず始めたのは、土地の買い込みです。いたるところの土地やマンションを買いあさり、自社の年商より多いほどの物件を買っておりました。私はそれを見て、「今に大損を出すぞ」と確信していました。太洋電機の前社長の落合さんらは、自分の株を引き取らせ自分らだけの方が安全だ。あいつ等のやることは恐ろしくてついていけない、早く分かれよう、というのが本音でもありました。水田を追い出すまでは同盟者でしたがすぐ喧嘩になります。太洋電機の名前は落合社長の付けた名前なので、社名は返してやるとの約束だったようですが、欲深い芦田専務（社長）のことですから、社名もグットの商標も渡さないのです。

落合さんも最初「落合電機株式会社」で登記し、第一事業部の従来の仕事を続けていました。しかし、怒ってしまい、直ちに社名変更し、「グット電機株式会社」にするわけです。福山に「グット」を名乗る会社が二社できてしまい、混乱です。法律上、商標は太洋電機のものですが、社名の規制はできないのでしょう。しかたなく太洋電機は商標をＧＯＯＴのアルファベットに統一し、内外ともにアルファベットのものに変えました。

私を追い出す一か月だけ手を結んだのです。二〇二二年現在、太洋電機の役員構成は、会長の故芦田社長の未亡人（九〇歳を超すくらい）が最高権力者、娘婿が社長、娘が経理取締役、売り上げは白光金属の三分の一か四分の一程度、利益は僅かなものでしょう。

これをするために水田追い出し軍団を結成し、会社を芦田商店にするために、うまく皆を利用しただけです。利用された人には罪はありません。ただ、立派だと思うことがあります。鉄メッキ工場を建設し、技術のいる半田こての部品として重要な耐蝕こて先を自作できるようにしたことです。メッキ工場を作るには劇薬品の処理設備に相当な資金が必要なこと、メッキ方法に高度な技術が必要なことなどをクリアしたことです。

同業者の白光金属は日系の会社のマレーシアから調達しています。それも年間五百万本という莫大な個数で、消耗部品として売り上げの大きな部分を占めています。白光金属は年商五〇億円、成績の良い時は五億円くらいの利益を上げていましたから、最優良会社でしょう。久富電機は下請けの伸和工業が廃業したため、従来品はできなくなりました。

当社は売り上げでは負けていますが、純資産、経営内容など絶対負けてないはずです（資料を比較したわけではないので、あくまでも推定です）。一方、高趙夫はバブル崩壊後、廃人のような顔をしていたそうです。太洋電機では窓を破られ、金庫から手形が盗まれたという噂がありました。鉄格子の中へ何度入ってもおかしくない程です。残った無口な寺岡君が「この会社は腐っている」と言ったとかいう噂もありました。

一方、通訳の平田さんは高 趙夫が健在の頃、「高さんを解任しなければ、あの人が毒ですよ」と言ったらしいのです。

その後の高 趙夫の動向ですが、一時期は何億円かの資産家になったでしょうが、売ることが上手でない人ですから、立派な新築の家も田畑も、墓石以外全部債権者に持って行かれ、嫁さんは子供をつれて実家に帰ってしまい。本人は行方不明。けしからんのは親戚に、「水田に虐《いじ》められた」と言いつけているのです。平田さんは手持ちにある太洋電機の資料を「すぐ出せ」とM君という有能な社員が鬼の如く引き上げ、謝礼の手数料の一部も払わず「ハイさようなら」、ご苦労様もない状態です。私を追い出す時、声高らかに「水田がいなくても、平田さんがいれば大丈夫」と言った人物です。いつも自分に有利な方につく人物です。

平田さんはその知識と資料を白光金属に持ち込むも、相手にされず、泡食ったようです。私にはそうなることは充分予想できておりました。その資料を回収に行ったM君は、大変有能で、てきぱきと仕事をさばく人物で、高 趙夫のあと、常務に昇進、活躍していましたが、その実、実に調子がいい男で、始めは信用されるのですが、最後の締めくくりとかに、責任を取らず、外づらだけの人物です。恐らく、芦田一族には信頼されなくなるだろうと思っていましたが、本心から任されたようではないようです。私でもこんなに調子のいい男には、重要な役目は与えなかったことでしょう。

かつての第一事業部を引継いだ会社は、社長が器用なため、陶芸用のロクロや炉を開発、そこそこの業績を出していたようです。しかし、老化して行き、次第に小さくなっているようです。本当に企業経営は困難の連続で、問題解決と時代の流れに合った仕事に変化し続けなければ生き残れないか、如何に難しいかを見せてくれています。

振り返って自分を見直して思うに、私は有能な上司に恵まれなかったため、苦労はしたものの、こんなに幸運に恵まれたことはありません。経営の重要な決断を自らしなければならず、自分の潜在能力を引き出させてくれました。のちの久富電機の経営に苦難はあったものの、絵に描いたようにうまくことが運びました。お世話になった人には、何分の一かのでもお返しをしなければと、常に思いはするものの、ほんの一部しかできてはおりません。お客様や世間、社員に精一杯恩返ししなければならないのにできてはおりません。

第4章　久富電機産業株式会社の設立

太洋電機産業株式会社を辞職

太洋電機を追放されたのは、前章で述べた通りです。私の人生においてあんなに悲しく、悔しく、また太洋電機の勤務年数はたった一六年でしかないのに、久富電機の四〇年と変らない程、長い年月のように思えるのです。

解任されて一二人程が池田さん方を借りて善後策の相談です。もう一度会社を興し、見返してやろうではないかと、その気持ちで意見は一致するのですが、何を作り、どのように事業化していくか、まったく予想も見当もつきません。太洋電機であれだけ奇抜な製品を開発し、ヒット商品を作った佐藤繫行さんが、太洋電機を辞め、ぶらぶらしている。私は彼を是非参加させるべきだと思い、皆に伝えました。

資金は私の蓄えと退職金、私の太洋電機の持ち株の売却金（第二事業部の内部留保金の持ち株分九％）など、合計三五〇〇万円か四千万円位はあります。そのうち二千万円を資本金にして始めようではないか。参加予定の佐藤さんには工場長資格で二〇〇〇万円位は出して貰い、同志の皆さんには私から五万円ずつ差し上げて株主になって貰う。取引先にも希望者があれば株主になって貰い、完全な株式会社として、身内は会社に入れないことを申し合わせしました。西川君が有り金全部の百万円出資させてくれというので、全体の五％の株主となる。その他五万円、一〇万円と親戚からお祝い金を貰ったので、水田實名義で五〇％を切るくらいになりました。

その前に是非話しておかなければならないことがあります。丸裸で、なに一つ作るもの、売るものが無いのですから、一流銀行はとても取引してはくれまいと、まず二流の広島相互銀行へ相談に行きました。輸出をしたかったので、外国為替の取り扱いがあるところに窓口を作りかったのです。

自転車で広島相互銀行の外為で知り合った支店長代理の和田さんに取引のお願いに上がりました。しかし、和田さんは「水田さん、貴方は今迄、太洋電機の部長で威張っていたから仕事ができただけ、裸になれば何一つできないことでしょう」と、通訳をして貰っていた平田さんと口調までそっくりなのです。

まったくその通り、がっくりとしてしまいました。自転車で一キロ程の自宅までのペタルの重いこと、重いこと、本当に悲しかったです。これは大変なことになったぞと、どうしたら良いのかわかりません。「西川君、有り金はたいて出資してくれるのは有り難いが、こちらは何もないので」、「部長、それなら作ればいいじゃないですか」と彼は言ってくれましたが、そんなに世の中、甘いものではないと思い知りました。

その後、順調に業績も上がり出した頃、広島相互銀行の御幸支店が開設され、支店長に藤本さんという笠岡商業の後輩がなり、三〇回くらい取引をしようと誘われましたが、あの和田代理にはどれほど心が傷つけられたか、頭取にでも「あの時は悪かった、ある人のアドバイスだけであんなこと言ってしまったが、水に流してくれ」とでも言われれば、こちらも気が済むかも知れませんが、あの心の傷は生涯忘れることができません。

久富電機産業株式会社の船出、資本金は二千万円

太洋電機が水田を追放後、間もなく、第一勧業銀行の梅沢支店長より自宅へ電話があり、「どういうことか経緯を聞きたい、寿司でもご馳走するから来ないか」との誘いがあり、「敗軍の将、兵を語らずとか申します。もう何を言っても通じませんから、いいです」と。こちらは何も言わないつもりなのですが、梅沢支店長は、「あなたは誠心誠意仕事に没頭し、成績も出ているのに、解任される理由がない、何かおかしい、あなたの方がマッカーサーですよ。『I shall return Manila』」「どちらにしても仕事を始めるのでしょう、当行がお手伝いしましょう」とありがたいお言葉。

二流の地方銀行にぼろくそに言われ、日本一（当時）の銀行が取引してやるという。

私はまず個人として、裏づけに現金一千万円を定期預金として水田実名義で預金（その後、赤木さんという後輩が同支店長の面接で入行し、後年、「水田さんは資産家ですよ。四〇年間一度も一千万円を引き出していないから」と、笑わせるな、こちらは借家暮らしが長く資産家と思ったことなど一度もありません。その裏づけのおかげで、割引や借り

入れがしやすかったわけです）。第一勧銀は二千万円の払い込み証明を作成してくれ、一九八一年十月二十一日に久富電機産業株式会社を設立することができました。

また、大口取引先で、かつ私の開拓した岡田金属の岡田巧社長から誠意あるお慰めのお手紙を頂きました。今でも大切にしまってあります。

次に広島銀行の梅田室長（支店長の次に偉い人）に辞任の挨拶行くと「それはいけません。今すぐ専務さんのところへ行きましょう。辞めてはいけません」「いや私の方こそあんなに汚いやり方をする会社に戻りたくないのです。それより貸してくれそうな空工場は無いでしょうか？」。梅田さんはただちに自分の管轄する各支店に連絡してくれました。「開業二年目の駅家支店の知り合いに七〇坪の引っ越したばかりの空工場があります」との連絡を頂き、福山市駅家町法成寺に五坪ばかりのプレハブの事務所と七〇坪ばかりの空工場があり、すぐに契約、借りることになりました。

事務所とは言っても、雨漏りはするし、トイレも和式で、手洗いも無く、事務の池田さんが自宅からバケツを小さくしたようなぶら下げ用の手洗いを持ってきてくれて、やっと使えるようになった代物です。入り口は二〇メートル程の登り坂で、お隣の和田さんとの共用です。トラックは下りに向かって斜めでないと、荷物の積み下ろしができません。

家賃は月二〇万円（持ち主は五敬工業株式会社という裸一貫から築き上げた精密板金加工会社で、駅家屈指の機械精密加工会社）、持ち主の五敬工業さんは加茂町に大きな工場を建てられ、転居されて空いていたわけです

写真 4-1

久富電機産業株式会社の旧社屋。古い安普請のこの建物から 40 年の歴史が始まった。

（写真4－1）。

工場の南側は藪の中に古いお墓があり、西側は木村さんというおばあちゃんの畑がありました。北百メートル位の所には古墳があり、真冬の寒い日は毎日のように外の水道が氷結し、事務所のやかんでお湯を沸かし、それを掛けて水道の氷を溶かして、掃除するような状況です。

そんなみすぼらしい工場ですから、一般の人など募集できるわけがありません。同志の一〇人ばかりを私の責任として引き受けなければならないのですが、何せ売るものがない、作るものもないでは、給料を出せる見通しなどあるわけがありません。佐藤繁行さんと彼の奥さんが一、二か月手伝い、西川君、Hさん、すぐに池田澄子さんが佐藤さんの奥さんに代わり、私を含め、全員で五人のスタートです。水田の留任運動をした同志の中には、こちらの設立準備や何を作るかなどの相談内容をそのまま太洋電機に密告したスパイもおり、裏で聞いてみると、「何をお前らは相談しているのか、白状しないと直ちに解雇するぞ」と脅され、社名は久富電機産業株式会社、参加者は誰々、こういうことを準備していると全部、西川君と同期に福山大学から入社したT君という同志の一人から全部筒抜け状態でした。

太洋電機の時、福山大学創立第一期生の就職は、先生方も苦労され、中小企業を一軒一軒訪問し、「わが大学卒業生を採用して欲しい」と巡回される程、苦労されていました。会社訪問にT君が来て、話を聞いてみるとなかなか器用で、子供の頃から物づくりが好きとのこと、専務と相談の上、内定者第一号とし、その後、次々と会社訪問者があったが、少しさわやかで感じの良い行広君という学生が来たので、彼を内定者に決め、ここで採用打ち止めにした後、会社訪問が解禁され、西川勝造君という、いかにも垢抜けのしない学生が「僕はここへ入りたいのですが」と来ましたが、「締め切ったあとで、もう三人も雇う力はないので申し訳ないが、もう求人はおしまいにしています」と断りました。

何日かすると、また何か試作品を持って来て、「器用でなかなかですね。でも三人は無理です」と、それでもまた何日かすると「こんなものを作りました」と持ってくるのです。西川君は生真面目に会社訪問の解禁を守っていたので出遅れてしまったのです。専務と相談の上、「これだけ熱心なのだから、何かの役に立つかも知れない、無駄になっても三人採用しようではないか」と決めました。

写真 4-2

写真左から池田澄子取締役経理部長、中西美恵子製造係長（28 年間勤務）、諏澤忠治取締役顧問。

昭和五四年四月の採用者です。製造だけでなく、営業も知っておく必要があると、兵庫県から舞鶴方面の出張に同行。同じ車で私の経営方針、大げさに言えば経営哲学を何時間も話しました。彼もすっかり、私の考えに共鳴してくれる一人となり、その後の応援者になってくれました。彼は有り金を全部はたいて久富電機産業に出資してくれ、有り金全部を出資してくれた人、親戚からのお祝い金などは出資金扱いにし、株主にしました。同志であった行広君は、いかにも貧しいきれいとはいえない工場を見て、「こんなぼろ会社にいては、嫁に来る人もいない」と逃げてしまいました。

結局、会社の構成員は、水田のほか、佐藤繫行さん、Hさん、西川君。それに池田澄子さん（写真4－2）で、給料は全員最低に下げ、水田は五〇万円を二五万円に、佐藤さんは工場長名で二五万円位（正確な金額は忘れました）、西川君は一八万円を一五万円に、Hさんも忘れましたが、一割くらい下げました。池田さんは一一万五千円か一二万円を一〇万円にと、全員下げて如何に早く黒字にするかの戦いに燃えました。

久富電機産業株式会社の名前の由来

久富電機産業株式会社の名前の経緯を話しましょう。前にも書いた真言宗の尼寺の尼主《あんじゅ》さんが仰《おっしゃ》るように、絶体絶命のところから這い上がらねばならないのです。社名は個人商店ではなく、本当に株式会社にしたいので、水田の名前に関係ない、「グットのように簡潔で覚えやすい名前がないでしょうか」と、霊感の働くその大師寺の西島先生に縁起の良い名前を考えて頂きました。何点かの候補のうち、一番読みやすい名前が「久富電機産業株式会社」だったというわけです。

こちらもかなり滅入っていたものですから、自分の好みなど言ってはおられません。二流銀行にさえ「相手にできない」といわれたぐらいですから。その後、中国銀行に挨拶に行くと、岡田支店長が、「少しやりすぎたな。どうせ何か始めるのであろう、取引しよう」と言ってくれました。

結局、通訳の平田氏が洗脳した広島相互銀行だけが相手にしてくれなかっただけで、あとの取引銀行は、とても親切に応援してくれました。なかでも広島銀行の梅田室長には感謝のしようもありません。

一見、ぼろ工場のようで、前に古い墓がある最初の工場は、近所の内田さんは、庭を駐車場に貸して下さるし、お隣の和田さんも、とても良い人で大変助かりました。また、西側の畑の持ち主の木村さんは、「久富電機さん、スイカができたで食べなさるか」と持って来て下さるなど、大変気持ちの良い所でした。

何より五敬工業さんは、繁昌して加茂町に立派な工場を建て、出世していった場所で大変縁起が良いのです。月二〇万円の家賃は、当時としては大変な負担でしたが（家賃はご尊父様にお支払いしていました）、五敬工業の甲斐社長は大変な大物で、その後、駅家商工会の会長を長く務められたりされた、地方の実力者です。弊社の記念日に時計を贈って下さったりと感謝感激です。

余談になりますが、現在のテラル（旧「テラル極東」、ポンプの会社）取締役営業部長の神野さんが、個人的に親しい人でしたので、「水田さん、会社創業のお祝いに、だるまを差し上げよう、貴方は転んでも何度でも立ち上がるから」とのこと、「神野さん、それは有難い。お心遣いに感謝します。しかし、もう絶対に転げたくないので、それだけは勘弁して下さい」と固くご辞退申し上げました。

その後、神野さんは肉親同士の紛争に巻き込まれ、社長と取締役営業部長の二人が解任され、結局、彼は兄弟会社のホーコスに社長とともに移られました。横道にそれましたが、私が尊敬してやまない経営者の一人です。父親を早く亡くされ、彼は正式には義務教育しか受けておりません。しかし、経営感覚は抜群で、前の会社では、平社員から東京営業所長、本社営業部長、そして解任と、規模は違いますが、私と似た経歴をお持ちです。ホーコスに拾われたものの、この会社は工作機械（自動車エンジンの製作切削機械などのメーカー）では出番がありません。

テラルの時代から手がけておられた公害防止器機、その他、高い技術を要さず、アイディアと市場に合う公害対策機器の部門を立ち上げ、僅かの間に売り上げ三〇億円、営業利益三億円もの事業を立ち上げるのです。社長もその才覚を認め、まったく経験のない工作機械部（トヨタやいすゞ、本田など自動車エンジンの製作機械の製作等々）を含めて、専務取締役として起用、さすがにこの社長（その後、福山商工会議所会頭になる）は人を見る目がある。福山の地場会社ではトップレベルの年俸を貰っていたらしく、後継者の息子さんには、「何でも神野の言うことなら間違いないから、良く意見を聞いて経営をするように」と仰《おっしゃ》ったとの噂を耳にしたことがあります。

わが社にも時々立ち寄られ、いつも的確なアドバイスを頂いておりました。弊社の同業者の後継者の実家も、父親がかつての外注工場の一つで、「親父さんも息子も経営者としては、どうかな？」と言っておられました。

写真 4-3

創立後初の本格的自己金型を使って製作した半田こて KP－30L。

半田ごての開発と販売戦略

会社はできたが、さて何を作り売るべきか。「メーカーにとって製品がすべてであり、人間にとっては、行動がすべてである」という本田宗一郎の言葉どおりです。

昭和五六年九月頃から準備を開始。池田さんはまだ仕事もないので、太洋電機に年末まで残り、一月からとする。じつはこれが失敗の元だったような気がします。佐藤さんの奥さんに名簿を作ったりする雑用をと二、三か月と念を押し、給料一〇万円程で一二月まで来て貰い、一月から池田さんに代わるということは、全員納得づくで臨時に来て貰ったのですが、彼とすれば夫婦で三五万円の収入が二五万円になるわけですから、自分でかなり思うようになると思っていたのが、池田さんが入ったとたん、最初の本格的半田こてである「キャップ付三〇W・一五W切り替え式半田こてキット」（写真4－3）の図面作成作業を途中で投げ出し、「今は自分を工場長にしているが、東京にいる角野さんを専務にして自分を追い出すのではないか?」と邪推《じゃすい》、仕事をサボタージュするのです。図面を中途で放棄したまま、一日を争う時に仕事をしようとしないのです。

私は「角野さんは最後まで応援してくれ、何かあった時はこちらに力のある限り、飯の食えるようにする」ということは暗黙の了解事項でした。しかし、専務にするとか、佐藤さんより上にすることなど、誰一人約束した覚えはありません。

一番才能を見込んで誘ったのに仕事を放棄するとは、私は泣きながら「決して君の上にするようなことはない」といくら真剣に言っても疑うのです。

もともと「家族は入れない」という約束でスタートしているのです。その間、ご両親が会社に来られ、泥棒のように黙って走り抜けてトイレを使い、逃げるように出て行くのです。なんと気持ちの悪いことか。私は何もしておらず、角野さんを専務にするなど約束したこともありません。彼の才能は私が一番高く買っていたと思いますし、私なら彼の才能から出る製品を市場に売り出すことができると、密かに確信を持っていました。彼一人になれば、事業化するのは難しいだろうとも。

結局、彼は辞めていきました。その才能をもっとも評価する人間と別れ、私も彼もどちらも大きな損失をしたのです。彼との別れは、非常に辛く会社を解散しようかと思わせるほどの衝撃でした。幸い西川君が未完成の図面を仕上げてくれ、下田工業というしっかりした商社に金型を発注することができました。

話題を変えて、その後の太洋電機の話です。第二事業部に四人の事務員さんがいましたが、一人を残して三人が一～三か月のうちに退社してしまい、営業・事務がともに麻痺してしまいました。しかし、東京営業所からの情報によると、販売努力もしないのに三割ずつ売り上げが伸びていくとのこと。お客さんは製品と結びついているのであって、セールスや人間とではないのです。但し、教材店さんの場合は別です。先生と担当セールスとの信頼関係が七〇～八〇％の比率で決まります。

多くの代理店で、社長が娘婿や息子になった時、よく番頭さんなどが辞めて行く例があります。そして、その番頭さんのお客さんは、殆ど番頭さんについていきます。会社対学校とか先生ではなく、個人の信頼関係です。

太洋電機はその後、私の解任の時だけ社長と専務は手を握りましたが、社名の太洋電機は落合さんの子供から取った名前です。会社を分ける時、太洋電機の社名は落合社長に返すというのが約束だったらしく、いざ会社を自分一人のものにすると君子豹変。太洋電機の名前で広く知られ、商標のグッドとともに手放せないものだったのです。

第一事業部は、半田こての一部を第二事業部へ販売しながら、ジリ貧のため、社長は陶芸用のロクロと焼き入用の電気炉まで開発、そこそこ売れ始めていました。社名なしではできないので、資本金二千万円の落合電機株式会社として仕事を引き継ぎました。

その前に話しておかなければならないことがあります。私を追い出した後、芦田豊新社長と今度は高趙夫が常務になり、二人の天下です。金儲けの一番手っ取り早いのは、値上がりしそうな土地を買うことです。手当たり次第買い捲りました。私がいる頃は、「企業は良い製品を作り、代理店さんに売って頂くのが使命です。自分だけでなく社員の仕事を作り、仕入れ先には多くの注文を出し、外注さんには仕事を増やし、お得意さんの売り上げと利益に貢献する。良い製品を開発して売り上げを伸ばすということは、社会全体の富を増やすことにつながる、これこそがメーカーの使命です」。土地は一人が儲かるだけで、分譲住宅を買う一般サラリーマンなどは大変な被害者ではないか、というのが私の哲学です。

東京営業所に残っていた角野さんの話によれば、テレビでも買ってきたように、「あそこのマンションを買ったぜ」、「近くの土地付きの四、五階建ての空きビルを三億円で契約してきたよ」と。その当時、第一勧銀だけでなく、住友銀行など一流銀行から地方銀行、第二地銀に至るまで、どんどんみんなが貸し出し競走です。「土地など下がるはずがない」、これを誰もが信じていた時代です。

第一事業部の真備君や社長も、専務がやることを怖がり、一日でも早く会社を分けようという雰囲気になっていた折です。社名は渡さない、商標も渡さない、とうとう落合社長も怒り出し、落合電機産業株式会社を登記して間もなく、「グット電機株式会社」に社名変更してしまいました。福山にグットの会社と商標を名乗る会社が二つできてしまったわけで、商標登録法にどちらかが違反するはずです。太洋電機を乗っ取った方は、Ｇｏｏｔのロゴマークを全商品に使うことになり、今もホームセンターや輸出品、一般売りにはこの名前を使っています。名前を付けた私としても何だか変な気持ちです。

太洋電機の芦田社長は朝礼で、「福山でも何番目かの資産家になった。これで不況になった時は諸君の給料やボーナス資金になる」と、大見得を切っていたそうです。借り入れがそれだけ増えたことを余り考えない性格の人のようです。

私を応援してくれていた事務員さんが退職後、そっと「太洋電機さんは、またあそこの土地も買ったのよ」ととても悲しい顔をして教えてくれるのです。私は心の中で喜んでいました。そのうち我々の方が勝つであろう。松下電器やトヨタ自動車は一兆円以上の預金がありながら、決して値上がりしそうな土地を買わない。自分の工場用地は別ですが。

新製品の開発や、新しい技術導入に資金を投入するのでしたら、本気で恐れたでしょう。大阪の朝日電機商事の寺田社長に、「土地くらい儲かるものはない」と延々と土地の話をするので、堅実な経営者である寺田社長は、「もう土地の話はいいから、売れるものを作ってくれ」と、取引き先からすれば土地などに興味はないのです。自分の事業を如何に発展させるかで頭が一杯です。土地を買っても社員に飯は食わせられません。

恐らく三木市の岡田社長の所へ言っても同じことを言っていたのでしょう。彼の性癖はそれでは終わりません。教具部の部長を始め、セールスに「久富電機は二千万円も赤字を出しているらしい。おい、これで会社が持ちこたえられると思うかや」と喧伝《けんでん》させていると、そんなことをある代理店さんが教えてくれました。彼らの息のかかる代理店は、それぞれ弊社を警戒し、注文を出すのを躊躇してしまうのです。

何年度か忘れましたが、宇都宮で大会があり、次に二日後に高崎で関越大会があるので、たまたま岡田金属の北井部長と同じ車で行くことになりました。「水田はん、ようやりまんなー?」「うちはちゃんと黒字になり、ちゃんといけるようになっていますよ」といっても殆ど信用しません。彼のことだから、戦略的にやっているのか、本当に信じているのか分かりませんが、できれば商売がたきなのでそう信じたかったのでしょう。そこのセールスは全国に一〇人位いるのですから、これには参りました。

大阪の内外金物という会社へ行きましたら、「この前、太洋電機の芦田社長が来ましたでえ、『水田君は良く頑張った人でな、応援してやってえな』と、帰り際、『そういえばこの前、銀行の支店長が言っていましたぜ、久富電機はもう金が持ちそうにないらしいと』、そう言い残してさっさと帰った」そうです。植松社長曰く、「あのおっさん根性悪やで、用心しなさいや」と、芦田社長のいつものやり口です。褒め上げておいて、ストンと落とし穴に落とす。

本題に戻ります。創業時、半田こてを作ることには決めていましたが、太洋電機と同じものを作るにはヒーターの巻き線機から製作しなければなりません。太洋電機の頃、京都の志田さんという方が、「堀場製作所の排気ガス測定器用のセラミックヒーターを、作っている半田こてに使えないか？」という売り込みが東京営業所にありました。これ幸いと久富電機になってから話を進めました。

しかし、これがなかなかしたたかで、株を持たせ、指導料いくら、出来上がった製品一個当たり一〇円と、京都の人はこうもがめついのか、と思いつつもその条件をのみ、教材のヒーターには丁度手頃です。温度があまり高くなく、子供の使用には最適です。直径五、六ミリの四つ穴のある長さ五センチほどのパイプ状のセラミックに、電球に使用しているコイル状のニクロム線を封入し、先端とリード線取り付け口に耐熱接着剤を塗り、七百度位の炉で焼結し、耐熱リード線を取り付け、半田こての熱する部分へ挿入するわけです。まず、巻き線機が必要、次に炉も一台ずつ購入、電球のタングテン線の巻き線を見ればわかると思いますが、細い穴に四回通し、それから耐熱接着材を塗り、七百度くらいの炉で焼結するのです。結構な手間と時間がかかります。自家工場で作業していたのではコストが合うわけがないので、内職さんを訓練して、何工程かに分けて製作に成功するようになりました。

その頃、佐藤さんのサボタージュです。志田さん曰く、「もう、あんたらの喧嘩にはついていけないわ」。権利料と持ち株を引き取って契約を解除しました。「やれやれこんなに厳しく、がめつい人とはごめん蒙りたい」というのが私の本音です。

どうしても急がなければならなかったのが、ＫＰ－30Ｌという本格的自己半田こてで、やっとのことで完成しました（写真４－４）。こちらはまだ設立したてで世間の信用がありません。下田工業と

写真 4-4

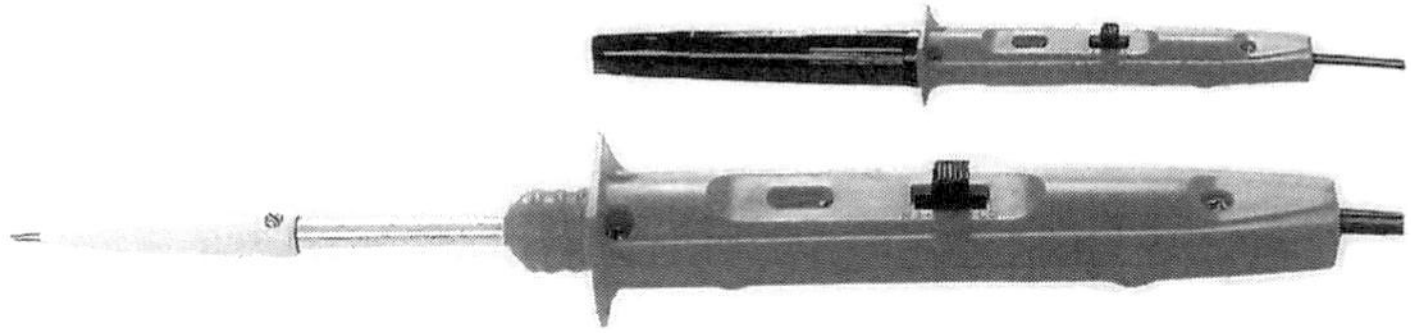
久富電機の本格的な製品となった第一号、KP—30L

いう中堅の商社に頼むことにしました。担当の遠藤さんという方は、これぞ「好い鴨」とばかりに、三流の東大阪の金型屋へ発注。しっかりがっちりマージンを取ったはずです。なかなか仕事がはかどらないので、大阪の安い旅館に十日ほど泊まり込み、毎日朝一番から東大阪の金型屋さんに通い、事務所や工場の掃除を手伝って、「一時間でも早く金型を彫って下さい」の連続です。金型がなかなか出来上がらないのです。

いったん福山へ帰り一か月後、行ってみるとなんとなく様子がおかしい。すぐ九〇%以上出来上がった自分の金型を他へ移した後、高利貸しらしき連中が来て、めぼしいものを持ち帰るのです。間一髪、高利貸に持ち去られるところでした。福山へ持ち帰り、三菱電機の第一次下請けの富士ベークライトという一応名のある立派な会社に持ち込み、赤い取っ手の二個取りの金型は出来上がり、キャップのベークライトの方も無事こちらでできるようになりました。富士ベークライトは、戦前からの三菱電機の下請けで立派な会社です。似た会社で言えば、リョービ製作所（ダイキャスト、釣具、印刷機、電動大工道具）のメーカーがあり、東証第一部上場会社、いまや雲泥の差になっておりました。

とにもかくにも、四月位には出来上がり、全国にサンプルを送れることになり、一番頼りにしていたグループは売ることは約束してくれましたが、それぞれ割り当てでもしてくれるものと期待していたのに、「水田さんちょっと慌てているな」と、割り当てどころか、一からの出直しです。世の中は変ってしまっているのだ、としみじみ思い知らされました。

佐藤さんといい、金型屋さんの件といい、なんと運に見放されていることか。下田工業の遠藤さんも、ばつが悪いのか知らん顔で、電話さえしてきません。やることなすこと、ヘマばかり。ここでの失敗は、後々の経営方針に反面教師として役立ちました。

本格的製品ができるまで食いつながなければなりません。金型もなくてできる製品は木材の細い柱に台をつけ、四〇ワットくらいの行灯を作りました。中間スイッチを付けて、強、弱のダイオードを入れて四〇ワット、二〇ワットの切り替え式行燈、また、岡山の桂林堂の長尾さんが、「水田さん何か作らないと食えまい、こういう伝言板はどうか」と教えてくれました。彼は自分の親しい先生に、殆ど押し売りしてくれているではありませんか。

彼の家に挨拶に行った時、上品な奥さんが出てこられ、「お父ちゃん、水田さんが困っておられるのです。助けておあげ」。それまで良く知らなかったのですが、彼は岡山県の中央部の田舎の生まれで、「苗字を変えてまで養子になりたくない」と随分頑張ったようですが、まわりの先生から始まり、全員半強制的に説得され長尾家の養子にならざるを得なかったらしく、未だに彼の旧姓は知りません。その後、ＫＰ－30Ｌの本格的キットができると、展開ボードを付けて、誠心誠意注文をとってくれるのです。また伝言板のアイディアも下さるし、口だけの応援でなく、実効のある応援です。最後まで恩人の最右翼です。どれほど勇気づけられたことでしょう。

昭和五七年五月、中国通商局より「電熱器具製造許可第二二八号」を取得。これで完成品も売れる日がきました。

二宮尊徳の商法から学ぶ

その前に、私の商売方法に影響を与えた二宮尊徳について触れさせて下さい。ただ、いきなり二宮翁を知ったわけではなく、あるテレビ番組で石橋正二郎（ブリジストン創立者）と斉藤栄三郎とかいう評論家との対談で、「西行法師は貴族の身分を捨て出家され、道を究めたと言われるが、腹が減ればおかゆの一杯も頂かねば飢えてしまう。寒くなれば衣の一枚も重ねなければ生きてはいけない。その点、二宮尊徳は住民に腹一杯の飯を食わせて、徳を説く。実業で成功して、初めて人間としての道を説く、これこそ本物で、理論だけでは人は生きられない」という内容の対談でした。

これがきっかけで、二宮尊徳の本を片っ端からから読み始め、私は当時、埼玉県岩槻市（現在は浦和市に合併）に住んでいたものですから、村の再建第一号となった栃木県二ノ宮町にある桜町陣屋跡を訪ねました。小田原藩の分家の役所跡というので、役所らしい建物かと思いきや、藁葺きの私の岡山県笠岡市の実家と藁屋根葺き、間取りもそっくりで本当に驚きました。わが生家は家内にいつも馬鹿にされるぼろ家でしたが、江戸時代から戦前までは、こんな風な家が普通だったようです。彼は悪戦苦闘の末、十年もの歳月をかけ、そのあたり一番の豊かな村に再建したのです。

彼の原点は、孤児となり、伯父さんの家で百姓をしていたのですが、ある日、鍬が壊れ作業ができなくなります。隣の小父さんに、鍬を貸してくれないかとお願いすると「わしはこれから、この畑を耕すのじゃ、お前に貸す鍬などない」「じゃあ、小父さんが今日耕すところを私がして上げましょう。その後の時間貸して貰えませんか?」、隣の小父さんにすれば、自分の今日の仕事を金次郎がやってくれる。それなら貸してやろうと。

実は二宮金次郎は、いつも先に他人に何かをして上げてからでないと自分の要求はしない、これが彼の原理・原則・原点なのです。最初の米の収穫は捨てられた苗を貰いうけ、溝に植え付け、一俵の米を得ることから始まり、二年目から小屋を建てて独立、荒地を耕し、五俵の米を収穫、二俵半分を食い扶持に、残り半分を次の開墾用に当てる、という手法で十年足らずで、村一番の地主になっていく訳です。

尊徳先生は「小を積みて大を為す(積小為大)」で、私の商売哲学は半田こて一本から売ってきた経験から、一個買う人こそ本当のお客さんで、一万本買う会社ではない、一個買う消費者の意向を考えないと事業は必ずうまくいかなくなる。私は、「事業の本質は一個を定価どおり買う人こそ本当のお客さんである。決して忘れるな」と、会社の朝礼で言い続けてきました。

展開ボード、説明用器具

仕入れ品を組み合わせ、キットを作る自分の商品を買って貰う前に、生徒に説明し易い展開ボードを先生方に配るのです。採用して下されば、メーカーがこれをくれます。全国でセールスの方にお願いし、先生が如何に助かるか、説明し易い展開ボードを、弊社の西川君は常に心がけ、奇抜な展開ボードを一杯作り、随分配りました。それ故、全国の先生方からいつの間にか信用を得ていくことになりました。先にお客さんに何かをして差し上げ、先生や生徒を納得させる授業に結びつける。お客さんや先生方の支持を受けないわけがないでしょう。尊徳先生を真似たわけではないのですが、気が付けば先生の手法に似ていたわけです。

もう一つ、尊徳先生の教えに近いことをしていた重要なことがあります。話が前後しますが、昭和五六（一九八一）年九月頃より、久富電機産業の創立準備を始め、一〇月二一日が正式な登記日です。

会社はできたが売るものがない、こんなに辛いことはありません。太洋電機のヒットしている製品、あれもこれも私が企画しアイディアを出し、このお客も自分で開拓したお客さんではないか。しかし、メーカーの命である製品は太洋電機の権利のもので、生産設備も何もないわけです。周りの親しかった人達が、こぞって太洋電機の方に付くのは極当たり前のことで、悔しいけれど、時と立場がまったく変ったのです。

水田について行っても何の注文も製品も送って貰えない。大日本印刷の所長さんが、転勤間際になり「水田さんには随分お世話になったから、転勤後も是非応援してあげてくれ」との伝言・依頼もむなしく、「久富電機と取引するのであれば、直ちに貴社との取り引きは中止する」との脅しで後任者がわざわざ断りにこられたくらい、殆どの取引先は取引できません。

自社製品の開発と問題点

自己製品でそれらしきものができないのですから、まず、手っ取り早くできるのが、テーブルタップのキット。標準品は、コードとプラグ、テーブルタップ本体、それに教材会社の生命は説明書です。何とか同じものができます。次に目をつけたのが、首ふりプラグ付テーブルタップのキット。その頃、まだ首ふりプラグ（メーカーによってはスイングプラグ）は、まだ市場に出て間もないことでしたから、学校では珍しがられました。コードが傷まず、狭いところでも使用できてこれは良いと、少々評判でした。この頃は、技術・家庭科では、女子は家庭科で家庭電気のような部門があり、家庭科の先

写真 4-5

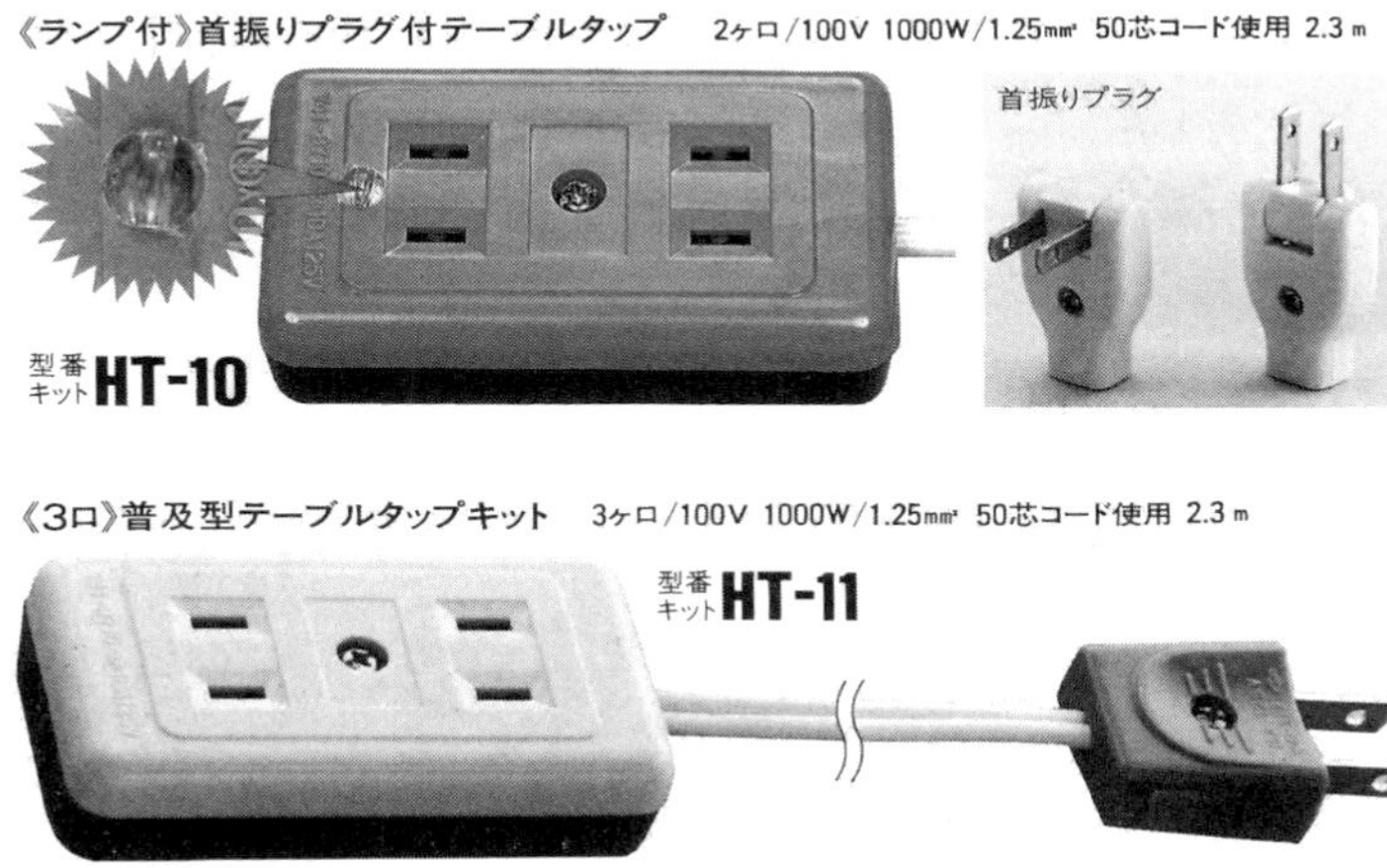

ネオンランプを付け、暗所でも視認性のよいタップとして売り出したが、売れ行きはいまひとつだった。

生が結構、採用してくれました（写真4－5）。

大阪の代理店に売り込みに行ってみると、当社とまったく同じテーブルタップのキット製品が、太洋電機から一千個も積んであるではありませんか。また、熊本のお客さんのところに行った折も五百個か一千個、太洋電機から入荷しているではないですか。このお客さんなど、かつて講習会までして私個人としては精一杯協力したつもりです。これらを目の前にして、とても悲しく、言葉に表わせません。まったく同じでものです。価格も変わりません。ある銀行で言われた通りです。ランプ付きテーブルタップは、自分で作りながら売れません。

何とか似たものを作ろうと、テーブルタップ本体の抵抗つきネオン管を、取り付けられた場所を旋盤で削り、空洞を作る。蓋の部分にはネオン管の点灯が見えるようにするため、ボール盤で六ミリ位の穴を開け、そこにグラスビーズの透明の丸い玉を差込み、まがりなりにもネオン管つきテーブルタップを製品の一つに加えました。その際、何よりも助かったのがテーブルタップ、メーカーの大和電器さんと電線メーカーの三河電気さんが何の不安もなく、注文数だけ納品してくれたことです。首ふりプラグも同業者の杉本電器さんから取り寄せ、いくらでも供給してくれました。

まだあります。大和電器さんが五ワットの暗くなると自動的に点灯する常備灯を製作、ホームセンターなどの売出しを始めたことにいち早く気付き、「それをキットにして下さい」と、キットは弊社だけに独占的に販売させて貰うことに同意して頂く。これだけで事務員さんの給料が出るくらい売れました。この二社だけでなく大口の仕入れ先には、受け取り手形の裏に弊社のハンコを押して保証して支払いしました。とくにこの二社は取引額も大きく、今でも感謝の気持ちは変わりません。三河電気の柳沢社長の葬儀の時は心より感謝とご冥福をお祈りしました。と、申しますのは台湾の電線メーカーを探し当て、二、三〇%と単価が違い、仕入れ金額が減ってしまっていたものですから、申し訳ありませんがこれが実体です。

私の取引方法は、値引きを強引に頼むのでなく、安くて良いものを製作している元の工場を探し、取引をお願いするというのが一つの方針です。このことはのちに触れます。

自社製品の本格的な温度切り替え式、キャップつき半田こては、五月頃より本格的に出荷が始まる。しかし、太洋電機の時のように順調に注文が取れるとはいえません。設立の翌年、昭和五七年八月の第一期決算です。売り上げ二八二四万円、欠損七一一万円。流石にこの数字を見た時、愕然としました。第一期で資本金の三分の一が吹き飛んだわけです。会計事務所の諏訪先生も、「これでやっていけるのかや」と本気で心配されていました。当時は電気1と電気2とに別れ、我々の電気1の採用時期は二学期からが多く、一学期より二学期からを期待しておりました。

横浜の萩原さんが「水田さん八月は夏休みで仕事がなかろう、二学期分の注文三百万円、手形で良いなら納品しても良いよ」。確か、その年の八月の売り上げは、本来なら限りなく0に近いはずなのに、そのほかにも無理をお願いし、四百万円はあったので、合計七百万円の仕事が貰えました。我々メーカーにとっては、宝くじに当たって金が入るより、仕事が欲しいのです。社員、外注先、内職さんなど、皆仕事をして収入を得たいのです。萩原さんの三百万円は後の三億円の価値があります。本当に彼の人柄、思いやりは忘れることができません。

まだ、彼から得たヒントに重要なことがあります。また、話します（二〇〇頁）。第二期の決算は、売り上げ七一四九万円、利益三七五万円（昭和五八年八月期）。

忘れもしない昭和五八年一二月一五日、府中税務署の調査があり（駅家町法成寺は、芦品郡のため、社会保険、税務署などの管轄は府中市になっていた）、年配の井上さんという調査官は伝票を一枚一枚見ながら、最後に「この会社は将来必ず大きくなるよ」と言ってくれました。税理士の諏沢先生は覚えてないと言われましたが、私には金言のように聞こえました。五八年一二月二〇日の試算表で繰越欠損がきれいになくなり、原価償却も手一杯しても、いくらかの法人税が払えるようになりました。

問題はその次の決算です。七百万円ほどの税込み利益が出て、手持ち手形も四百万円くらい余裕ができました。やれやれこれで少しは楽に支払いができると思いきや、一〇月二〇日の納税日には会計事務所より三五〇万円ばかりの納税書が来ており、余裕金はものの見事に税金に換わりました。第一勧銀で手形を割り引いて支払いました。私は松下幸之助氏の信者です。「純利益は仕入れ先、自社社員、お得意さんなど、世間皆して採点した点数と思え、百万円の利益なら百万点、一千万円なら一千万点、一億円なら一億点」。一年で三五〇万円しか税引き利益が出なくても十年積み重ねれば、三五〇〇万円位になるではないか。二宮尊徳先生の教えどおり、「小を積みて、大を為す」とは、このことだったのです。

当社は創業以来いつも質素に、経費も決して個人の関係するものは絶対会社につけない、それより社長が自己負担しているものが多い、これは経理を担当してくれている池田さんの潔癖な性格が大いに堅実経営に貢献してくれています。給料を下げてまで協力してくれた人ばかりが最終的には残りました。土をミミズのようになめ、麦飯ならやっと一杯食えるようになりました。

経理も毎日ほぼ四〇年間、日々の売り上げと、粗利益を四〇年間書き続け、その日計表は今も私の手元にあり、時々ほぼ一万日分の売り上げと損益状況を見ています。また、貸借対照表は概算で大体頭に入っております。後ほど親しくなる香港の安部哲也氏（香港大学在学中よりアルバイトで通訳をしていた）は、イオン（ジャスコ）の岡田会長とも親しく、彼は「岡田さんは何に一番注意して経営されていますか？」と尋ねたら「貸借対照表だ」と答えられたそうです。

ダイエー、そごうデパートのように、何でも、土地建物から各事業を片っ端から購入するのではなく、家賃が少し高くても、手持ちに現金をためて置くというやり方で、手元流動性を重視していたわけです。私もその後、売り上げも多くなり、六六〇平米の建物を新築した後もすぐ狭くなり、その二、三倍の倉庫を三か所も長いこと高い家賃を払いつつも借り続けました。経理部長の池田さんが「倉庫を買いましょうよ、家賃が勿体ない」と、しかし、なかなか買う意欲が出ません。一つの理由が、土地に対するアレルギー、もう一つは、資金の固定です。現金があれば、いつでも仕入れや支払いができるではないか。ずっと我慢をし続けました。

松下幸之助さんの教えで忘れていたものがありました。赤字決算は「あんさん、赤点でっせ、赤点では卒業できまへん。世間様があんさんの仕事は落第だと採点されたのと同じことなのです」と。私は代理店さんにも良く言います。「一円でも良いから黒字にしなされ、黒字なら継続でき、いつかチャンスが来る、赤字はいけません」と。

ローツェ社の魅力

ローツェ社の創業者崎谷文夫《さきやふみお》氏は、知り合いとはいえ、格が違い過ぎますので気安く知人ともいえません。彼の話によれば友人の藤井アドテックプラズマの社長と新幹線で一緒に帰りながら「俺らはなぜ今社長になり、事業を始めたのかな」「そういえば二人とも小学四、五年生の時、ゲルマニュームラジオを作って、放送が聞こえるのが不思議でならず、部品を買い集めて回路作りに熱中したのがどうも始まりだな」。意見が一致したようです。

彼はその後、大学の工学部へ進むも座学だけに飽き足らず、専門学校でテレビの修理を学び、テレビ修理のアルバイトで随分稼いだそうです。地元の電気会社に就職し、いつか何かの折に、「課長時代、部長より給料がよかった」と言われたように記憶しています。

当社より五年後に創業、最初はプレハブの小さな工場から始まり、日本で初めてのものしか作らない、新聞に紹介されるようなものしか作らないという信念を貫いています。

当社との違いは社長自身が素晴らしい開発者であり、経営者であることです。私は図面一つかけません。図面がかけないということはとても歯がゆく、自分の力の無さを感じざるを得ません。何代か前の広島銀行の支店長さんが「図面がかけないのに、どうやって会社を経営なさるのですか」と聞かれ、返答に詰まりました。

会社の主力製品がウエハ搬送システムで、現在福山の本社には二五〇人弱、ベトナム工場には四千人ほどがフル生産しても間に合わないくらい売れているようです。株価は約一万円、時価総額は二千億円、崎谷氏の持ち株は時価で六百数十億円、もう桁が違います。経常利益は百億円くらいと新聞に出ていました。

人の採用方式を聞いたことがあるのですが、「空間力のある人を採用する」。彼自身が発明家なので、工夫・発明ができる人を見つけ出すことができるのでしょう。社名のローツェは、世界一高いエベレストではなく、それを支えている二番目に高いローツェという山名からとったという謙虚さです。日本の半導体産業の裾野を支える会社でありたいそうです。考え方が違います。

崎谷氏のような発明家、経営者を育てるには子どもの頃のものづくりに対する興味、関心、意欲を呼び起こすことが大切です。そのような環境と教育が必要です。彼の技術科教育は小学校・中学校・高校と一貫して必要であるという考えは、私とも一致しています。

角野正興氏の入社

その後、売り上げも順調に増え、利益も平行して出るようになり、第五期には税引き後利益も八二八万円となり、初めての五％の配当ができるまでになりました。その頃だったか、はっきりした年は忘れましたが、太洋電機に残っていた同志の角野正興さんが、先方も体制が整ってきたので、彼に辞令が発令されました。「仙台営業所所長を命ず。但し、従来の客でなく、すべて新規の客を開拓し、黒字にせよ」と、絶対不可能な辞令を発動し、辞表を出さねば任意退職扱いとなり、退職金他も最低限にする作戦です。

彼から「ついに追放命令が出た」という知らせが来ました。こちらは黒字になりだし、充分受け入れることができるので、条件もそれなりにし、佐藤さんの持ち株であった二百万円分の株を持って貰い、幹部として処遇、但し、専務でなく、課長職以上にはならないままです。角野さんとは高校二年生以来、三〇年近い友人で、ただ一度の嘘もなく誠実で本当に信頼に足りる人物です。高校卒業後、上場会社であった神戸工業という会社に就職。この会社の名前を知っている人は少ないと思います。江崎ダイオードを発明した江崎玲於奈（ノーベル賞受賞者）を輩出した会社で、その後、富士通テンカーラジオの名前でトヨタ自動車などのカーラジオ製作がメインの会社でした。

彼が東京勤務であった頃、私がどうしても出張で東京の有名な会社の集金日に、東京にいられないので集金を頼んだことがあります。その後、親戚の人の仕事を手伝わなければならなくなり、そこを退社。失業していたので、すぐ声を掛け、太洋電機に来て貰い、大阪に駐在して関西方面を担当して貰うことになりました。

彼は人格的には素晴らしく、心底から信頼に足る人物です。ただ一種独特の人生観の持ち主で、営業や経営には少しチグハグなところがあったり、正直者だけに時々ドキッとさせられることがありました。そのご息子の結婚式に招待され、たまたま隣りの席に息子さんの上司の方がおられ（ある有名百貨店での職場結婚。息子さんは中央大卒と優秀）、話していると父親とそっくりのことを言われているようでDNAの不思議さに改めて驚いた次第でした。

太洋電機時代、どうやって売り上げを出すか、皆が苦心惨憺している頃、飛ぶ鳥を落とす勢いのフォアーランド電子さんに寄って何か知恵を聞いてみてくれないかと依頼。彼からの報告は「自分の物は売るが、他社製品は販売しない」というもの。その会社は毎年八億五千万円から九億円の売り上げ、一億二千五百万円くらいの利益を連続して出している超優良会社で、幹部の給料は全員百万円くらい取っている、実にうらやましい限りの会社です。

その後、本社勤務になって私が受けた教訓は、大卸しの問屋さん抜きで、小売専門の代理店だけにするという、今迄のメーカーからすれば画期的な営業転換をフォアーランド電子さんから教えられたのです。

角野さんはその辺に気づかなかったのです。ただ言われたことを忠実にこなすだけで、創造的な発想や方法をとらなければならないということに気づかなかったのです。これは普通のことです。この反対に同業者の白光金属の福田さんという方は、前にも話した通り、実にすばやくライバルの製品を分解、直ちに製作。それまで同社は湯浅金物という一流商社の専務が創業しただけに、金物屋さん用の太くて大きめの半田こてが得意で、金物屋さん向けが主力。代理店もそちらの市場で圧倒的に強力でした。しかし、電子業界向けは、そんなに強くなく、太洋電機のものを参考に作った「レッド」の名で売込みを掛けてきました。それより今でも悔しいのは、小型半田吸い取り機を出してきたことです。

昭和四七年秋のエレクトロニクスショーは、絶対わが社だけと自信を持っていたら白光金属も出展。手動の半田吸い取り器は、半田こてとポンプを組み合わせたもので、ナショナルサービスや東芝サービス、日立サービスなどでかなり売れています。

本社の松本秀志工場長に「今後は自動半田吸い取り器でないと駄目だと思う。一日も早く自動半田吸い取り機を」と、矢の催促をしていると、自信あり気に「できた」との返事。

半田付けは、金属（母材）と金属を接合するために「半田」（と呼ばれる合金）を熱して融かし、母材を溶融させずに接合する方法です。基板や端子に電子部品を接合することが多いのですが、余分な半田の玉になったり、必要ないところが半田付けされたりすることがあり、壊れた部品交換などのための半田を取り除く器具として自動半田吸い取り機が開発されました。半田を溶かす作業と溶けた半田を吸い取る両方の作業ができる工具で、片手で扱えて作業性がよく、作業がはかどるという利点があります。

完成品を見てみると、確かに自動で吸い取りはしますが、コンプレッサーで強力に噴出したエアーをパイプの中に通すと気圧が低くなり、半田ごての吸い取り口に吐き出させると、ベンチュリー効果という現象で、溶かした半田を吸引します（霧吹きの原理を見て下さい。下の水を霧にして噴出する原理）。半田を吸い取る機械はできました。

しかし、数百キロものコンプレッサーを持ち運ぶのは工場の設備のあるところだけで、見本市に出してもほんの僅かな注文で、まったく話になりません。そのために持ち運びできる小型の自動半田吸い取り機が開発されるようになりました。半田ごてで温めて溶かした半田を、注射器みたいな手動半田吸い取り機で、吸い取るバネ式で、ボタンを押すとピストンが動くものも市場に出ました。

吸い取り機の威力を発揮する一例として、部品の取り外しの際に、吸い取り機がとても有効です。それは生徒がキットの基板に抵抗、ダイオード、電解コンデンサなどを半田付けすることがあります。抵抗は方向性（極性）がないので逆に取りつけてもいいのですが、ダイオードや電解コンデンサの極性を間違えて半田付けをすると、機能しなくなるからです。

他社の製品で、白光金属の福田さんは、アメリカで工具関係の優秀な社員をスカウトし、アメリカで売れているものを次々製品化、三割から四割位安く作るのです。小型ポンプ搭載の手軽な一万円はする自動半田吸い取り機（実はアメリカ製品のコピー）を、日本で開発・発売することになります。しかし、大手メーカーの修理部や開発部門では、必修工具となり、その吸い取り機が爆発的に売れ出すと、それまで大手メーカーの採用などあまりなかった白光金属製品が、次々と大量に採用されだすのです。

なぜ話が太洋電機時代まで遡《さかのぼ》ったかといえば、これを言いたかったのです。一つ大ヒット製品が出ると、先ず、カタログがその採用者のところまで行きます。その頃になると京セラのヒーター搭載の「ダッシュ」や、その他の高級品が次々と出しヒットしていくのです。京大卒の社長の戦略ではありません。福田さんという社長はもしかすると義務教育しか受けてない一番下の社員か、這い上がった人のようです。創業者黒田さん？ 忘れましたが、大手金物商社の番頭さん上がりの人は、人を見る目が違います。『カーネギー自伝』（坂西志保訳）の一節に「あなた方のライバルは金持ちの息子とか、名家の出身者ではない、掃き掃除から入社した社員の中にこそ、一番のライバルがいると思え」、この言葉を絵に描いたような人が福田社長です。

私は今でも半田吸い取り機を思い出すと、あの時、私が小型ポンプメーカーを見つけ出すことができなかったことが悔やまれてなりません。ポンプメーカーナンバー2の営業部長になった神野さんも、ほぼ同じ道を経て、福山でも有力なメーカーの専務にまでなったのと同じです。後から、神野さんに聞けば、小型ポンプメーカー位すぐ判ったのに馬鹿で気付かなかったのです。言いたいことは、ヒット製品を創れ、他のものまで売れるようになる。教材界にも同じことがありました。

それより当社のことです。昭和六〇年四月、カセットテスターキットを、西川君が開発してくれた

写真 4-6

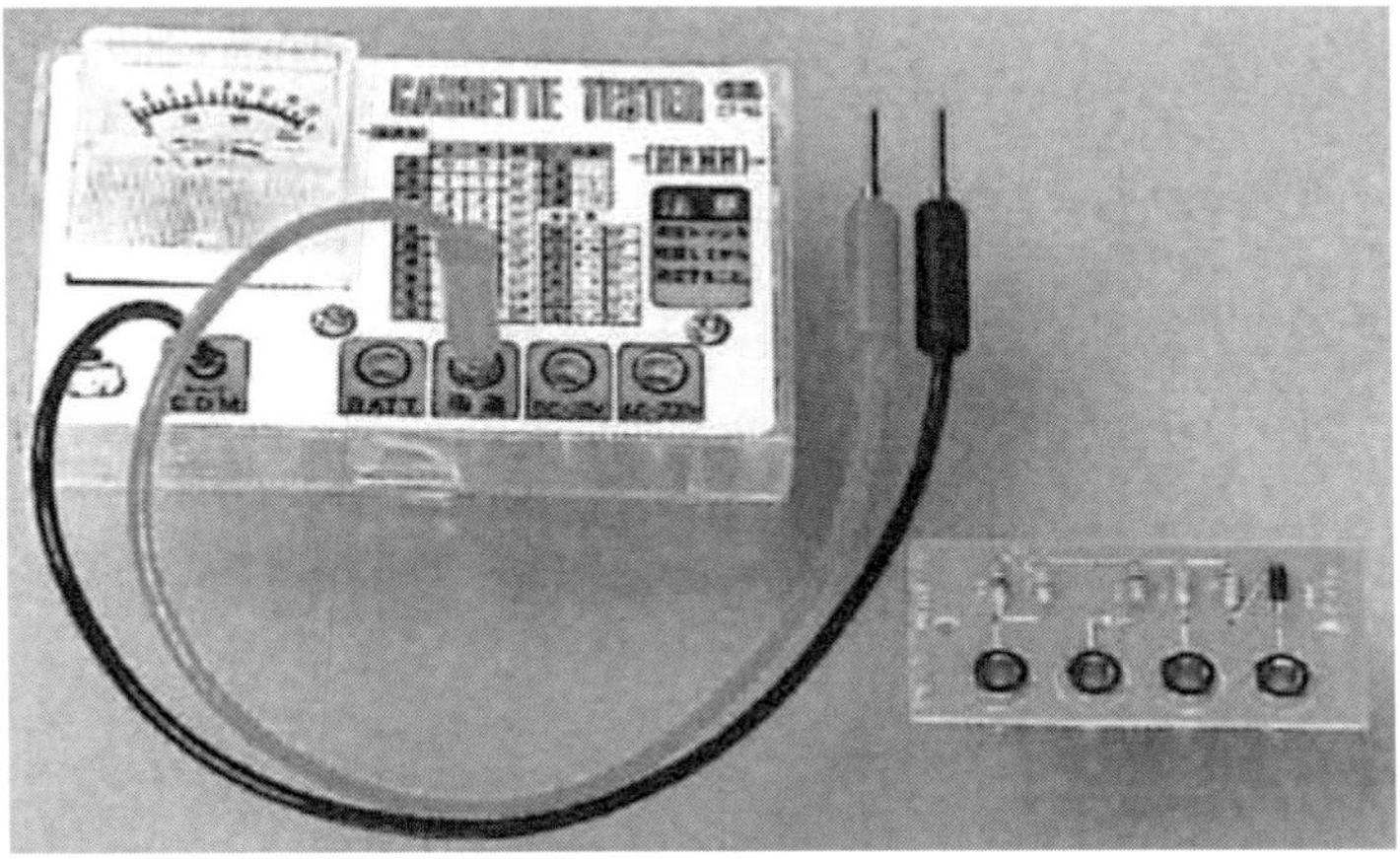

カセットテープのケースを加工して製作したテスターキット。価格も安価で販売することができた。

ことです（写真4－6）。写真にあるようにテープレコーダー用のテープを入れるケースを加工してテスターキットを作ったのです。先ず、導通（断線の発見）交流二〇〇Vまでの電圧計、DC二〇Vまでの電圧計、一番の売り物は電池の残存能力を調べられるという特徴がありました。一〇オームの抵抗を入れ、負荷（仕事中）の電圧がわかり、電池の残存能力までわかります。定価も一四九〇円と、手頃です。

この製品は忘れない出来事とつながっているのです。昭和六〇年八月一二日（旧盆の一日前）高知市内の二〇人ばかりの先生と代理店の渡辺さんと組み立て実習会をし終わり、皆うまく出来上がり夕方喜んで散会しました。今なら高速があるので日帰りできたでしょうが、当時は普通道路の上に約二時間のフェリーボートで本州に帰らねばならないので、高知市でもう一泊です。ホテルに帰り、テレビをつけると五百人以上搭乗のＪＡＬのジャンボジェット機が行方不明との大ニュースです。忘れようにも忘れられません。

部品類は秋葉原の中小商社から集めていましたが、一番コストの大きいＶＵメーターは、かつてはステレオには大抵付いていたものです。その頃になると生産量が激減していましたが、製作会社を探すことにしました。じつはこのことが自分の人生を変えるきっかけになっております。私の人生はいつも蜘蛛の糸一本を手繰るようなか細いものにすがりつき、それが人生を変えているのです。

東京の部厚い電話帳から、大日本計器というメーカーを探し、訪ねて行く。一万個位の注文を直ちに出し、ついでにテスターピンやジャックのメーカーをお尋ねすると、「自分の納品先」とのこと、そこで山形県に工場があり、自社製品以外は仕入れて、輸出までしているＭ無線というメーカー兼商社を教えて貰い、すぐにＭ無線に取引をお願いした。

とりあえず、テスターピンとジャック（自社生産品）を注文、今迄より一段とコストが下がり、利益率も上がる。私の方針は値引きを言わなくても安くて良いものを買える所を探すというやり方です。嫌われることなく喜んで取引してくれる。

この会社はかなりの量を輸出しており、菊池さんというセールスとはマレーシアで一緒になったり、そこの社長が秋葉原へ来られた時、ホテルへ案内してくれというので、こちらは英語はできないし、困っていると思い出すのが菊池さんです。彼にワシントンホテルに来て貰い、通訳をしてくれて大変助かりました。

それから一〇年か一五年後、香港にたまたま輸入の関係でいる時、偶然にも彼から携帯電話です。「今どこから」と聞けば「深圳から電話している」「今度、どこかで必ず会おう」。その頃、彼は東京のある会社で、深圳で部品を調達する仕事をしていました。話が飛びますが、久富電機でオーロラクロック（二五〇頁参照）をすでに発売していましたが、製造会社のリーハンダーソンという会社が、三月末か四月に始めにはサンプル見本分くらいは必ずできるという約束なのに、いくら督促してもなんともはっきりした返事がない。痺れをきらして五月の連休に深圳まで行き、注文品を積んだ飛行機で帰るくらいの意気込みで、工場に乗り込みました。通訳兼斡旋した阿部さん（昔、通訳をして貰った安部哲也さんの実父）に、「阿部さん、この会社はおかしい。まず、ＩＣ代は貴社用だけだから先に金をくれ、銀行のＬＣ（信用状、銀行の保証書）つきでさえ、先方の取引銀行に相談しないとすぐＯＫが出せない。何より、旧正月のあと帰還した社員が余りにも少なすぎる」と指摘しました。そして五月の連休に行ってやっと生産に取りかかるような状況には唖然としました。「この会社はいずれおかしくなるぞ」と直感。すぐには止められない、とりあえず、製品を確保できるように最善をつくすしかない。こちらも二年以上掛けて新型ができるように、担当の西山君にモデルチェンジし、グレードアップしたものを設計し直して、別の会社を探そう。そこで、昔からの知り合いであった菊池さんに相談すると、「それなら、うちの提携先でできます」とのこと。金型は二重に製作しなければいけないのですが、あんなに危ない会社とは一日も早く手を切りたい、実は五千台、五千台と二回にわたり、飛行機で香港─成田、香港─大阪と引き取り、一台あたり五百円くらいずつ損をしました。また、当社で検査すると不良品の多いこと、社員の訓練もろくにせず生産に取り掛かっていたのです。社員が大勢辞める会社は日本でも同じです。

その後、菊池さんは元の会社をやめ、独立。中国人との合併のような形にして、揚さんという女性社長と組んで仕事をしています。当社のオーロラクロックは最初委託していた会社の若手の優秀な朱さんに目をつけ、独立して貰い、わが社の製品を朱さんに五〇人くらいの会社を作って貰い、当社の主力製品です。こちらの売れない、六月、七月、八月、一月であろうと毎月注文し現金を送金しなければいけません。これが創業数年後でしたらとてもできません。話が一〇年以上飛びましたが、VUメーターから始まり、メーカー兼商社の紹介、直のセールスとの人間関係、オーロラクロックという情報教材のヒット製品に繋がる。まったく絹糸一本か、蜘蛛の糸一本から手を放さず辿りついたのが、今日の当社に繋がっているのです。なんと幸運に恵まれたことか、その細い糸をよくも探し、手を離さず、地上の天国までたどりつけたか。ほんの一歩違っていたら今日はありません。私のほんのわずかのチャンスも見逃さない、目に見えない神の与えた運か、才能かわかりませんが、何かありそうです。教材界に足を踏み入れたのも、まったく同じような細い糸を辿り、今日にいたっております。

製品開発と業績、原発事故、土地探し

昭和六〇年から製品開発が次々増えるのと、今迄開発した製品も順調に増えて行き、昭和六二年には一、一二〇万円の税引利益が出て配当金も六%出せるようになる。当社も軌道に乗り出した一九八六年頃より輸出を始めました。英語の分かる人間は居ませんので、地元取り先の輸出担当の方に、書類やその頃はまだTELEXの番号もそこのを借りて、ぼちぼち、東南アジアを中心に始めました。そのうち、アルゼンチンの客の要請で、仕方なく、京セラに頭を下げて、速熱半田こての開発もでき、その他、普及品の半田ごても揃ってきて、香港、マニラ、マレーシア、シンガポール、インドネシア、エジプト、アルゼンチン、その前にブラジルでは、部品提供で一九八五年くらいから、そこそこの金額が出ていました。

その一、二年前から、工場を新築したいと思うようになったものですから、面会したこともない中小企業金融公庫へ二年前より、工場新築の意志といずれ融資をお願いしたいと、手紙と決算書を送っていました。と同時に広島県保証協会にも、いざという時の融資依頼ができるように、決算書を送っていました。皆さん聞いて下さい、私はいつも、三重四重の資金繰りの準備をするくらい慎重でした。それ故、福島の原発事故は二重の安全装置しかしていないのではないか。私は隣りの浪江町ま

で、教材の展示会があるので、福山から自分の車で福島第二原発を見ています。

丁度その日は太平洋沖に台風が通過、大きなうねりがありました。非常用の石油タンクは海沿いに丸見えで、すぐ近くにありました。北朝鮮なら、トンネルを掘って二、三キロ内陸に、それも密閉部屋に非常用ポンプを設置していたでしょう。実は事故の数年前、当社のラジオ発電機を百台購入してくれ、夏休み子供発電教室をして貰っており、久富電機の発電機で、一〇〇Vをつくり、オーデオ機器を作動させ、雑音一つない素晴らしい発電機と褒めて貰ったばかりです。それだけにあの事故は悲しく、かつ天災ではなく、人災であると私は思っております。そして当時の責任者は、刑事罰はともかく、道義的責任はあると思います。せめて退職金の半額位は返納し、賠償の気持ちを出して欲しいものです。

話がそれましたが、私はすべての財産を会社に入れていたものですから、四九歳まで借家生活をしていました。少しでも余裕があれば、銀行の裏づけか資金繰りに使いました。

中小企業金融公庫の担当者が、レンタカーで得意先回りと営業活動をしに定期的に巡回していたようです。三百坪ばかりの適当な土地を府中の不動産屋さんが持ち込んで来ました。半分くらい乗り気で、中小企業金融公庫の会田さんという方に、場所と値段を相談したところ「そこは、もう一度よく研究なさった方がいいですよ」と。再度、候補地の周りに問い合わせてみると、公道路から一〇メートル位入らないと行けない土地です。それもその通路の地主が、とても難しい人物と評判の人らしいのです。もう少しで、不動産屋に騙されるところでした。会田さんは直感で判断しておられるようで、さすがプロです。

土地のことでどうしても話さなければならないことがあります。三好章（後に福山市長になる）という市会議員がおられます。奥さんがガソリンスタンドを経営されていたものですから、自然と親しくなり、実は手が空いた時には、いろいろの候補地を探してきて下さり、何か所も見に行きました。服部の山奥の方だったり、芦田町の随分遠方であったりで、社員の通勤が不便な所ばかりです。

良いところを忘れていました。「御幸町の土手下に子供が遊んでいる空き地があろう、あれは福山の水道局の土地で、三回入札しても落札者が出ないんじゃ」。「何で売れないんですか？」。「最近まで御幸町民用に浄水場があり、二本の井戸があって良質な水が一杯出てくる程とても良い場所なんだ。それがな売れない理由は、隣りに養豚場があり、セキスイハウスが近くで分譲住宅を建設し売り出したところ、豚の臭いがひどく、住宅販売に苦労したというニュースが不動産業者に流れ、誰もこの近くは手を出さんのじゃ」。「どれくらいの面積ですか」。「四六五坪」「当社は三百坪もあれば十分です」。「ちょっと広いな。路線価格では坪あたり一八万円はする。市の財産だから市長が市議会で攻められない価格は坪あたり九三〇〇〇円、合計四三〇〇万円あれば買えるぞ」。

すぐ中小企業金融公庫の会田さんに相談すると、「社長さんそこならすぐ融資できますよ」。「よし買うことにしよう。事故があったり首吊りがあったりの因縁付きではない。皆買おうではないか」。

西川君が「あの臭いでは、弁当も食べられないよ」と。「エアコンを効かせて、窓を閉めれば大丈夫だ」。同業者に知れないようにひそかに昭和六三年五月連休明け、三百万円の第一勧銀の支店長名の小切手を持って、福山水道局の木村さんという責任者の所まで行き、仮契約を済ませました。すべて三好先生の段取りどおりです。

次に本契約は担保設定をしなければ、所有権の移転ができません。第一勧銀の支店長に話すと、中小企業金融公庫の契約書があればと、四千万円すっと貸してくれました。この時ほど銀行の有難味を感じたことはありません。今迄借り入れや割引手形はありましたが、私個人の裏づけを見れば、殆ど借り入れといっても自分の金を使っているくらいですから、真水の金を借りたのはこの時が最初でしょう（写真4－7、4－8）。

工場兼建物も軒の使用できる部分も入れれば、約二百坪は使えます。中小企業金融公庫での融資は六五〇〇万円、広島銀行が五百万円、第一勧銀が割り手形を含め二千万円位、手持ち手形も殆どなく手一杯の借り入れでした。ただ業績は順調で、税引き後利益は一二〇〇万円で、原価償却が三百万円はあり、合わせると一五〇〇万円は出ておりました。公庫の方に言わせれば、一億五千万円から一億二千万円なら、十分融資ができますとのことでした。しかし、こちらは六五〇〇万円を本当に払えるかなと、心配でなりません。

業績はその後も順調で、平成元年は一二四〇万円の利益、翌平成二年は初めて法人申告所得が四千

写真 4-7、4-8

念願の新社屋（上）。のちに隣接する土地を買い増し、倉庫を建設した（下）。

万円を超え、税務署に張り出され、公開されることに。それからは、ほぼ毎年四千万円以上に公開され、五月号のダイヤモンド誌に掲載され、誰も悪口を言えなくなります。

この頃になると、太洋電機はむしろ、不動産価格の暴落のうえ、高趙夫の不正で会社が腐れ切っていることが、誰の目にも明らかになります。利益も当社の方が上になり、先方は大変な含み赤字を持つことになるのです。社員のボーナス資金にできると豪語していた芦田社長もピンチです。支払い利息は多い時には年商の一〇%を超すほどになり、高君は恐らく何億円かの資産家になっていた時期もあるらしいが、手持ち株は暴落、負債だけが残ります。廃人状態の顔をしていたとかの噂さが入ってきたかと思えば、太洋電機の窓ガラスが割られ、金庫から手形がなくなっているとかの話まで伝わる有り様です。

ある日突然、金庫の鍵が高君の手では開かなくなり、会社に捨てられ、居場所がわからず、借金取りだけが、自宅から、会社、親戚にまで押しよせ、嫁さんは子供をつれて実家に帰っていまい、自宅や田畑は、皆競売にかけられ、お墓だけ残ったという噂でした。

実は私は太洋電機にいる頃から、「そんな株式取引をやっていると破産してしまうぞ」と何度も怒りましたが、せせら笑う態度で聞く耳をもちません。投機で儲けた人は百万人に一人いるかどうかで、こつこつと額に汗出して貯めた金でないと身につかないだけでなく、人の幸せにもつながらない。それ故、バブルの最盛期、当社は、自分のビジネス以外、一切手を出さず高い税金を払い続けました。

会計事務所の諏澤先生は取締役顧問として、人事や経理のこと、また、ゴルフなどにまったく縁のない私に半強制的にゴルフをやりなさいと勧めるのです（写真4－9）。五〇歳くらいからのゴルフです。なかなか上達しません。それでも、拙宅から六〇キロも離れている安芸カントリークラブに、先生、陶山さん、中山さん、藤原さんというメンバーで二時間もかけ、月三回は連れて行って貰いました。

そのうち会員しかできない月例会に出るために、会員権を買えといわれ、当時としては安めで、四三〇万円と名義書き換え料五〇万円とで、合計四八〇万円を支払って、安芸カントリークラブの会員になりました（二〇年後、殆どただ同然になりました）。

写真 4-9

公私にわたって大変お世話になった諏澤忠治先生。

しかし、八二歳にもなってゴルフができるというのは、下手であっても、ボールを追っているからこそ歩けるので、目標もなくただ歩くのでは続かなかったと思います。もっとも、ご一緒した方は十歳も年長者ばかりなので、お一人を除き、みな天国へ行かれてしまいました。もし、ゴルフでもしてなかったら、私もすでにあの世行きか、寝たきりの介護老人になっていたことでしょう。

もう一つは、水泳をしていることです。週一〜二回は通っていたのですが、このところ、コロナウイルス騒ぎで行けません。足腰が次第に弱り、しみじみと老化を悲しんでおります。

しかし、私のようなチビでもドラコン（ゴルフボールが一番遠くへ飛ぶ賞）をとったり、みずほ銀行のコンペで二回優勝したこともあります。賞金は少ないのですが、一番チビで一番遠くまで飛ぶということは痛快この上ないことです。下手くそなので三〇年やってもホールインワンは一度もありません。

話が前後しますが、昭和六一年には教材用ピストル型の半田こてを開発。翌年にはスポットライトキットを開発。傘の部分は初めて東大阪の業者を見つけ、ヘラ絞りの方法で作ることに成功しました。

そのかなり以前から、何とかして京セラと同じ性能のある速熱半田こて用のヒーターを作りたいと、瀬戸市のセラミック会社と提携して試みても、うまく行かず、ある会社の息子が慶応大学の研究室で高温のＰＴＣヒーターを研究しているのでできたら知らせる位の話でした。私はセラミッスの棒にニクロム線を巻き、釉薬で空気の入らないようにして、パイプ状のセラミックスパイプで、絶縁した二〇ワットと一五〇ワット位の二重ヒーターができないかと挑戦したのですが、結局成功しませんでした。その前に名古屋のノリタケに行き、セラミックヒーターの引き合いを出すと、京セラの二倍位の単価です。

カリスマ経営者の厳しい一面

ここで京セラの稲盛和夫さんの話をしましょう。太洋電機で取引している頃、担当者が言うには、「二〇人位の新入社員のうち、一年たって残っているのは私と二人くらいです」。そのくらい厳しい働き方を要求されるようです。私も二年間のうち、日のある明るいうちに帰宅できたのは、たった二日しかありません。瀬戸市のセラミック会社の社長曰く、「うちも京セラも取引があり、ともに電電公社（現ＮＴＴ）の注文の取り合いをしたこともある。どんな値段でも出してきて、注文をとる」とのこと。

またうちが京セラから注文を貰った時、納期がどうしても、ある会社の後にしかできないというと、自分のところの注文を先にしてくれ、それは無理だというと、では製作して貰うまで、ここで待たしてくれ、といって、夜中になっても帰らず、朝までそこに待ち続けているのです。それには勝てず、京セラの注文品を先に作らざるを得なくなりました。

とにかく、社長自身も社員にも取引会社に対しても、とても厳しいのです。また、京セラへ訪ねて行ってみると、「あれ、この人も、あの人も」と、名古屋の研究所の人がいるではないですか。高い技術レベルの製品を作るため、自社社員だけでなく、外部から有能な技術者を次々とスカウトしているのです。成長する会社は違います。

また、内部の人の話ですが、ある社員が実家の都合でどうしても退社しなければならなくなったので、周りの課の人か班の人たちで送別会をしようという話が社長に伝わり、「辞めて行く奴は敵だ、送別などするな」の鶴の一声で中止せざるをえなかったとのこと、嫌で会社を辞めるのではなく、親の死か何かでやむを得ず退社しなければならない人に、そこまでいわなくても良いのではないかと、疑問に思っているようです。経営評論家の話や雑誌などに出てくる「稲盛和夫」像は、大抵理想的な経営者になっていますが、若い頃の彼は、そんな生やさしい人ではなかったと思います。

直接、稲盛勉強会に参加した日本一のジーンズ生地メーカーの元会長によれば、稲盛さん自身、「鹿児島大学卒業後、セラミック製造の松風工業に就職が失敗していたら、今頃は博多あたりで、ヤクザの親分にでもなっていたかもしれない」とのこと。ずば抜けた経営者、指導者であり、かつ今は宗教の教祖様です。しかし、かつての稲盛さんの情報の二〇〜三〇%は、「ちょっとどうかな」と思うところがありそうです。

久富電機のものは、どうもデザインが田舎くさい、と常々言われるものですから京都のかなり有名なデザイン専門会社に頼み、ラビットスタート点灯の蛍光灯スタンドを依頼に行った折り、そこの社長が「稲盛さんは、今や仏様だそうで、笑わせるな」と皮肉を込めて言っておられたのを覚えております。じつはその商品は余り売れませんでしたが……。

写真 4-10

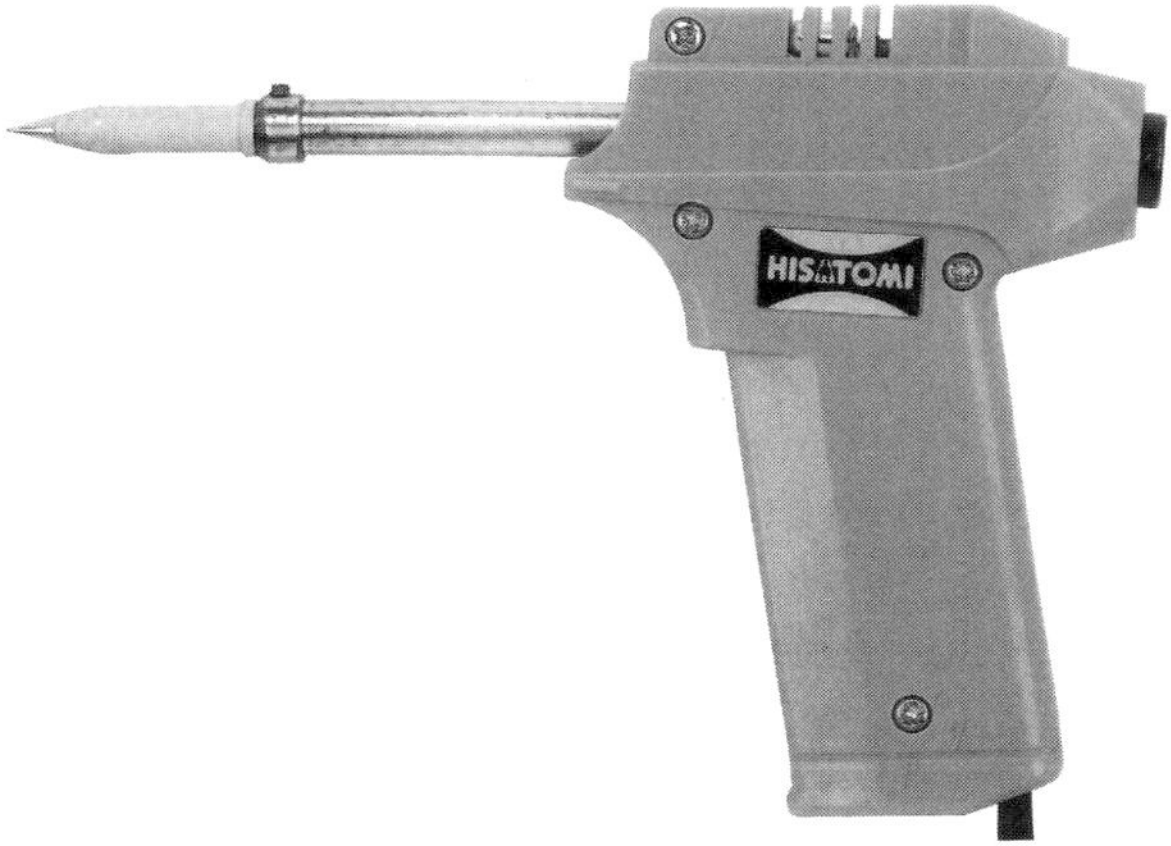

京セラ製のヒーターを使用して製作した即熱半田こて ES－200KL。

ついにあきらめて、即熱半田こて（写真4－10）のヒーターは京セラより買うことにしました。担当者の言うことが振るっています。「製品ができたら電話するから送金してくれ。確認できたら、ヒーターを送るから。世間に認められるようになったら、通常取引にしてやるから」と。こちらにまだ充分な信用がなく、まだ汚い借り工場にいる頃ですから、止むを得ません。

どうしても作りかったのは、アルゼンチンのテベラム社が、どうしても太洋電機と同じの半田こてが欲しい、というのです。私が太洋電機にいる頃、アルゼンチンの代理店がありました。実はその会社から仕入れて販売していたところ、自分のお客に直接販売され、横取りされて怒り心頭です。その相手の名前は忘れてしまいましたが、ユダヤ系の油断も隙もない、すばしっこい会社です。その後、当社との取引がかなりの額になった頃、夫人同伴で福山の弊社まで来られたことがあります。名前はレオナルド・マルテロータさんです。恐らく名前からして、イタリア系の方でしょう。毎年のように東京のエレクトニクスショーに来日されていたのが、その頃から日本から輸入するものが高くて殆どなくなり、当社くらいになったとかいわれ、香港の見本市で面会することになり、かなり高価な日本人形をプレゼントしました。しかし、それより、年齢宛カードをみせて、彼の生年月日まで言い当てると、青い目をくるくる回してオーバーなジェスチャーで大喜びです。

その後、何年かして、使用法を忘れたので再度教えてくれとメールが来た覚えがあります。また、福山にみえた時、明王院という重要文化財に指定されている五重の塔や観音様をご案内すると、思わず手を合わせて「マリア様と同じ」と感動されていました。

今でも残念なのは、ブラジルやアルゼンチンに行って見たいな、もし行っていたら、南極大陸以外全部行ったことになったのに……。久富電機産業株式会社でさえ、多い時には売り上げの一割ほどの輸出があり、弊社の材料費（銅や鉄、プラスチックの原料代など）以上の米ドルを稼いでいたのに、今では輸出は殆どなくなり、輸入ばかり数百万ドル、現金で送金しております。私の人生観と反対のことをやっているのです。

昭和四〇年代の始め頃から、中国が今は文革で大混乱しているが、いつの日か最重要な国になるに違いない。中国へ売れるものを作りたい。それが夢でした。ところが現実は反対に最大の輸入国になってしまいました。

今は輸出競争力のあるものを作る意欲も能力もありません。教材の開発だけで手一杯なのです。輸出ができるというのは、相当な技術力とコスト競争に勝てなければなりません。当社だけでなく周りの会社の多くが同じような有様です。

当社の場合、人材と始めた時期が遅すぎました。詳しくは忘れましたが、昭和五〇年代の終わりか、六〇年代に入った頃、中央教育審議会の教育課程審議が始まり、情報教育をするようにという件が審議されることになりました。学識経験者代表として、東京学芸大学技術科出身で東京家政大学学長で、かつ日本産業教育学会会長であった池本洋一先生が出席されていました。副会長が鳴門教育大学教授河原淳夫先生（前広島大学教授）が就任されていたものですから、鳴門教育大学へよく通いました。どのように技術科教育が変わるのか、ご指導頂いておりました。

学会からの提案では情報教育では半分がハードの部分を教え、後の半分でソフトを教えるという案で審議が進んでおりました。河原先生は二進法で足し算、引き算、掛け算、割り算ができる、いかにも中学生にふさわしいコンピュータの教材案を教えて下さり、「久富電機さん、これは売れるぞ」と大変な意気込みでした。当社も直ちに製作にかかり、製品化しました。ところが審議会の途中、突然、「中学生はハードのことなどわからなくて良い、ソフトのボタン操作だけで良い」という天の声が……。我々は狐につままれたような状況です。

私が思うには、コンピュータ会社の大手か、マイクロソフトのような巨大組織が圧力をかけたのではないかと、邪推するのみです。生徒に技術に興味を持たせ、その原理を教えるのに、またとない素晴らしい製品を考えた積もりだったのですから、がっかりといったら言いようがありません。

それから一五年位後ですか、あるコンピュータなどを学校に納める大手商社の社長講演を聞いていると、「ははー、この会社のような所が圧力をかけ、審議が一度にひっくり返ったのだな」と確信が持てるような気がしました。河原先生は「池本さんが、情報教育は技術科でやりましょうと手を上げたのはいいのだが、そのための時間をくれと、時間を取れなかったことが、失敗だったな」と随分嘆かれておられました。私が思うには、たとえ時間の割り当てを主張しても、受け入れて貰えなかったと思います。

教育課程審議会における生活科の問題

文科省は、技術科と家庭科を合併させて生活科を作る予定で、省内はほぼ決まり、動いていました。その証拠に、鳴門教育大学は新しい国立の教育大学で、当然、技術科もありました。しかし、その校舎には、屋根の上に「生活棟」と大きな看板がありました。

当時の技術科の調査官は、浦和市出身の浅見先生でした。全日本中学校技術科・家庭科会長葛岡先生や我々に対して、技術科を応援してくれとのこと、私は審議会の先生で連絡の取れ、アポが取れる先生に片っ端から面会をお願いし、陳情していました。全日本中学校長会会長の区立小松中学校の校長先生とは常に連絡を取りつつやっておりました。

ある日、世田谷区の佐藤愛子先生のご自宅近くから電話をして「こんな理由でお会いできないでしょうか」とお伺いを立てると、「今日は来客があり駄目だ。しかし、明日なら岡山の山陽放送か何かの仕事があり、明日の一〇時から一二時の間、二時間が空いているので、岡山の東急ホテルでの面会ならできる」とのご返事です。「私は岡山県人です。すぐ帰ってお待ちしています。ぜひ話を聞いて下さい」と。

私は佐藤先生の作品はおろか経歴もろくに知らず、いきなりの陳情です。その時、すでに還暦を過ぎておられたにもかかわらず、大変お美しい佐藤愛子先生と二時間もお話しすることができました。本当に気持ちの良い、物分かりの早い、女性でありながら女性だけの主張はされず、殆どが正論でした。そして数日後の審議会で、猛烈な勢いで発言され、のちに同じ審議委員に参加され、技術科を応援されていた秩父セメントの諸井虔《けん》社長さんからお聞きした話によると、「女性には勝てん、あの審議会で文科省の案がひっくり返った」ということです。

私が四国の山の中に出張中、ポケットベルが鳴り、「すぐ全日中会長の葛岡先生に電話して下さい」との伝言です。葛岡先生に電話すると「水田さんやったぜ、佐藤愛子さんがものすごく言ってくれて、技術科・家庭科の名前は残った。生活科にならずにすんだ」と、大変興奮した様子で話して下さいました。文科省にすれば、すでに校舎の名前まで決め、その方向で動いていたのです。

その後、ある調査官から「余りつつかないで応援してくれ」という要請です。こちらは命を賭けて運動しているのです。全部自費で運動しているのに、一番の責任者たる調査官がこの有様です。情けないことこの上ありません。本当に技術科教育を愛しているのでしょうか。しかし、文科省は、技術科と家庭科の男女共習の科目が増え、技術科だけで考えれば、それだけレベルが落ちていきます。男女共学がスタートした頃は、一領域のみ、次第に増えて行き、今では全領域、男女共修です。

話は進みますが、このようになったのは、国連の性差別撤廃条約の批准があり、家庭科の先生のグループに強力な応援団体が付きました。「家庭科を男子に進める会」が結成され、「江戸時代以来、女性は炊事、洗濯、育児と家庭内から外部に出られない状況になっている。今こそ女性の苦労を男性どもに味わせるべきだ」と。これは学会の有力な先生の一人から聞いた話です。

一度どんな考えか尋ねてみようという気になり、その会の本部まで行きました。市川房江会館の玄関に看板がありました。しばらく玄関で眺めていましたが、意見が一致するわけもなく、喧嘩別れが良いところだと看板を見ただけで、あきらめて帰りました。

関係者の話によれば、家庭科に味方していれば、文科省やその他の人も、次の就職先をその団体が応援し、大学の教授や地方の教育委員会など、比較的条件の良いところを用意されるらしいとのこと。ですから家庭科の時間を三〇分であろう、一時間であろうと削る話になると、大声で「反対の大合唱」となります。一時期、学会などから、技術科・家庭科・情報科を三等分して科目と時間を分けたらどうかという案を提案されたことがあるそうですが、家庭科グループから猛烈な反対があり、手もつけられなかったそうです。

かつて高校の指導要領に、家庭科は女子のみ履修と決められていた時代があり、これを是正する必要を家庭科のグループは最大限に生かし、男子校でさえ家庭科は必須と決められ、技術科はどこかへ忘れられてしまったのです。

偏差値の高い大学を狙う高校で、家庭科だけを履修するのと、技術科を勉強するのと、どちらが国力がつきますか、とくに工学部へ進学したい優秀な学生を育てるにはどうすれば良いか、選択制にして、どちらでも受けられるようにしたらどうでしょう。男子でも、被服、料理など自分の必要と思う科目は家庭科を受ける。女性でも電気や機械科に適性のある人は参加できるようにする。一流のコックさんやデザイナーさんには男性が多く、活躍した女性では、かつて日本物理学会の会長なった米沢富美子さんがいます。京都大学理学部出身でアモルファスの研究で国際的に知られています。外国ではキューリー夫人もおり、ノーベル賞受賞者です。

特に工学部志望の学生には、小・中・高と一貫した技術科教育が、日本の国力を維持・拡大させるために必要だと強く感じています。国力を上げるには家庭科が良いか、技術科が良いか、皆んなで考え直してみては如何でしょうか。

佐藤愛子先生には本当にお世話になったので、技術科振興運動の中心的な存在である岡崎市の愛知造形社の深谷さんのお力で、岡崎市において佐藤愛子先生の講演会を開いてはどうかということになり、五百人以上の聴衆を集め、深谷さん、香村光子先生と私が案内役となり、一時間半の講演をして頂きました。

話の内容はじつに率直で、自分の恥を含め、赤裸々に話されるのです。結婚した小説仲間が映像事業か何かをはじめ、ご主人はとても気前がよく、金を貸してくれといわれれば、次々と貸し、時間にはだらしなく、よく夫婦喧嘩をしたとか。しばらくすると、事業が左前となり、借金取りが次々と押し寄せるようになり、「私と〇〇さんは特別の仲なのだから、是非返して欲しい、もし旦那に金がないのなら、奥さんあなたが払ってくれ」と、今迄仏様みたいに親しげにしていた人達が、一斉に鬼の如く鋭い形相の借金とりに豹変します。

子供向けの作家の原稿料など知れたものです。それなのに次々と旦那の借金の保証をせよと迫られ、次々保証印を押して行くわけです。金額は忘れましたが、昭和四〇年代始め頃です。三五〇〇万円くらいにふくれあがり、旦那が「これ以上、愛子に負担をかけられないので、戸籍だけでも抜き、離縁すれば、借金取りは追いかけないから」というので、「はい、はい」と離婚届に判子を押すのです。

童話作家の原稿料は安くて僅かなものです、少々の生活費を除き、原稿料は入金しても、借金取りに持って行かれる。ある寒い晩、原稿を書いていた頃、暖房用の石油ストーブの灯油が切れ、外へ灯油を入れに行くのも寒いし、億劫なので、毛布をかぶり一所懸命原稿を書き続けるというような日々の繰り返しです。

ある時、知人から「別れた旦那が新しい奥さんと結婚しているよ」との情報がもたらされ、箪笥にある旦那の衣服を力のかぎり、叩きつけて投げ捨てました。あまりの悔しさのため、あの借金取りの言い方、いつか必ず書いてやる。そのくらい心が傷付き、我慢ができないのです。腹違いの兄であるサトー・ハチローが、「○○の奴は借金だけ妹に押し付け、サッサと逃げ、別に所帯を持っている、けしかん奴だ」と。

佐藤愛子先生は、腹の虫が治まりません。児童作家の僅かな原稿料ではとても追いつきません。いっそのこと、世田谷の自宅を売り払い破産申請すれば借金地獄から解放されることは判っていました。しかし、逃げませんでした。皆さん、ずるく逃げる方法をとっていたら、今日の私はありません。覚悟を決め座り込んで、借金を払い続けたのです。別れた亭主の借金など支払う道理はありません。しかし、保証印を押した以上、義務からは逃げられないのです。

ここぞとばかりに、その悔しさを『戦いすんで日が暮れて』に書き、ある雑誌に発表。今迄何回も直木賞候補になったけど、いつも入賞せず、「もう賞などいらんわ」と思っていたところ、余りにも身に迫る赤裸々な姿に、多くの人々が心をうたれ、直木賞を受賞。とたんに童話作家に大人用のテーマの原稿依頼が殺到。講演も沢山依頼があり、原稿料、講演料とも沢山入るようになり、借金もきれいになくなりました。「皆さん、困難が襲ってきた時、ずるく逃げてはいけません。思い切って貧乏くじを引くのです。それが幸運を呼びます」。逃げた旦那は、その後、売れたという話を聞きません。九〇歳を過ぎた頃、『晩鐘』という作品を発表。私は不眠症なものですからＮＨＫの深夜放送の村上里和アナウンサーとの対談を一部拝聴し、「あの旦那がいたからこそ、今日の私がある。今では大変感謝している」と。村上アナウンサーは、「もっとも印象に残る方でした」と話されていました。

佐藤愛子先生にはその後、岡崎でもう一回、それから福島県いわき市にある財団法人報徳会理事の後藤俊雄氏より、講師の依頼の話を頂き、佐藤愛子先生にお伺いをたてますと、「花粉症さえ出なければ、行きましょう」と快諾を得、合計三回も講演をお願いすることができました。

私もお礼がわりに、岡山の白桃をお届けしたのですが、礼状がきれいな文字でたった一枚の葉書なのに本当に誠意のあるお言葉で、「食欲のない夏、あなたから頂いた桃は本当に美味しい」という趣旨の葉書を頂いたのですが、私にとって宝物なのでなくさないよう大切にしまったのですが、何処へしまい込んだか忘れてしまい生涯の大失敗です。

もう一つ、佐藤先生の件で忘れていました。テレビや本など沢山マスコミに出ているので、ご存じの方も多いとは思いますが、兄のサトウ・ハチローのことで面白いことを話されました。兄はとても手に負えない不良学生で、三回くらい退校処分になり、最後に通った学校は天王寺中等学校、そこでも悪さは直らず、大きな釣竿を作り、天王寺動物園で飼育している七面鳥などを吊り上げ、焼き鳥にして食べてしまったらしいのです。天王寺動物園の園長が校長室へ怒鳴り込み、「貴校にはサルがいて、当園の展示用の鳥を次々吊り上げ、焼き鳥にして食べているようだ。実にけしからん」と、烈火の如く抗議されたそうです。

校長曰く、「弊校にはそのような猿など一匹もおりません。どうぞ、お引き取り下さい」と。

当時の校長はなかなか粋ですね。サトウ・ハチローの悪口を言うと視聴者から抗議が殺到します。ちいさい秋みつけた、リンゴの歌、長崎の鐘と、あんなに優しい詩を書く人がそんな悪なわけがないと。

その後、サトウ・ハチローは小笠原の無人島の少年院に送られ、父親の弟子の福地さんという方が「ハチローだけを小笠原に送るのはかわいそうです。私が付いていってあげましょう」と、福地さんという小説家見習いの弟子が同行することになり、絶海の孤島ですることがありません。福地さんはハチローに詩の書き方を教えるのです。遺伝とは恐ろしいものです。ハチローも父親譲りの文筆家。文章家の血が騒ぐのでしょう。先生役の福地さんより優れた詩が書けるようになるのです。

戦後、ラジオドラマの挿入曲に、ハチローが作詞した並木路子の「リンゴの歌」が放送されるや、リクエストが殺到。そのうちレコードにしようということになり、戦後を代表する歌謡曲になったわけです。人の運命は神様以外わからないものですね。

その後、佐藤愛子先生は文科省と意見があわず、審議委員を辞めてしまいました。

ラブバンク取り入れ

横浜に出張中、横浜駅の地下街に「王様のアイディア」という雑貨店があり、そこでいつも展示、動作しているのが、「ラブバンク」という貯金箱で、小銭（金属性）を入れると、それがスイッチの役目をして、男の子と女の子の二つの人形がくるりと回転し、丁度二人が向き合った所で、唇と唇がくっついて「チュ」をするのです（写真4－11）。幼稚園児くらいですから、いやらしくもなく、とても可愛いのです。そこを通る度にほれ込み、メーカーを探し、動く模型として、技術科の機械分野に取り入れられないかと、企画を思いつきます。

メーカーはニチテン商産といい、会社は京都にありました。よくよく聞くと、メンバーは全員元任天堂の開発の人たちです。昭和五〇年代、任天堂もカルタ、かけ札、人形などでは会社の存亡にかかわるほど、売り上げが落ちました。開発の人達は責任を取り、専務さんを始め、一〇人か二〇人が辞めて独立しなければならなくなり、会社に残った横井軍平という天才肌の社員が、手土産に考案してくれたのが「ラブバンク」だったのです。「携帯ゲームの父」という異名をもつ方です。分解してみると、本当に良くできており、面白い貯金箱です。原理はスイスかドイツのオルゴールの原理と日本の貯金箱を組み合わせており、感心することこの上ないものです。

教材になるよう部品の状態で、組立て説明書をつけ、初めて機械部門に手を出しました。ここでも京都の商売人は厳しいなと感じました。技術担当者はとても親切で、そこそこ売れました。しかし、ある時期が来るとピタリと売り上げがとまりました。

完成品にして一般販売を試みましたが、一度流行のピークが過ぎたものは、ピタリと売れなくなるものです。流行歌と同じです。あれだけ、ラジオやテレビに出続けて、あんなに心を打った歌も、時期が来ればピタリと止まるのです。人の潜在意識にある要求を嗅ぎ付け、それを売り出すということは本当に難しいものだと思います。

写真 4-11

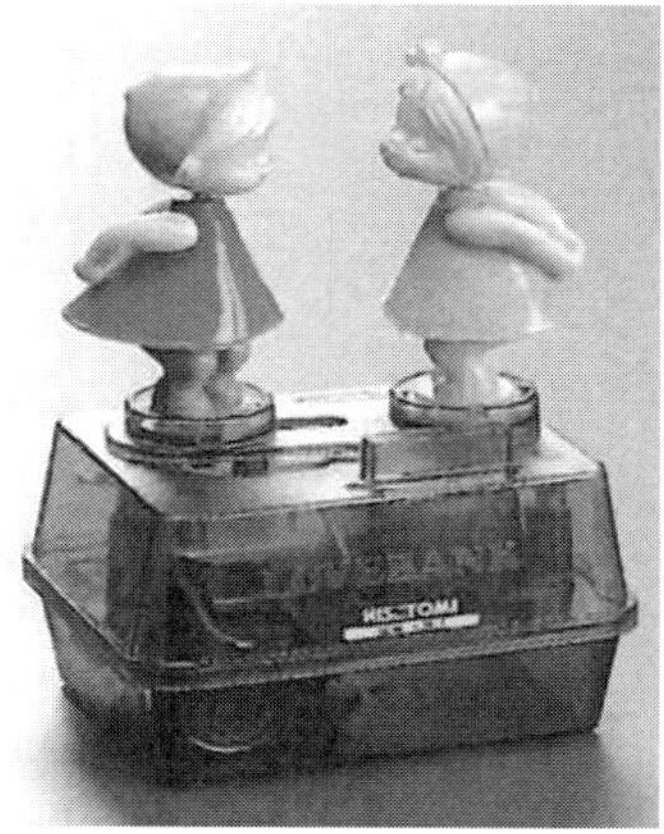

お金を入れると男女の人形がくるりと動いてチューをする、かわいらしいよくできた「ラブバンク」。技術教育の教材にうってつけのテクノロジーだ。

実はこの製品を紹介するのには、もう一つ大きな話が隠れているのです。任天堂はその後も悪戦苦闘の最中、この考案者が世界で初めてパソコンでゲームをするという画期的なゲーム機を考案し、発売するのです。爆発的売り上げです。傾いた任天堂が世界の任天堂にまでになり、野球球団のオーナーになるほど、世界的な会社になったわけです。

写真 4-12

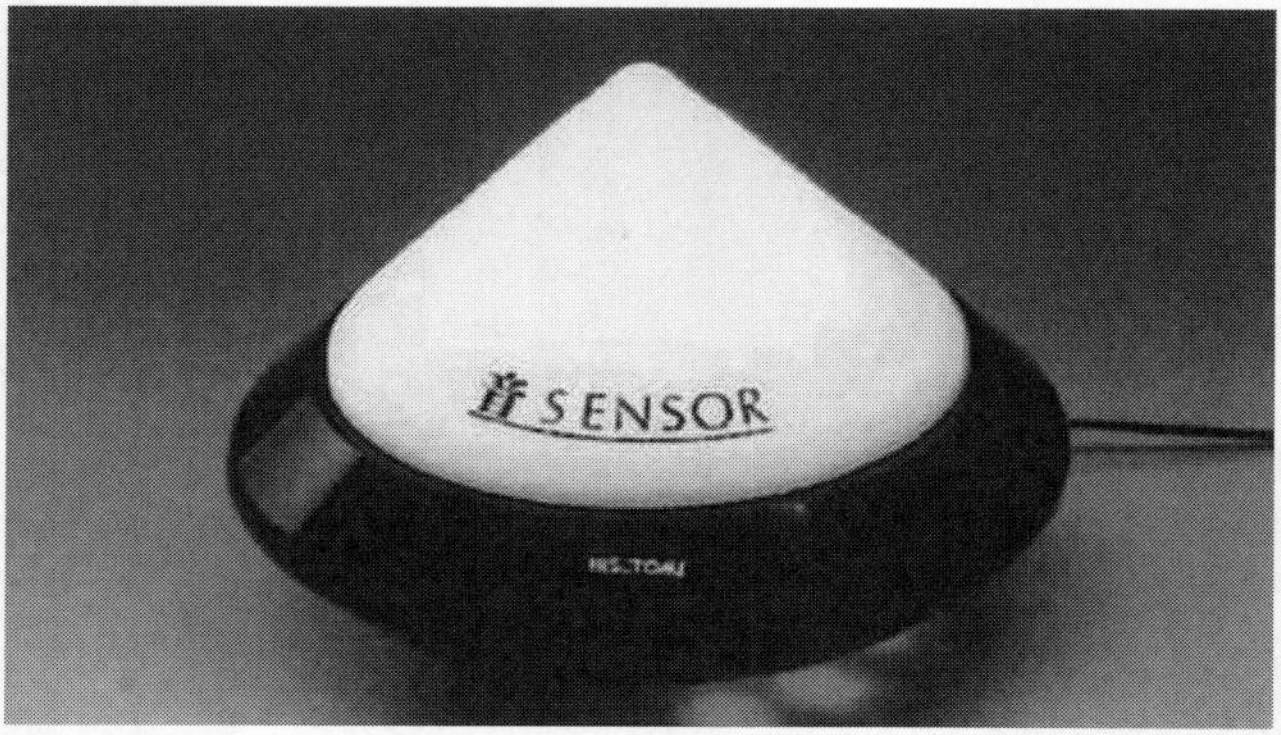

音に反応して点灯する「音センサーライト」。先進のデザインとあいまって、ロングセラーのヒット商品となった。

発明者の横井氏は部長職にはなれましたが、そこまでであったようです。その後、横井軍平研究所という会社を起こされているというので、何か製品を開発して貰いに一度お訪ねしたいと思っていた矢先、交通事故で亡くなられたというニュースを聞き、随分がっかりしたものです。

彼が発明したゲーム機のために、子どもたちは、ものづくり遊びから、ゲーム機の操作だけに変ってしまったわけですから、中学生の手先の不器用さはゲーム機が原因と確信をもたれている故間田先生は、ご自分の子どもにどうしてもゲーム機を買い与えなかったらしく、「親父、うちはゲーム機を買う金もないほど貧乏なのか?」と責められて困ったと言っておられました。

平成元(一九八九)年、円錐型の音センサーライトを開発。この製品は永年にわたるヒット商品となり、当社の成績を上げることになりました(写真4—12)。

この音センサーライトを設計する際、担当の西川君とデザインをどうするか、原価をどのように下げられるかと、色々研究しました。先ず、鋳物型の原型を製作するのに、木型で模型を作り研究するのと同じ方法をとり、木型を何度も削りなおしてみて、強度と格好、プラスチック材料はアクリルにするか、もっと安いものはないか、肉厚は何ミリにすれば良いか、さまざまな研究を重ね、本体と傘を設計する。回路は西川君の得意とするところで、後はコストと納期。彼と開発をしていると、四月初めにサンプルができてないとその年の商談にはなりにくいのに、いつも五月連休くらいにやっと説明書に取り掛かれるくらいで、「西川君、敵が目前まで迫り、鉄砲の弾が目の前まで届き出したぜ」といえば、「隊長もう少し待てば、敵をふっとばすような、どえらい大砲ができますから大丈夫です」との応え。

こちらは胃が痛くなり、もう我慢ができません。お客さんからはサンプルはまだか、まだか？の催促です。「隊長できました」「こ、これは、ほんまに大砲だわ」と一気に売れ出すのです。彼との仕事は毎回こんな調子で、計画より早くできたことはありません。しかし、あとがすごいです。当時、電気1部門は売り上げも大きくないし、同業者の主力は、ラジオ、インターホンを主力にしていたものですから、電気の単純な回路のものは、当社が圧倒的に強くなります。半田こてキット（写真4－13）も、テーブルタップも、種類の多さ、値段など、一番になっていたと思います。それも単価の安いものから立ち上げたため、全員が贅沢をせず、質素になれており、我慢してくれました。それにコ

写真 4-13

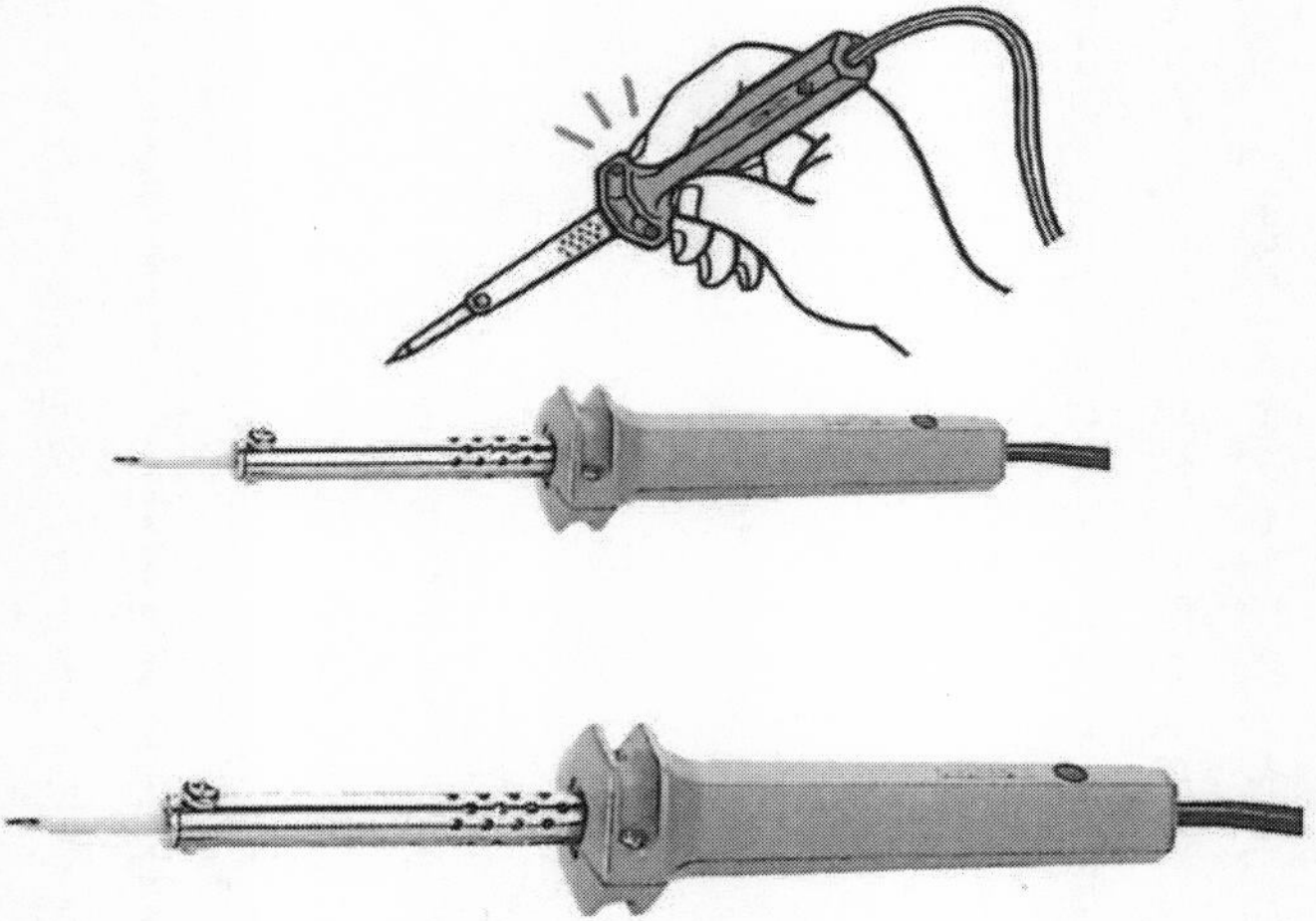

握りやすい三角形のグリップを採用し、実用新案を取得した半田こて OP-30 シリーズ。安定的な需要を保ち、主力製品として会社を支えてくれた。

ストも数十銭から一円刻みまで計算。当時の容量の小さいコンピュータで、実に細かい原価まで管理しました。これはソフトを組んでくれたコンピュータ屋さんの工藤さんという若い社員の才能に帰することが大です。

たとえば半田こての原価計算は、先ず銅棒を買い一本八円か一〇円の原料費、カットして鉛筆のように切削、メッキ、孫から子供ができ、半田こてにするには、取手（これもまたナイロンの原料から一個いくらの原料費、プラスチック成型屋さんの工賃プラス）、コード、ヒーター、と、みな子があり、孫があり、部品となり、それをまとめて、キット及び完成品にする工程が、かなり正確に原価計算できるマスターメントをつくるわけです。大部分を経理の池田さんがやりましたが、私も若い頃は自分でもやりました。

写真 4-14

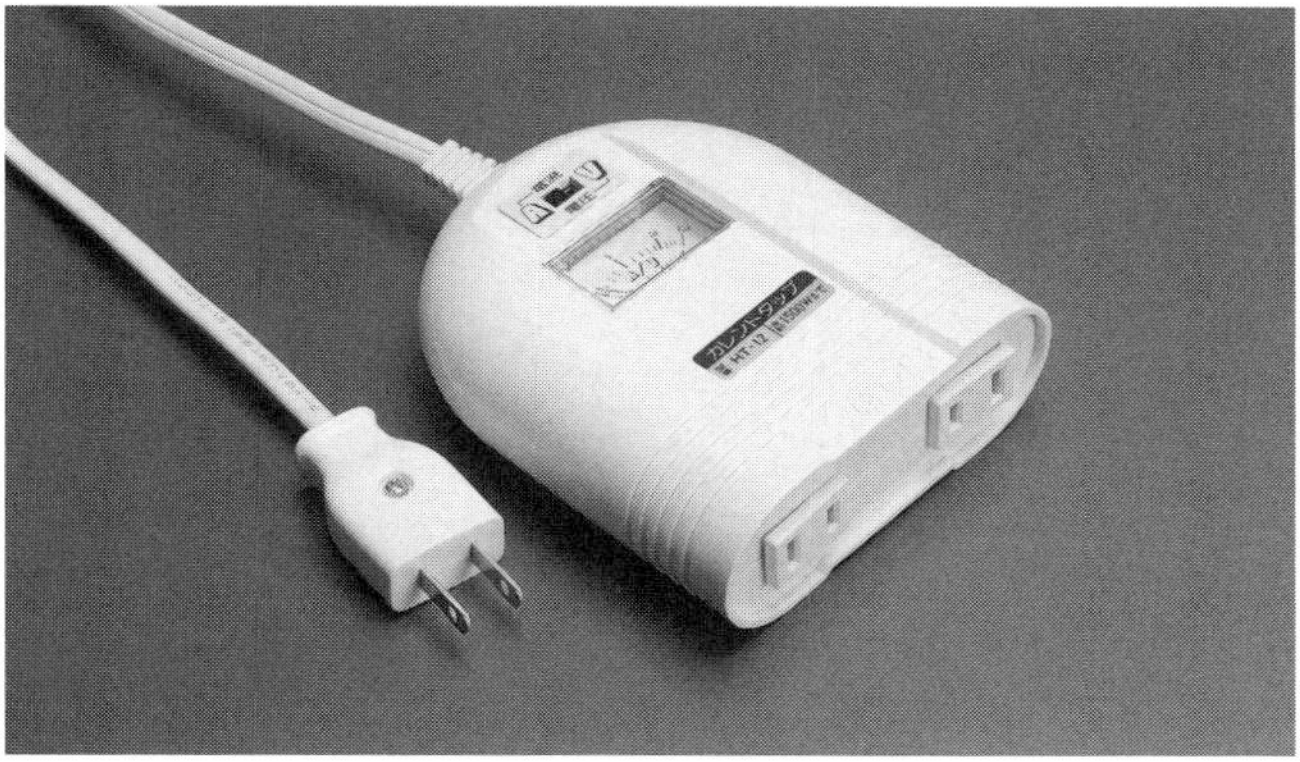

1500w までの電流・電圧を測定できるカレントタップ。

現在は、こういう細かい原価は、中国で作るようになってから、やらなくなり、当社の創作力や技術力が落ちていくのが悲しいくらいです。シャープの亀山工場はこれを恐れて、自社でやったのですが。うまく行かず、会社が傾きました。日本の技術そのものが落ちているのはわが社だけではないと思います。

カレントタップ、間接照明キットなど、新製品を開発

一九九〇（平成二）年、カレントタップ（HT－12）という極めて教材性のある製品を西川君が開発、これは電圧、電流を測定できるテーブルタップです（写真4－14）。この製品は、そこそこ売れました。この頃は行け行けどんどんで、水戸市の秋山刃物さんの担当地区の日立市辺りの先生が、二〇ワットの丸型蛍光灯を使い、表板は半

透明のアクリル板を使用した間接照明の研究発表があり、開隆堂の教科書に掲載されているとの情報があり、二〇ワットの丸い蛍光灯を使用したキットを製作。最初は表板を、杉板を焼いて黒くしたものに光ファイバーで熊の絵を入れたりした、あまり見栄えの良いものではありませんでした。

翌一九九一年には表板に発泡スチロール製の板を付け光ファイバーと蛍光ファイバーを組み合わせ、実にきれいな模様を自由に生徒ができる企画に変更していきました。

光ファイバーは旭化成から入手できる道が開け（友人の森山君のお陰）、蛍光ファイバーも材料の手配がわかり、呉の成型屋さんに製造して貰いました。

一番コストのかかる二〇ワットの丸型蛍光管はＮＥＣの広島営業所を訪ね、直接取引を依頼。普通ＮＥＣあたりの大手は我々如き弱小業者は相手にしてくれませんが、たまたま広島営業所長の串本さんが福山出身であり、ＮＥＣ水口工場（滋賀県）の丸型蛍光管の開発担当者でもあり、これを作るのに大変苦労された由。

先ず、直管の蛍光管を作り、それをガラスが充分に曲げられるまでの温度に上げ、丸い金型へ巻きつけるのですが、蛇が蛙を飲み込んだように、途中でふくらみ、きれいな丸管型にできず、運動場一杯に不良品を積み上げていたら、工場長か、上司に見つかり、大目玉をくったそうです。

失敗を繰り返すうちに、丸い金型に巻きつける間に、最初と最後では、温度がかなり下がり、直管を左右同温度にして巻きつけることが間違いであることに気付き、始めと終わりに温度差をつけ、一番適当な温度を測定、コンピュータにインプット、それでやっと良品の大量生産にこぎつけたそうで、串本さんにしても相当な思い入れのある製品だったわけです（写真4－15）。

事情を説明し、口座を開いて貰うことになりました。こちらは社歴書と決算書を提出。しかし、大会社のため、稟議が下りるまでは、現金即払いにしてくれと。当然です。

私はすぐ必要な第一回の代金三十数万円を目の前にある第一勧銀八丁堀支店に行き、個人の口座から目の前で下ろし、お支払いしました。その後、安定器も合わせて買うものですから相当な金額になりました。二〇ワット丸型蛍光管はNECでも生産量が少なく、年間二〇万本くらいの所、当社だけで五万本も買うので先方も驚かれたようです。ある時など、一〇トン車で滋賀県の工場から直接持ち込まれ、何せ容積が大きいものですから、安定器など工場の外側の軒下に積み上げたほどでした。

どうしても積み込む棚が必要になり、創業時、駐車場を気持ちよく貸てくれた内田鉄工さ

写真 4-15

間接照明キットの第一号製品。試行錯誤の末に見事な仕上がりとなった。

んにとても頑丈な棚を作って貰いました。

この頃になると申告所得が四千万円を超え（全国で四千万円以上の申告をすると、税務署が張り出し、それを調査会社が全部調べ上げ、翌年の「ダイヤモンド」誌五月号に発表されるので隠しようがありません）、当社の仕入れ先は、ちゃんと見ていて、それを信用の目安の一つにしているようでした。

もうその頃になると悪口を言っていた会社より、こちらが上になることが多いくらいになり（訳は簡単です）、「土地くらい儲かるものはない」と、土地ころがしにうつつを抜かしていたわけですから、何億円も儲けた代わりに、暴落した際は、トランプのばば抜きと同じで、売れない暴落した土地しか残りません。

私たちは土地や株には、まったく無縁で製品開発だけに没頭していました。しかし、輸出の半田こてはCEの規格まで取りながら、もはや、我々は出遅れです。コストと（円高のため特に）商品力で、教材と高級半田こてなどはついていけません。当社には温度を正確にコントロールできるソフトを組める人材も居りません。半田こての開発は一服です。

横浜の萩原さんから、「透明のプラグはないか」との問い合わせがあり、たしか一二Vオーデオ用のものは見た記憶があるものの、一〇〇V用は見たことがありません。テーブルタップメーカーに聞いても見たことがないという返事。当社ではスモーク色の透明に近いナイロン製の半田こて用の取っ手を数万本製作しており、ペレットを手持ちしていたものですから、プラグメーカーの工場へすぐ送り、テストして貫いました。一六〇度Cの耐熱で、規格に合うプラグが既存の金型で成型成功。すぐ萩原さんに届けると、五千個か一万個か忘れましたが、すぐ作れないかとなり、直ちに実行です。訳を聞くと先生が技術科の出来栄えを採点するのに、プラグの組み立てが上手にできているかどうか、一個ずつドライバーであけて採点しているようで、手が痛くなるとのこと、上から見てすぐ指導ができるものが欲しい、とのことです。すぐに全国に案内すると、爆発的な注文が入りました。

一九九三年、リモコンタッチライト（ＲＣ－０１）の開発。この製品は地球儀の上半分くらいを傘にした、二〇～四〇ワット位の小型の白熱電球を入れたライトです。特長は、テレビのリモコンでＯＮ・ＯＦＦができ、本体の台にタッチセンサースイッチが付いていることです。教材性は何処を狙ったかといえば、タッチセンサースイッチに極性があるということで、もし一般の完成品で販売したら、「タッチしても点灯しない」という苦情で困っていたことでしょう。極性の陽の方（二本の入力コードのうち、アースのない方）がタッチセンサーの側になった時だけ、ＯＮ・ＯＦＦが効き、アース側の時は、スイッチの役目をしない、という代物です。リモコンでは自由にＯＮ・ＯＦＦができます。

家庭に来ている電力会社からの二本の一〇〇Ｖの線には、感電する側と電気を感じない線の二本が来ているということです、これは、アースを入れて、家庭電器を使用する時の安全性を守るように法律で決められています。「家電を安全に使用するための知識を生徒に学ばせる教材」です。続々とライト系の教材は開発されましたが、経営の柱は単価の安い半田こてキット、テーブルタップキットが

写真 4-16

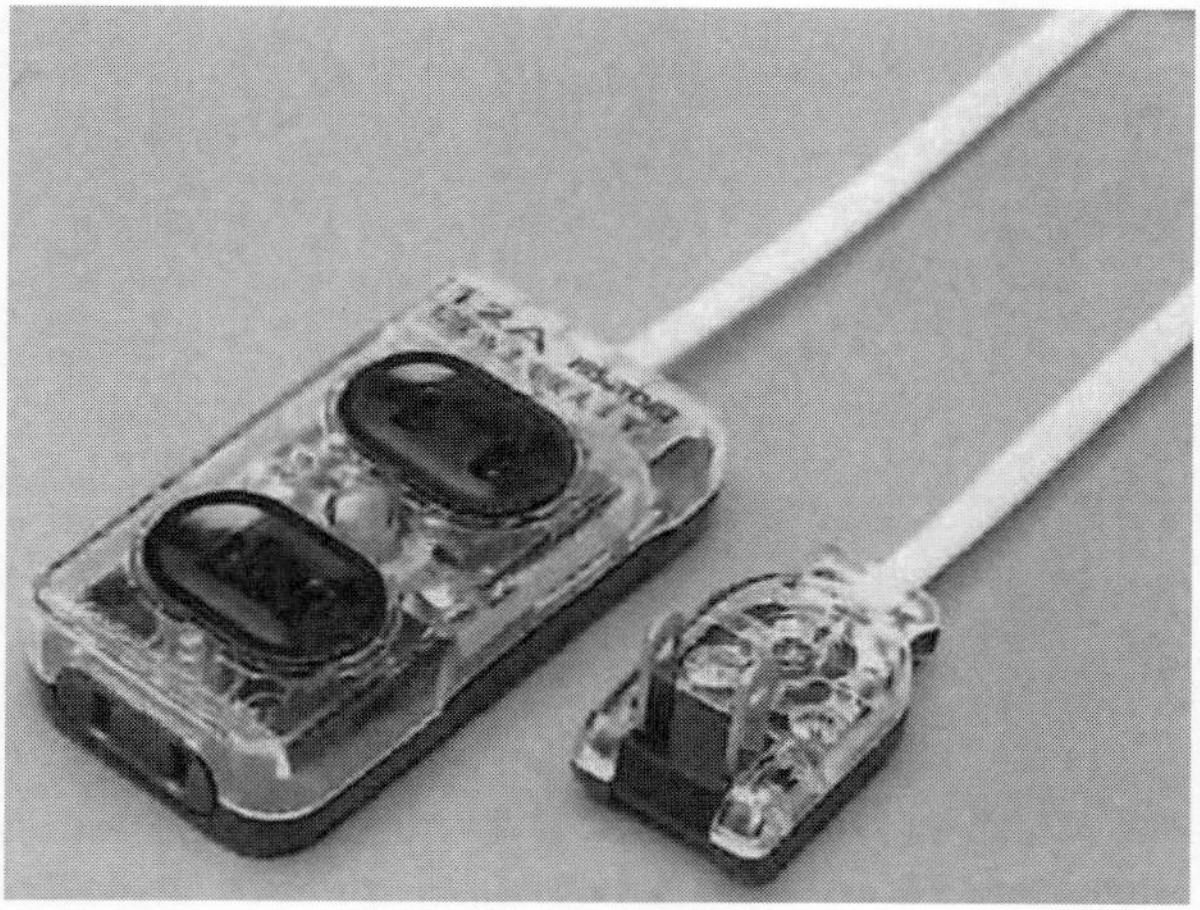

今では珍しくなくなったスケルトンのテーブルタップ。量産型として販売したのは当社が最初であった。

基礎であり、粗利益も同業者のように多くなく、社員は麦飯なら腹一杯食べられるようになりましたが、米の飯までは行かない状態でした。

一九九六年、そこで次透明にテーブルタップも作ろうということになり、専門の配線器具メーカーに相談するとにやりと笑い、「まあやってみなされ、売れませんで」と。テーブルタップメーカーはとっくの昔やったことがあり、負荷があるまま、抜き差しすると、光がパット出て主婦は怖がり、さっぱり売れなかったようです。実は黒色であろうと、肌色であろうと、負荷のあるまま、コンセントを抜き差しすれば、青白い光りを出してスパークしているのです。見えにくいだけです。生徒に教えるにはこれが一番と確信しました。

従って透明のプラグやテーブルタップを大量に販売したのは私が初めてだと思います（写真4－

16）。これなど、萩原さんからの提案で、私はアイディアを拾ったに過ぎません。私の才能は、もの拾いと同じようなものです。ちょっとしたことを種に事業化したに過ぎません。

透明テーブルタップは、パテントにも何にもなりませんが、当社の一つの看板になりました。コードは最後まで当社は尻ごみしました。理由は、輪ゴムなどでコードをとめて置くと、ゴムの中にある硫黄が空気と触れて亜硫酸ガスを作り、コードの銅線をさびさせるうえ、断線の元になるからです。白色より黒の方が少しは強いのです。白人ほど紫外線に弱く、黒人の方が強いのと似ています。しかし、お客の要望には勝てず遅ればせながら透明コードにも進出しました。しかし、皆さんに申し上げます。輪ゴムでコードを束ねないで下さい。

コードを束ねて使うと、電流の多い時は熱くなります。ご用心下さい。それと耐用年数は永遠でありません。一〇年もすると芯線がぼろぼろになることが多いです。よくご理解下さい。

かつて太洋電機の時、金型が壊れるまで売れたランプ付テーブルタップの同等品が、やっと自己金型で製作・生産を始めることができました。しかし、昔ほどの感激はありませんでした。前にも書きましたが、テーブルタップと半田こてキットに関しては、当社が同業者の中でも種類、出荷数量とも恐らく一番多かったと思います。

同年（一九九六年）、テーブルタップやプラグの組み立てを正確に事故のないようにするために全国の中学校用に一万枚以上の啓蒙ポスターを印刷し、無料で配布（写真4－17）。ある日社員から

写真 4-17

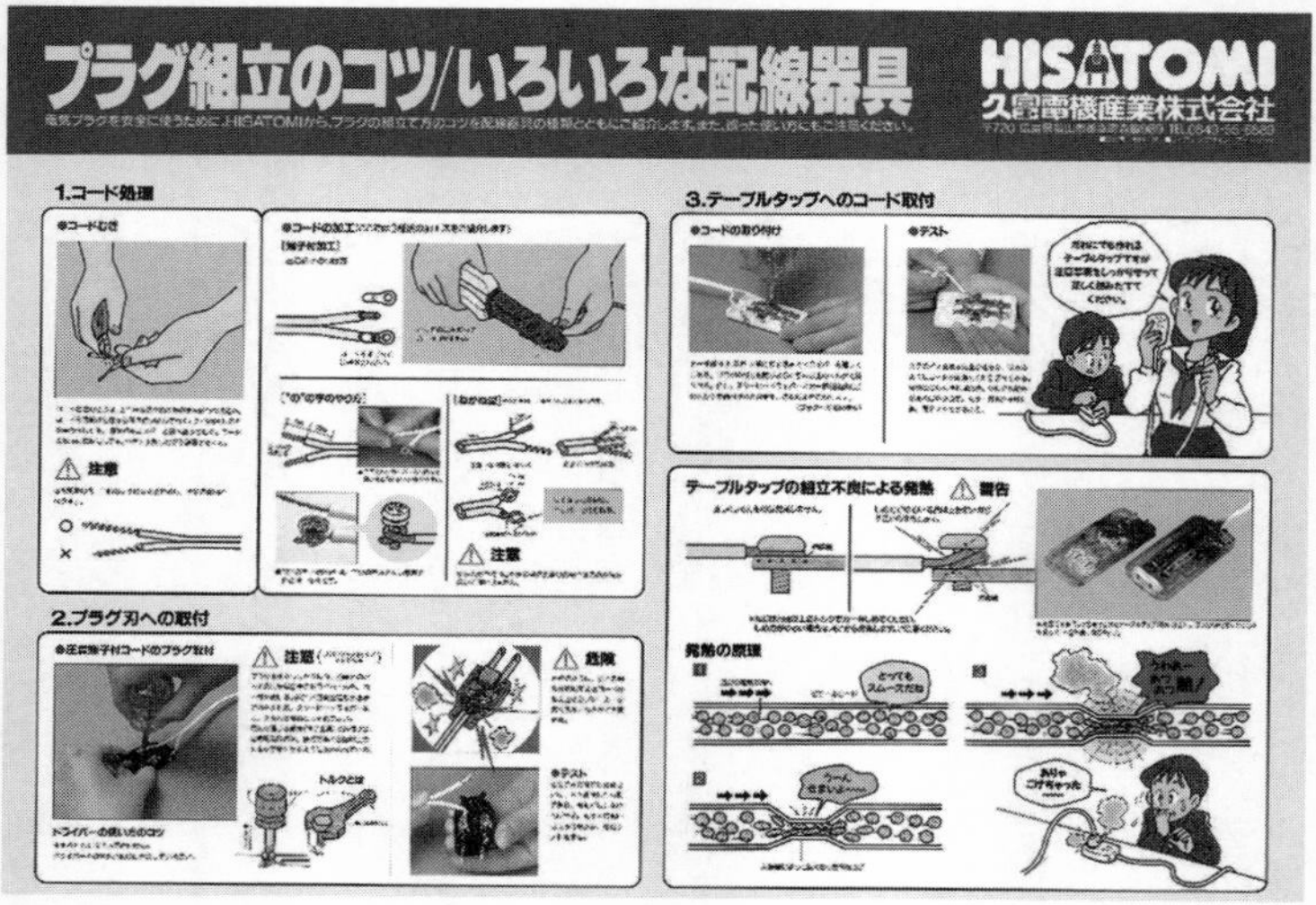

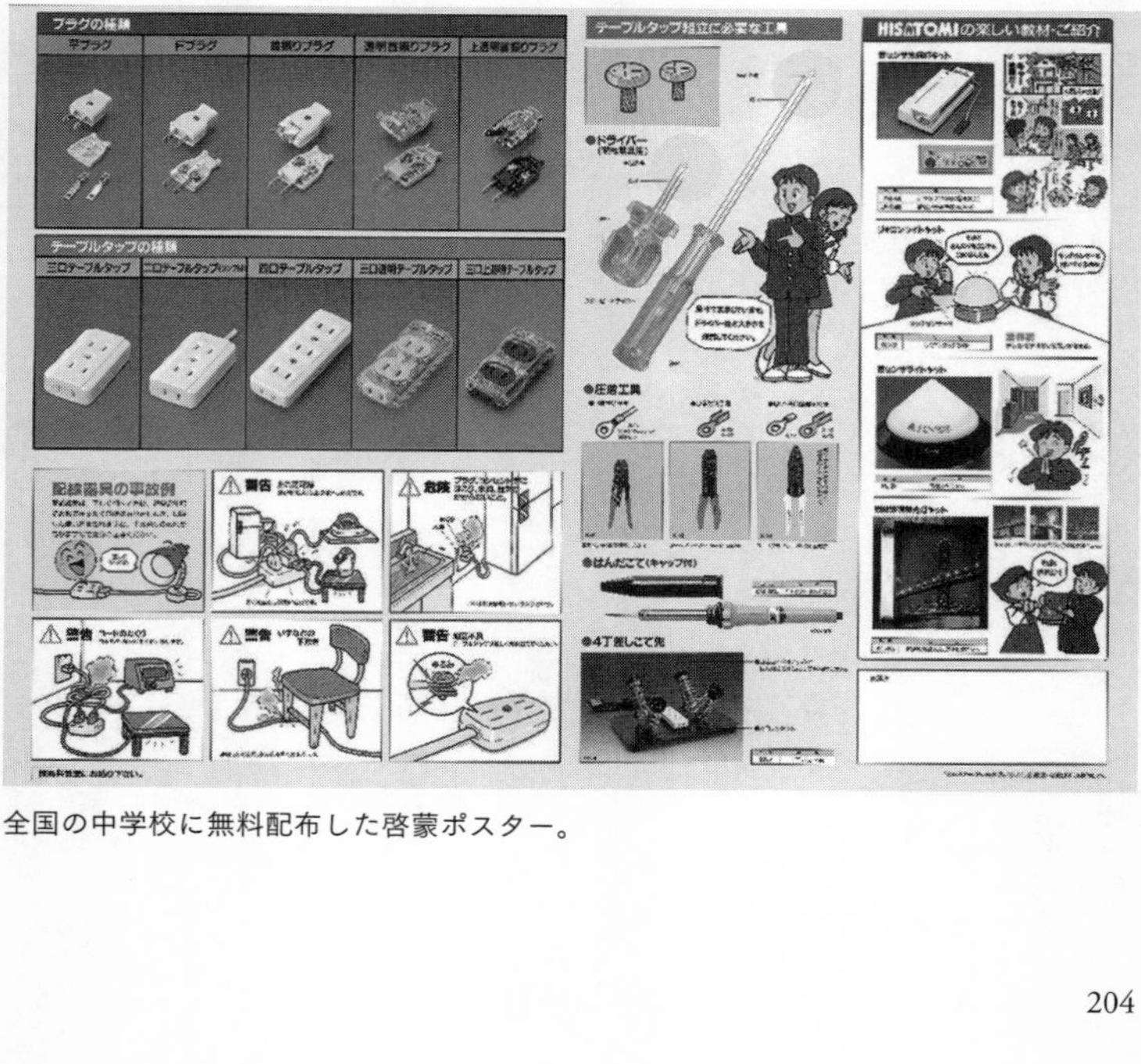

全国の中学校に無料配布した啓蒙ポスター。

「社長、文部省から電話です」という取次ぎがあり、ドキリとして電話に出てみると、「文部省の佐藤です。久富電機さん良いものを作られましたね。教科書会社が作るようなものを、貴社は啓蒙してくれているのですね」と、佐藤勉調査官よりお褒めの言葉です。社員一同、感動するやら、喜ぶやらで、とても嬉しくなりました。結局、そのポスターは一万枚では足らず、三千枚くらいを追加印刷しました。

テーブルタップで、焦がしたり、燃えたりした事故が何件か発生しましたが、殆どコードのねじ止めのゆるみによる発熱が原因でした。コードを締め付けるには、ドライバーから手の圧力がちょっとすべる位しっかり締め付けて下さい。とくに圧着端子を使用している場合、ネジの締め後の端子が左右に動くようなものが結構あり、発熱の原因になっています。富田林市で発生した悪い例を話しますと、コード留めは圧着端子留めです。圧着端子とコードを半田付けしているのです。先ずコードと端子をしっかり締めつけていない。工具はラジオペンチで、締めたあと、圧着端子の口が開いているぐらいです。そこで先生は半田付けさせて、完全に密着するよう指導されていました。ところがその半田付けが団子状でスカスカです。これでは発熱しないのがおかしいです。

ある生徒が完成した製品を持ち帰り、家で使用していました。そのテーブルタップから、やぐらコタツをつなぎ、湯沸しポットを沸かしており、お母さんがアイロンがけを始めました。コタツが六～一〇A、ポットが五A、アイロンが六～一〇A、合計すると二〇Aは使用されており、テーブルタップは座布団の上にあり、座布団とテーブルタップから燃え出したのです。お父さんはびっくりして、すぐ学校へ持ち込み、「先生これは怖いで」と。受け持ちの先生は校長に報告。代理店の担当者から大変な剣幕で、「ここの先生は専門の技術科の免許のある先生で、一度もこんな事故はなかったプロの先生です。お前の所の透明テーブルタップが弱いからこんなことになっている」と猛烈な抗議。

ただちに、その学校へ赴く。ここは教材界の神様、岡崎の愛知造形社の深谷さんの知恵が必要です。「深谷さん、このような事情で、学校へ謝り行かねばならないのですが、どのようにしたら良いでしょうか」「水田さん、先生がミスをしていても決してそれを言ってはいけないよ」「校長先生、技術科の先生はちゃんと指導されています。ただ十分聞いていない生徒がおり、指導通り組み立ててしてなかったので、このような結果になっております」というように言われ、その通り、校長、技術科教師、私、代理店担当者の四人で燃えかかったテーブルタップを目の前に、お断りをし、原因は端子が充分締まっていなかったことだけを説明しました。その校長先生から電話の呼び出しがあり、担当の技術科の先生が耳元で小さな声で、「私が十分見てなかったです」と言われました。また、圧着端子を付ける時は、素人はラジオペンチなどで締めてはならず、専用工具を使うこと、一〇〇Vの取りつけは、その近くでの半田接着は法律違反になることなど、専門的なことを説明しました。

そのうち校長先生も帰られ、「一三〇人の全生徒の作品を弊社で検査し直して、完全なものにしてお返しします」ということで、とりあえず決着しました。なんと一三〇人の生徒の内、先ず大丈夫なのは三〇人くらいで、一〇〇人が何らかの組み立て不良です。全品不良品で破棄、新品を弊社社員で組み立て、修理品として届け直しました。納得がいかないのが、代理店の担当者です。国立大学卒のレベルの高い人です。「ここの先生は専科の出身で、今迄一度も不良を出したことがない、お前の所の透明のテーブルタップが不良だからこういうことになった」と譲らないのです。

黒色や白色のテーブルタップだったら、火を噴いても見えないだけで、二〇Aも電気を流し、組み立て不良なら必ず燃えるはずです。専科の先生が間違いを犯すはずがない。こちらは何十万円かの損失を負担しているのです。こんなに馬鹿らしい話があるものか。先生はともかく、担当セールスには呆れはて、今でも腹立たしさが残ります。ポスターを印刷し、全国の教室に配ろう思ったのはこれらがきっかけです。

この年、倉敷地区の研究会の先生方が研究発表にしたいから、我々提案のテーブルタップを製作してくれないか、と。尋ねてみると、先ずプラグの上側を透明にして検査、指導しやすくし、本体の下側は熱に強く、絶縁も良いユリア樹脂製（今迄の市販品と同じ）。テーブルタップ本体も上は透明。結線部分はユリア樹脂、本体下側は、今迄のものが使えるよう、ABS樹脂で結構という案です。これを作るには、プラグの部分の金型を別に製作し直し、プラグの本体と二重に製作しなければならないのです（二〇二頁写真参照）。

倉敷地区だけの採用で採算など考えられません。その上コードを丈夫で耐熱のネオプレンコードを採用したい、との希望です。桂林堂の長尾さんが「水田さん、ついでに中間スイッチも上透明にしたら」という提案です。これはとても採算は取れそうにないし、実用新案特許はとれそうですが、コストがかかるので、模倣品など出ないと確信していました。採算は度外視して、ご恩のある岡山の先生方のものを作ろう、と決心しました。この教材開発の一番の功績者は白神先生と長尾さんです。

大赤字を覚悟の研究発表用の教材はできました。理想的なテーブルタップです。安全で指導しやすく、使い勝手も良い、ただ欠点はコストが高いだけです。標準品は一一〇〇円、スイッチ付は一八〇〇円です、殆ど売れないと思ったものが、そこそこ売れるのです。とくにプラグだけは随分出荷しました。金型も償却できたでしょう。

岡山の先生方には創業以来随分助けて頂きました。本当に有り難く思っております。岡山は私の本籍地でもあり、岡山県での採用はことのほか嬉しいです。

また、同（一九九六）年に三角形の取っ手の半田こてを開発（大変握りやすい、実用新案取得）。現在のOP－30型が、それです（一九六頁写真参照）。また、どこかで触れましたが、京都のデザイン会社でデザインしたラビッドスタートの蛍光灯スタンドは、金をかけた割には余り売れませんでした。勿論、金型代、デザイン代などを計算すれば赤字でしょう。しかし、次の年くらいでしたが西川君の開発した物が充分稼いでくれていました。

第5章　久富電機産業株式会社、軌道に乗る

触れずに点灯する懐中電灯の製作と販売戦略

話は少し戻りますが、低電力教材についてお話します。一九九四年には大ヒットする教材を、これも西川君が開発しました。非常用懐中電灯にヒントを得て、暗くなっている時、ポンと手を叩くか、玄関のドアをコンコンと叩くと、三〇秒間点灯するという懐中電灯です。この製品も徐々に売れ出し、人気が出てきます。

この頃になると、中学校技術科の電気の履修時間は三五時間になっており、電気1と電気2の境目もなくなり、我々にもチャンスが訪れていました。

横浜の萩原さんは、いち早くこの教材性に目を付け、年間、横浜市だけで五千台も売られました。この製品の教材性は単1乾電池2個付ではあるものの、電池の電気でなく、基板上の回路の大容量コンデンサを利用して、玄関で「コンコン」とドアを叩くと、電子回路が作動して懐中電灯の回路に通電が始まるという、当時としてはじつに不思議な回路付センサーライトなのです。

ここでも萩原さんは二宮尊徳先生の教えをフルに利用しました。厚紙に回路をつけ、暗くして、音を出せば、LEDが瞬時に点灯するのです。見たところ電源はありません。今では携帯電話やパソコンに多く用いられているので、誰でもお分かりと存じますが、まだ一般には余り知られていない（特

写真 5-1

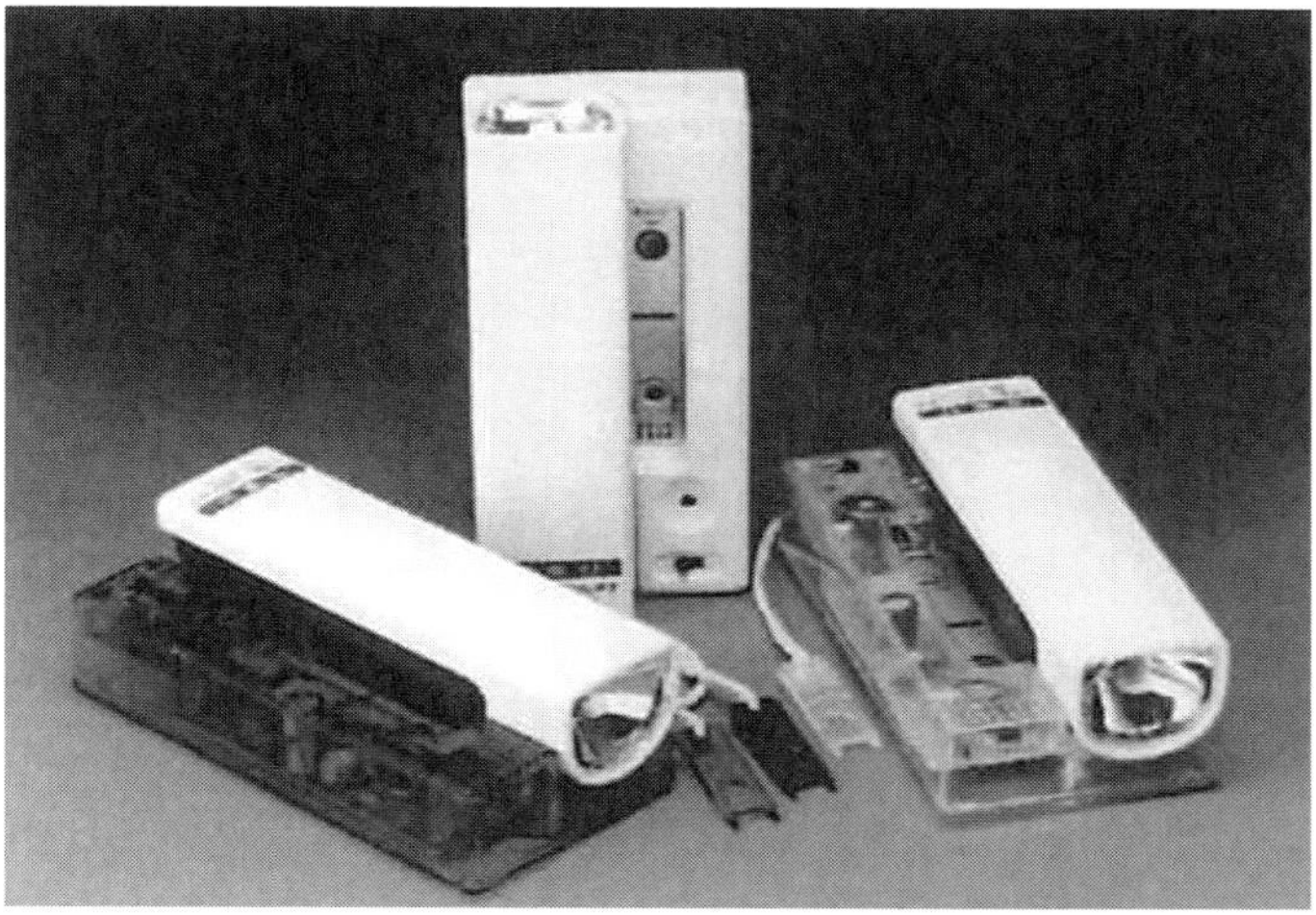

1994 年の発売当時、大きな話題を呼んだ回路付センサーライト JP − 94。

に教材界では）大き目のコンデサーに電気を蓄えていて、音を拾い、回路を働かせたのです。手の平に載るくらいの説明ボードを全国に随分配りました。一九九四年開発なのでＪＰ－94と命名しました（写真５－１）。そして翌年、脚光を浴びることになります。

一九九五年の阪神淡路大震災です。音だけで三〇秒点灯する。地震で停電、真っ暗な中、実用性にもうってつけです。いきなり全国区に火がつきました。大ヒットです。横浜の萩原さんは、このＪＰ－94が五千台、その他ライト関連品が五千台、一〇〇Ｖ用にテーブルタップが一万台、横浜だけで二万台も売れました。

勝手に商品が売れるわけでなく、売る戦略を持たなければなりません。いくら売れていると言っても、新幹線の中や、お客さんに製品を紹介する場所に到着する三〇分前までに、静かに腹式呼吸をし、そして精神を統一するのです。どのようにお客さんに製品の売り込みをしたらいいのか、どういう言葉をかけたらいいのか、練習をするのです。「これから〇〇さんのところへ行き、いつもにっこりと迎えて下さり、沢山の注文を頂ける、当社の製品で決して損はかけません。うちの製品を扱って頂けている所には必ず、儲けて頂ける。絶対損はさせません」と。

思い出してみると、昭和三〇年代の興信所勤務時代、一週間の休暇を取り、精神統一をするセミナーに通ったことがあります。鎌倉の川端康成先生宅の上辺りの小さい公民館のような会館で、「小菅式精神統一法」という一種の催眠術のやり方の如く、心を「空」にする訓練です。心を空の状態にして暗示を与えれば、目が覚めれば、その暗示通りに人は動くというものです。催眠状態の時、「あなたは目が覚めた後、やかんを取りに行きます」という暗示を与えておくと、不思議にその人はなんとなくその気になり、やかんを取りにいくのです。

新幹線で愛知県あたりを通過する時、よく精神統一して「このあたりの学校、先生、愛知造形社さん。いつも沢山採用して頂き、有難うございます。どうか良い授業をするため、当社の製品を使って下さい。きっと役立つはずです」と、諳《そら》んじていました。ほかの地区を特急で通過する時も、目をつぶり、しずかに腹式呼吸をして、自己暗示をかけておりました。年齢を重ねると、疲れが多くなり、うとうとと居眠りをすることが多くなりました。電車を下りる時も、「一〇分前には目が覚める」

と、自己暗示しておけば、殆ど寝過ごすことはありませんでした。

この頃になると内部留保も多くなり、中小企業金融公庫の支払いは順調にできており、公庫から採点表が届き、七万社くらいの融資先の上位五～一〇％以内の点数が付いておりました。

顧問であり、社外取締役の諏沢先生からは、節税対策をしたらと色々ご提案があったのですが、馬鹿げたことに一切それらしきことをせず、高い税金を払い続けました。例えば、始め、コンピュータやコピー機などはリース契約で、リース料は経費に落ち、節税になります。我々も始めは金もなし、リースするしかありませんでした。しかし、よく計算してみると、現金で一括購入した方が利益面では得なのです。税務署は賢いです。節税対策をするということは、現金を支払うことにつながります。現金を残そうと思えば、不必要なものに投資や買い入れをしないことです。高くても納税すれば、半分は残ります。

当社の仕入れ先で堅実な会社がありました。飛行機のリース会社に投資して、大幅な資金を出し、その配当利息を元手に一〇年くらいで回収するという投資法です。必ず儲かるようになっているのですが、不思議なことに大きな損失を出しているのです。経営者の勉強会に色々出ましたが、自分のところで使用している自動車のコストを殆どの経営者は計算してないのです（運送会社は別です）。

三五〇万円くらいのクラウンに乗っていた時代があります。一〇万Ｋｍで乗り換えたとします。原価償却費はＫｍ当たり三五円、車検と整備費など年間五万円プラス五万円、ガソリン代一Ｋｍあたり一二円から一五円、合計して年間当たり、Ｋｍ単価にすると@六五円は下りません。五百万円、一千万円の高級車に載っている人はＫｍ当たり最低でも百円くらいのコストがかかっています。

みずほ銀行のゴルフコンペの帰り、支店長さん以下、玄関でお客さんを見送るのです。私はマークX（二七五万円）に乗って帰ろうとすると、支店長さんが「社長えらい質素な車に乗っているんですね」と。私は愛知県、富山県から九州まで車で随分出張していました。その頃はクラウンに乗っており、三四万Ｋｍで乗り換えました。長距離では大きい車の方が、楽で疲れが違います。

そんな具合いで質素に慣れ、貧乏性が身に付いているので、これが当たり前です。

全国中学校産業教育教材振興会の役割

年度は失念しましたが甲府市で技術科の大会があった時、前日に藤森金物さんの取引先だけ、懇親会をして頂きました。宴たけなわの時、技術科の将来について、私は「今は電気も1と2があり、大工道具も沢山売れている。皆さんそれぞれ多忙を極め、繁栄されているが、文科省の方針が変ればたちまち、干上がり売り上げは半減、いつまでやっていけるか、先はわからんで?」と言うと、フォアーランドの高倉部長は「そんなことあるものか、うちは注文に応じきれず、どうしようもないほど売れているわ」、すかさず、山田教材（後ヤマユウの故山田さん）が「水田さんの言う通りじゃ、わしは、ヒルマ（日本教図）の衰退、倒産を見ているから、怖くてならん」。みな景気の良い頃なので、あまり耳に入らなかったようです。

その後、ヤマユウの社長になった山田さんと顔を合わす度に、甲府での話に及び、「あの時水田さんの言った通りになったな」。あれだけ繁栄し、わが世の春を謳歌したフォアーランド電子は分裂、Tさんは退職してやめてしまい、今では残存会社もなくなりました。

ヒルマという会社は我々子どもの頃から、学校の教室に掲げられていた日本地図や世界地図のメーカーです。社名は日本教図といって、倒産時はNHKの全国版のニュースで報じられました。私も太洋電機に勤めていた頃、売り込みに行っていた会社です。

もう一軒はスター教材です。技術科が始まった頃、電気2では真空管を使った増幅回路の勉強用に、真空管を使ったラジオの展開ボードがあり、教科書通りの展開ボードを、備品用に各教室にピタリの教具を製作し、半独占的に販売していました。スター教材の独壇場です。しかし、一万校の中学校にいきわたると、それ以上は消耗品の真空管くらいしか売れません。

「全国中学校産業教育教材振興会」という団体がスター教材のK社長を中心に作られました。その後、この団体は社団法人として文科省より認可され、技術科業界のただ一つの正式な団体です。私は個人的には、任意団体だった頃から虐《いじ》められた団体であることと、事務局を当初よりしていた学窓社のT社長と折り合いが悪く、入会させて貰えず、あまり良い気はしません。それに同会会長のK氏が、自分の会社が倒産した後も会長を辞めないのです。

総会で「大変素朴な質問ですが、業界団体にもかかわらず、自分の会社が倒産して何故まだ会長なのですか？」と疑義を提示。総会は少しもめました。役員が「学識経験者として会長になって貰っている」と弁解。笑わせるな、業界の振興をしようという団体が、倒産した会社の前社長をまだ会長にするなんて、他の団体の役員にこの話をしたら「そりゃ、他の役員が悪いで」と。こんな調子で現在の東京の卸し業者は、日本教材、石野商店、スター教材は消えてしまい、K社も開店休業状態です。それに大手で資産家であったキクイチまで倒産。東京では山崎教育システムさんだけが健在という惨状です。弊社など健全経営ができているのが不思議です。この業界は小さく、日本経済界からすれば、統計表にも入りません。しかし、子どもたちに与える影響は甚大なものがあると信じております。

人材採用の難しさ、社長の責務

一九九六年、阪神大震災の翌年に、二人の福山大学卒業生を採用。その経緯は当社の西川君が福山大学（この大学は文科省の宮地茂局長が設立）の第一期生です。彼の同期生で最優秀な三谷先生が大学に残り、助手、助教授、教授と昇進されました。西川君の伝手《つて》で、自分のゼミの学生の前野弘吏君という学生を連れてこられ、試験もなく、面接だけで採用。もし試験させたら落第だったかも？　それからしばらくして、もう一人居るので頼むといわれ、西山悌一君という学生を連れてきました。そうした経緯で結局二人とも雇うことになりました。

前野君は営業を手伝わすつもりでしたので、英語で常に苦労していたものですから、在学中から、英語会話塾へ通わせましたが、何か月も勉強したにもかかわらず、十分力がつきませんでした。それでも水田一人で、北海道から沖縄までの営業を全部持っていたものですから、前野君にも一部担当して貰い、大変に有り難く、自分の負担が少なくなり、随分助かりました。前野君は人当たりが良く、おばあちゃん子で、実にお客の評判がいいのです。後に営業課長になります。

西山君は口数が少なく、目立たない性格です。入社当時、会社の営業成績が良い頃であり、大忙しで製造の手の回らない所をコツコツと良くこなしていました。その頃、あまり彼の能力を知りませんでしたが、時間が経つにつれ、わが社には欠かせない存在となるのです。彼は実績を積み、後に情報教材の開発課長になります。

その翌年あたり、リクルートかなにかで新卒大学生の募集を始めました。国立大学初の大分大学在学中の学生の会社訪問があり、子供の頃作った模型か何かをもって来ました。子供の頃からものづくりが好きだった学生が是非欲しいので、「会社訪問はうちだけにしてくれ、採用を確約するから」と採用を決定。子供の頃から模型造りや機械いじりが好きな子が一番発明家になりやすいのです。そのため、このような学生は是非欲しいのです。これが中田考司君の採用となったわけです。又本人にしても、発明家の卵を作る会社に勤めるのは本望ではないか。当社はそのような人材が欲しかったのです。彼は、後に開発部長として開発・製造を管理する重役になります。

そして、ダイナモラジオの完成品の一般販売が始まったころ、身長の一・八mを超す長身の真野靖司君が入社します。彼は製造やパートさんの管理など、あまり目立たない所で、縁の下の力を発揮してくれます。生徒の作品のなかの不良品の手直しや、電気工事士、フォークリフト運転など、少なくない資格を取得し、弊社の製品の信用維持に欠かせない人物です。

また一九九九年か二〇〇〇年かのある日、弊社顧問の諏澤先生から「鞆町の顧問先の鉄工所の息子を雇ってくれぬか」とのご要望、「先生、確かに過去の成績は大変良く、立派に見えますが、先行きは会社の存続さえ分かりません」と。それほど、文科省の技術科教育への対応はひどく、正真正銘、会社の存亡さえ感じておりました。銀行とか、税務署とか、税理士は過去の数字で判断されます。当然です。将来については、本人とか、同業者は、皆かなりの危機感を持っているのは確かです。甲府の同業者間で話していたことが目前に迫ったわけです。

「先生のご指導とはいえ、とても社員を増やせる状況ではありません」「これだけ成績を出しているのだから、一人くらい良かろう」と無理やり雇わされたのです。じつは小林家の方でも事情があり、

写真 5-2

リモコンで操作するキャタピラー付戦車の教材。品質は情報教材として素晴らしいものの、単価が高く売れなかった

長男を連れ戻さなければ、老後を見て貰う人がなく、どうしても福山へ帰したかったのです。その頃、家業は鉄工所を経営、伸鉄工場を経営なさっていたのですが、規格が難しくなり、いずれ廃業を決めておられたらしいのです。長男の小林君は福山通運の東京支店勤務で、福山通運の社内規定で、東京勤務者は転勤しても、関東圏内とのことで、ご両親にすれば、なんとしても福山に居て欲しい、お嫁さんは福島の人と結婚しているし、余計帰って来る可能性がなくなりそうなので、諏澤先生に無理を言ったらしいのです。

この時に採用したのが現在、社長になって貰っている小林君です。無理をして雇用した西山君しかり、小林君しかりで、その後の当社の命運を担う人材になるのです。そう、奇跡的な幸運をつかまされたのです。

話が一九九九年に跳びますが、知能指数一七〇という天才的な変わり者をあるデザイン屋さんに紹介され、コンピュータソフトに詳しい人とのこと（学生時代、数学の授業など殆ど受けず、全部理解していたという）、Oさんと言います。

情報の教材を作ろうと開発に取りかかり、リモコンでキャタピラー付の戦車を自由に操作できる教材を作ります（写真5－2）。情報に詳しい代理店さんは、これはすごいと誉めてくれるのですが、いざ、事業化して売ろうとしても、リモコンが必要であったり、キャタピラー付戦車が安く入手できなかったりで、なかなか事業としては成り立ちません。

私は今でも大変反省しているのですが、彼の才能を生かしきることができなかったのです。もう五年か、一〇年チャンスを与えれば、大ヒット製品ができたかもしれません。

二〇年前なら温度調整付半田こての設計ができ、他者に先駆けてできたもしれませんが、彼の才能を使い切れなかったのです。私の能力の遙か上を行く人だったのです。

二、三年で会社を去りますが、彼が今後の情報教材開発にヒントを残してくれました。それまで西山君と中田くんがLEDの色の変化する教材を製作していましたが、なかなかヒットにつながりません。しかし、西山君がOさんの啓蒙を受け、オーロラクロックという大ヒット教材を生み出すことになります。そして情報教育先駆けの年、二〇一〇年のことにつながります。

タッチセンサーライトの製品開発

またこの年、岡山県西部地区の技術科研究会の発表用に、井原市の川上先生のグループから、先生方が考案した教材の製作を依頼されました。当社は一九九六年、UFOに似た丸い形のタッチセンサーライト（UFO－1）を開発していました。そこそこの売り上げがあったところへ、川上先生のグループから発表用作品の提案です。外側の金型はUFOのものをそのまま流用しましたが、中の回路はまったく違い、教え方が違うのです。

ステップ1で電源があり、電球という負荷があり、スイッチを付け、電機回路の先ず原点です。ステップ2は、これに抵抗を付け、LEDライトを加えます。ステップ3は、トランジスタを一個つけて、ベース電流に抵抗をつけ、微小の電流を流すとコレクターにLEDを点灯させ、エミッターに電流が流れ、増幅回路の入り口です。ステップ4は、ダーリントン回路（トランジスタを二個連結する）で増幅をより多くして、今度は豆電球を点灯させる。ステップ5、6と、さらに複雑にして、回路のより詳しい成り立ち、研究心の増進を狙った大変教育性の高い教材ができました。

岡山県の先生を始め、大変根強い先生方のファンができ、その後、長いこと採用され続けました。製品名もセンサーライトKO－05という型番で、川上先生のKを頭につけ、岡山のOをつけて、K

写真 5-3

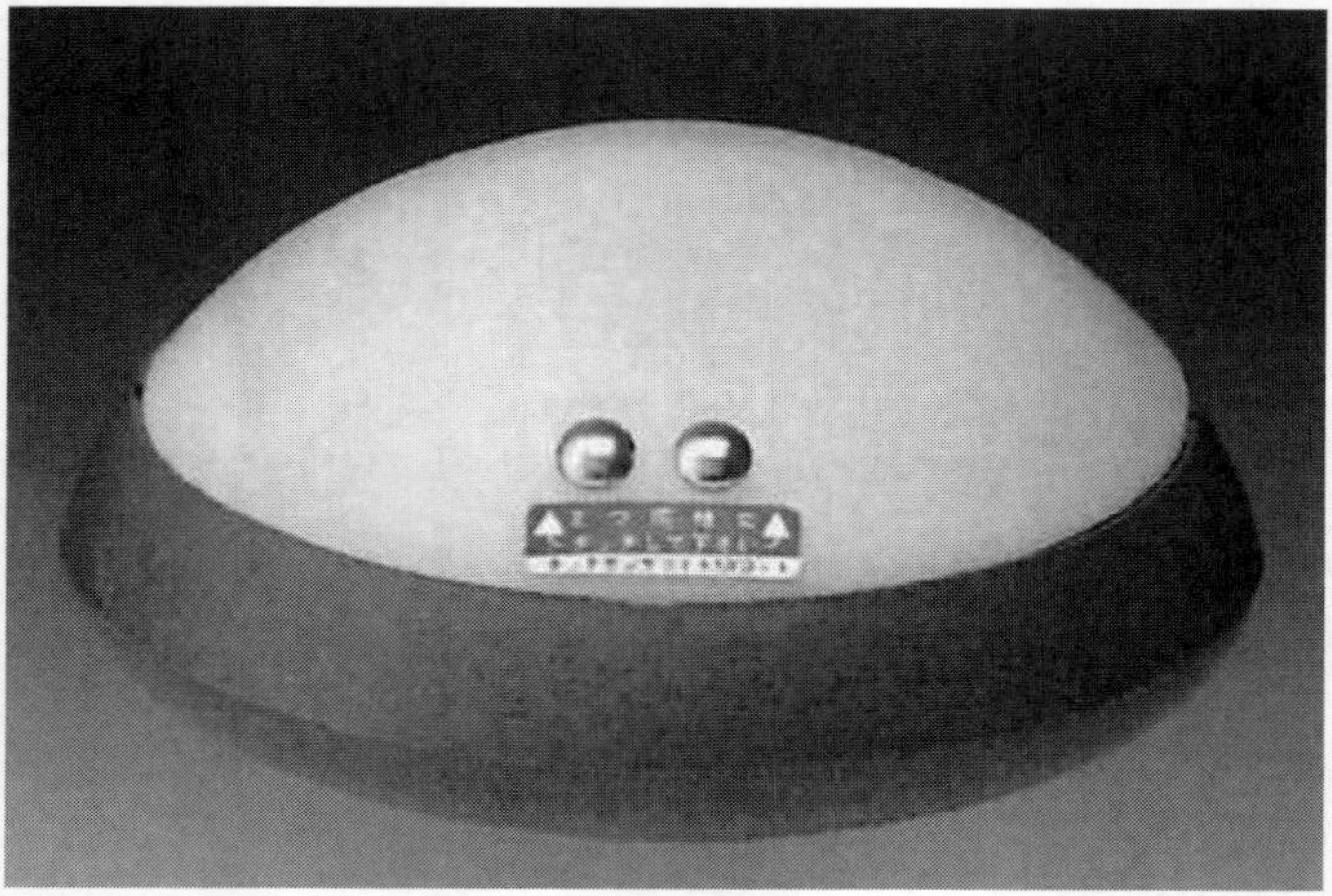

依頼を受けて製作した教材。音に反応するセンサーライトだが、回路は複雑で多くのことが学べる。

Ｏ－０５として、良質な教材として長く残りました（写真５－３）。

売り上げの多い教材は格好良くて、実用性のあるものが主流になりがちですが、教育目的に合致して、長く弊社の誇りにできるものでした。この功績は川上先生のアイディアとそれを形にする基盤を作った西川君の功績です。

一九九八年だったと思いますが、日本ＤＩＹ協会主催のヨーロッパ研修旅行に参加。英国、ポルトガル、フランス、ドイツ、ハンガリーなど、各国のホームセンターなどを研究用に廻り、まだ、欧州のホームセンターへの売込みを模索していました。ポルトガルでは、すでに一万本くらいの半田こてを買ってくれていました。ニポテクニカというお客さんを現地添乗員さんの通訳で訪問、面会が実現しました。ＣＥの規格を取得し、欧州のホームセンターへ売り込めないかと模索していました。

日本のDIYホームセンター見本市にも出展していましたが、それらしい効果は出ません。パリのエッフェル塔の見えるところから、エッフェル塔のネオンサインに二一世紀まであと何日と表示が出ており、二〇〇二年から始まるゆとり教育になると、今迄の教材が主力の経営で果たして会社が存続できるのか、とても心配しておりました。欧州へのホームセンターの各バイヤーにDMを出しても一社の反応もありませんでした。

それより前、会社の若い社員から「社長はもの作りばかり言われるが、今後は情報教育なくして、技術科は考えられない」という、とくに前野君の声が大きく、耳に残っています。私も考えを時代の流れに即して、若い社員の言う通り、情報教材の開発にOKを出しました。そこで相談し、まずパイプチャイムキットを作ることに。

その前に、二〇〇三年LED筒状のレインボーライトを西山君と中田君が作っていました。またその翌年、円筒形の傘が付いた改良型を発売していました。オーロラクロックの開発は二〇一〇年になります。また後ほど詳しく話します。

それより二〇〇二年四月からのゆとり教育に向け、一九九九年頃より、売り上げはジリ貧に向け、静かに流れ出します。

売り上げは、ゆとり教育の制度変更に向けて、売り上げも利益もじりじりと落ちてくる。そんな折、二〇〇〇年一一月、福山税務署より「優良法人」の表彰を受けることに。こちらは利益も落ち込み、先行き真っ暗な時、表彰されてもピンと来ません。一九九五年とか一九九六年頃でしたら、しっかり納税をしていましたので、わかりますが……。

一九九五年頃より税引き後利益がそのまま預金として増え、内部留保も増え、今日借り入れもなく、数十万ドルの輸入代金の先払いTT送金が難なくできるのは一九九〇年代の内部蓄積のお陰です。二〇〇〇年頃の中小企業金融公庫（現政策金融公庫）の採点では、上位五%くらいの優良会社の中に入っていました。

顧問税理士兼社外取締役の諏澤先生は白髪の凛とした紳士で、無理な節税対策などを言われる顧問先には、「それはうちではできません。他の税理士さんにでも頼みなさい」と毅然と断られるような方で、税法上許される範囲の節税は言われますが、じつに真面目な指導しかされません。また税務調査に対しても、「もうこの位でよかろう」と威厳のある態度で、調査官を納得させておられ、弊社に対しても納得のいく指導を頂いておりました。

教材屋のご主人が、生徒の胸襟を開く実演

尼崎に東商会というお得意さんがあります。もう三〇年近く前の話です。当時、学校が荒れてい

て、授業さえうまくできないという時代がありました。教材屋さんがラジオを教室に配達している隙に悪の生徒が、何台か盗んでいくのだそうです。ある学校へラジオを二百台位納品したあと、先生が「東さん申し訳ないが、学校が荒れてとても授業ができそうにないので、返品させてくれないか」との要請です。

そこで東さんは「先生、それでは私がお手伝いしましょうか」「東さんやってくれるか?」「やりましょう」。東さんは生徒をならべ、部品をそれぞれ出させて、この袋物部品を出し、順番に基板に差込む、こんな調子で進めているのですが、悪がきは、数人たむろして「パンでも買いに行くか」と、教室を出て行ってしまう。その生徒らは別にして、他の生徒は東さんの言う通り、部品を組込み半田付けしているわけです。

東さんが見回っていると、一人の生徒がトランジスタの足の向きを間違えて付けているのに気付き、東さんは「君はトランジスタの向きが違うで。これではラジオはならないよ、おじさんが直してあげよう」と言って、トランジスタの足三本同時に半田を溶かし、向きを変えて付け直すのも、一秒単位のすばやさでやらないとうまくできません。

我々は半田吸い取り機で半田を三か所取り除き、再び正しい方向へ付け直すのが普通です。ところが東さんのやり方は神業です。そこへ悪のグループが帰ってきており、番長らしき男が「おっさんうまいなー」、東さんはそのアクセントに「おまん、鹿児島か」「そうや。俺、鹿児島の○○出身や」

「おじさんもな。鹿児島の甑島出《こしきじま》や」「おっさん。俺でもラジオ組み立てられるか?」「できる、できる。おじさんが教えてやるから、組み立ててみるか?」「おい、皆おじさんの言う通り、やれ」と番長の命令通り、全員が作業開始。あれだけ手に負えない生徒が、東さんの技術に感心して、おじさんの言うことは素直に聞くわけです。

先生方に申し上げたい。生徒が感心するような、感動を与えるような授業をすれば、生徒は付いてくるはずです。当社はいつも生徒が感心するような教具を作るよう心がけ、先生が生徒に尊敬されるような授業ができるよう非常に気を遣っています。

この東さんは、まだ二〇歳になっていない頃、満州鉄道に勤務、まだ機関車の石炭くべ(炉へ石炭を入れ込む仕事)しかしていないのに、何千人という日本人が帰国できず困っている、機関車の運転はしてないが、動かし方は大体わかっている。そこで機関車を動かし、何千人という日本人を乗せて港まで何往復かしたはずです。先輩の機関士などはソ連に抑留されていたのでしょう。東さんは資格も免許もあるものか、人の命の方が優先です。

JR西日本の尼崎脱線事故の近くでもあり、運転手や会社のやり方に随分怒っておられました。満州から引き上げ、故郷では仕事がないので、尼崎に出てこられ、教材屋さんに勤めてから独立、見た目はただのおじさんですが、その信念たるや、命をかけて、満州からの引き上げの人を助け、自らも命がけだったと思います。

阪神大震災の時は隣りのマンションが傾き、結局、家は駄目になり、仕事を辞めようと思っていた頃、仮住まいの学校の校庭のテント中にいると皆ふさぎ込んでしまう。しかし、先生方から注文が来ると、仕事への情熱が蘇ったとのことです。落ち込んだ時は仕事か運動をすることです。

輸入教材のはじまり

当社は創業以来、ＡＣ物、一〇〇Ｖ電源を使用している教材を主力に経営してきました。経産省の許可工場ということもあり、知識とノウハウは他社より優れていたというのも理由の一つです。ところがゆとり教育への移行措置が始まると、今迄の一〇〇Ｖの教材から電池式の物に需要が変化してくるのです。当社は電池ＤＣ物の教材は少なく、弱いわけです。品物も余りありません。

もうその頃になると、日本製のものは高くて売れません。中国製の物を探すしかありません。しかし、香港、中国への輸出は殆どなくなり、人脈も失っていました。

かつて、通訳をして貰った阿部哲也さんとは、取引がなくても香港訪問時は必ず電話くらいはしていました。「うちの親父は小物電気製品などをかき集め、日本やアメリカなどへ輸出しています、何か必要なものがあれば探せますよ」と親父さんの阿部孝さんを紹介され、教材になりそうなものを色々探していたら、ランタンが見つかり、すぐ製造業者の蘇さんの会社を見つけ、市販のランタンを改造、調光回路を入れて、金型変更と回路設計図を送り発注します。

そこで問題を発見、その会社は日本にも沢山輸出しており、同じ金型の似たものが、ホームセンターなどで出回ると、必ず単価の違いが出てきて、学校関係者が見たら問題になりそうです。もともとは単純回路で単価の安いものをわざわざ教材用に複雑な回路に改造しているわけですから、単価が高くなるのは仕方ありません。同じような形のランタンが国内で安く販売されたら、問題が発生します。こちらは応急手当てに製品を作ろうとしているので、当社の金型ではないのです。

そこで、広東語の達者な息子の哲也さんに事情を説明、「次回から自前の金型で必ず注文するから、この商品に限り、日本への商談を断ってくれないか」との難しい交渉をして貰う。ここで普通の華僑なら、なかなかうんと言わないところ、了承してくれました。そんな次第で、今でも信頼できる取引先の一社です。これは二〇〇一年のことです。

当社が中国で教材生産品を買うことになったのは、この阿部さんとの関係があったからこそ始めることができました。阿部さん親子にはその後、とても親しくして貰い、亡くなられた後も当社の金庫の上に遺影を飾り、感謝申し上げております。

ここで阿部孝さんのことを少しお話しましょう、彼は群馬県の月野夜町の出身で、成績優秀。小学校、中学校、高校とつねにトップレベルで、生徒会長になったり、東京教育大（現筑波大学）卒業で、普通なら、先生か大学教授になられていたと思います。とても優秀で、息子さんも日本の東京大学並みの香港大学卒業です。就職は、教員より商社の方が給料が良いと、中堅商社に入社。そこで職場結婚をし、初代香港駐在員となったのが、運命のいたずらで、四〇年間も香港在住となるのです。その後、独立して電気製品やテレビショッピングの時計の景品などを扱っていた次第です。

人柄はとても良くて、私も、西川君も随分馬が合いました。中国の工場での探し物など、なにかにつけ、極めて気の合う人物です。当社はそれ以前から、すでに電線類や電池、部品を直接輸入していたのですが、香港在住四〇年の人ですから、人脈、会社など大変多くのことをご存じで、何かと都合がよく、仕事以外の日中関係、後に一欄設けますが、鄧小平のことやいろいろなことで、長電話したものです。

特筆できることはいくつもあるのですが、第一の功績は、交流発電機メーカーとの交渉から本格的に大きなビジネスにつながります。西川君は二〇〇三年開発の交流発電機付ラジオに五年前から気付き、「強力で雑音も出ない交流発電機を使ったラジオを作れば、必ず売れる。社長、発電機メーカーを探してくれませんか」と提言。何社か電話などで探したのですが、小ロットで安い単価で受けてくれる所など見つかりません。彼は試作品を作り、発電機さえ入れれば後は何とかできると言うのです。

ある日、広東省のスワトウにサンテッコという発電機メーカーをネットで捜し当て、阿部さんに交渉して貰うのです。今でも販売しているHGE－06というギアから構造までとても頑丈なもので、他社の追従を許さないほどの設計です（写真5－4）。サンテッコ社も大量に出ないと高をくくり、

写真 5-4

■三相交流発電機用実験ボード

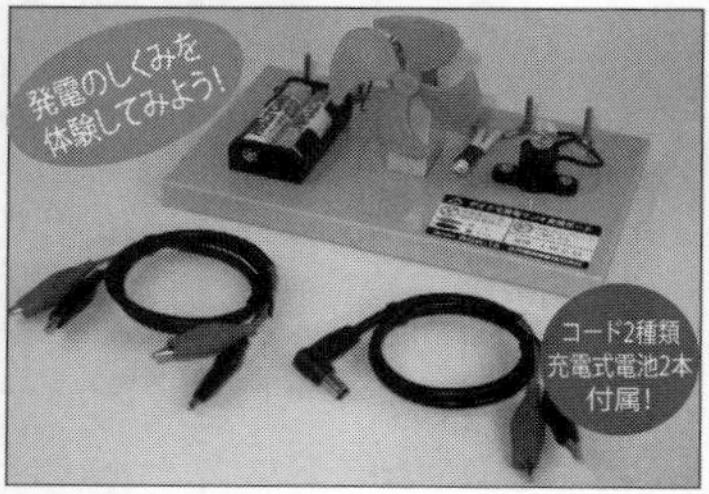

■手回し発電機

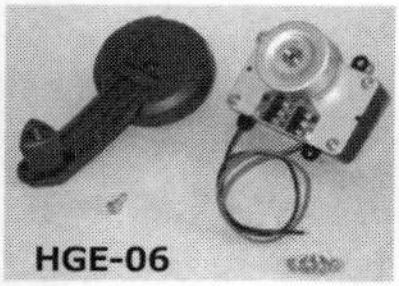

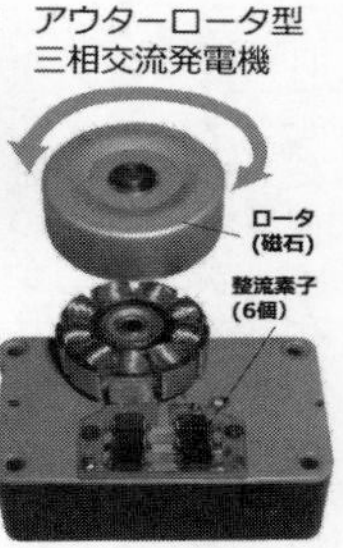

下請けに仕事を出したのです。ところが予想に反して大量注文になって来るものですから、自社でも金型を製作、同じ金型が二社にあるという現象になり、その空いた方の金型で日本の教材メーカーへ平気で出荷するというヘマをやってしまいました。

弁理士の先生によれば、訴訟を起こして直ちに止められるとのことです。同業者間で喧嘩するかどうか悩みましたが、こちらがそれ以上のものを出せば良いと放置しました。また弁理士の忰熊先生とは特に親しい仲で、よくゴルフに誘って貰う仲でした。この話をすると後から叱られました。これだけの製品なら特許は無理としても、実用新案特許なら三件はとれる。同業者の真似はあまりしていませんでしたが、当社が二〇〇三年に発表するや否や、翌年、同業者の殆どが模倣品を出してきました。なぜ発売前に弁理士に相談しなかったのか。これは私の生涯の大失敗です。

ラジオに組み込む先は阿部さんに探して貰いました。実はこの会社がボロ会社で、社長のドウさんという中国人は、父親が湖北省の幹部とか言ってなんでも袖の下でことが運ぶ時代です。品質管理が悪く、何度苦情を言ったことか。

まず驚いたことに、力を入れてねじを締めると、首が折れるのです。そして半田は日本の千住金属の錫六〇％のものを使用のこと、厳しく言い渡していると「わかりました、そうします」と。しかし、私が半田付けしても何か半田の流れが悪いのです。千住金属で分析して貰い、「錫五六％、鉛四〇％、不純物四％」という分析票を目の前へ突きつけ、「これは一体どういうことか、再生品の半田で、満足な半田付けができるわけがないでしょう。嘘もいい加減してくれ」と、「良薬は口に苦けれど、病に効き目あり」と漢帝国高祖劉邦に倣《なら》って諫言《かんげん》。哲也さんに二二〇〇年前の軍師の言葉を中国語に書いて貰い、「日本人のチビが来て苦情を言っているのではない、あなた方中国人の軍師が皇帝を諫めた言葉です。よく心得て下さい。このようなことでは取引停止です」と。生産担当者全員を集めて、中国語の文字を見せながら苦情を言ったものです。この会社は将来必ず行き詰るであろうと私は阿部さんにはっきり言いました。

その後、行き詰る前に生産委託先を換え、何とか事無きを得ました。当社で再検査して問題があったら出荷しないという方針も、お客さんの信用を得ることにつながったのは言うまでもありません。阿部さんに、「品質の良い会社とそうでない会社くらい、四〇年も香港にいて、中国の会社の性質はよく知っておられるはずです。それが商社の人は売り上げと、数量の取り扱いにだけ気が回り、品質のことには余り関心がないのです。ビジネスの基本が間違っています」と苦情を言いました。この点で彼とはよく議論しました。こちらも、品質と単価の安い会社を自ら探すようになっていきました。このダイナモラジオRGE－1（日本初の三相交流発電機付ラジオ）は発電機付、充電器付、携帯電話への充電機能付きということで、地元の経済レポート社に紹介されました。

主力製品のダイナモラジオ、全国展開

二〇〇四年一月五日の「日本経済新聞」（全国版）の恰好な場所に、久富電機のダイナモラジオは携帯電話にも充電でき、性能もしっかりしている旨の記事が紹介されました。「日本経済新聞」は、六十余年愛読しているだけにその思いは特別です。福山の記者も弊社を訪れる前に調査会社の資料で、当社の内容を確かめたうえでの取材です。「この製品はなかなかしっかりしている。これだけの商品を一般市販しないのはおかしい、一般に売り出しなさい」とアドバイスを受け、こちらもその気になり、RGE－2として完成品市場へ乗り出します（写真5－5）。

雑貨商、テレビショッピング、カタログ販売会社、デパートなどいたるところで販売。一番成果があったのは東京ビックサイトでの東京ギフトショー。一社だけで五千個の注文が入ったり、テレビショッピングに取り上げられ、風見しんごの司会で数人が出演、私のとなりはボインちゃんで週刊誌をよく飾る星野あきさんです。あとからビデオを見て、となりの星野あきさんのボインに気付かない

写真 5-5

弊社初の発電式ラジオ「RGE―１」。一般販売製品は「RGE―２」。

くらい、こちらは興奮していました。名古屋では坂東英二が宣伝すると五百台は違うといわれており、勿論宣伝して貰いました。

取材を受けたマスコミは、なんと言ってもＮＨＫでしょう。二〇〇五年一月一八日午前六時四〇分の「まちかど情報室」。岡山県早島町にお嫁に行っている姪の娘のかなちゃんが、「お母さん大変大変、テレビに笠岡のおばあちゃんが出ている」と。全国版で再放送も含めて三回くらいありましたので、恐らく数千万人が見てくれたことでしょう。ＮＨＫは取材の経緯も急で、「明後日一三時に取材に行きたいのでよろしく」との電話が渋谷のＮＨＫのディレクターからあり、「どうやって来られるんですか」と尋ねると、「広島空港まで飛行機で、そこからタクシーで、カメラマン二人と鈴木の三人で行きますので取材させて下さい」とのこと。使用している現場も撮影したいのでそこもよろしくとのことで、こちらも大慌てです。OBの角野さんにモデルになってくれと頼むも、「家の中がひっくりかえっているからだめ」といわれ、しかたなく思いついたのが笠岡の実家です。すぐ電話して四時頃行くからよろしく頼むといって、モデルになって貰った次第です。

広島のRCCを始め、何社かのテレビ局、七〇万部発行の「中国新聞」には一頁近くを使ってからカラー写真入りで作業中のところが紙面を飾りました。その時のモデルが前野君で一躍「時の人」です。結婚の時も新聞にこんなに大きく載っているので屹度《きっと》立派な人物であるに違いない。そんな感じです。「週刊文春」を始め、全部でいくら紹介されたかわからない程、マスコミに紹介されました。

詐欺にあった主力製品

テレビショッピングやカタログ販売で、一社で五千台とか結構売り上げも出だし、ゆとり教育からの落ち込みを徐々にカバーし、四千万以上の申告所得も復活し出す。しかし、問題続出です。先ず、ギフトショーで評価を受け、売れたのは良いのですが、見事に詐欺師に引っ掛けられました。いきさつは、ギフトショーで見られ、ホテルの景品に使うという引き合いで五百台約一四〇万円ばかりの商談です。東京日本橋近くにあるヨシヤインポート（和田茂社長）より何日までに欲しいとのこと。

写真 5-6

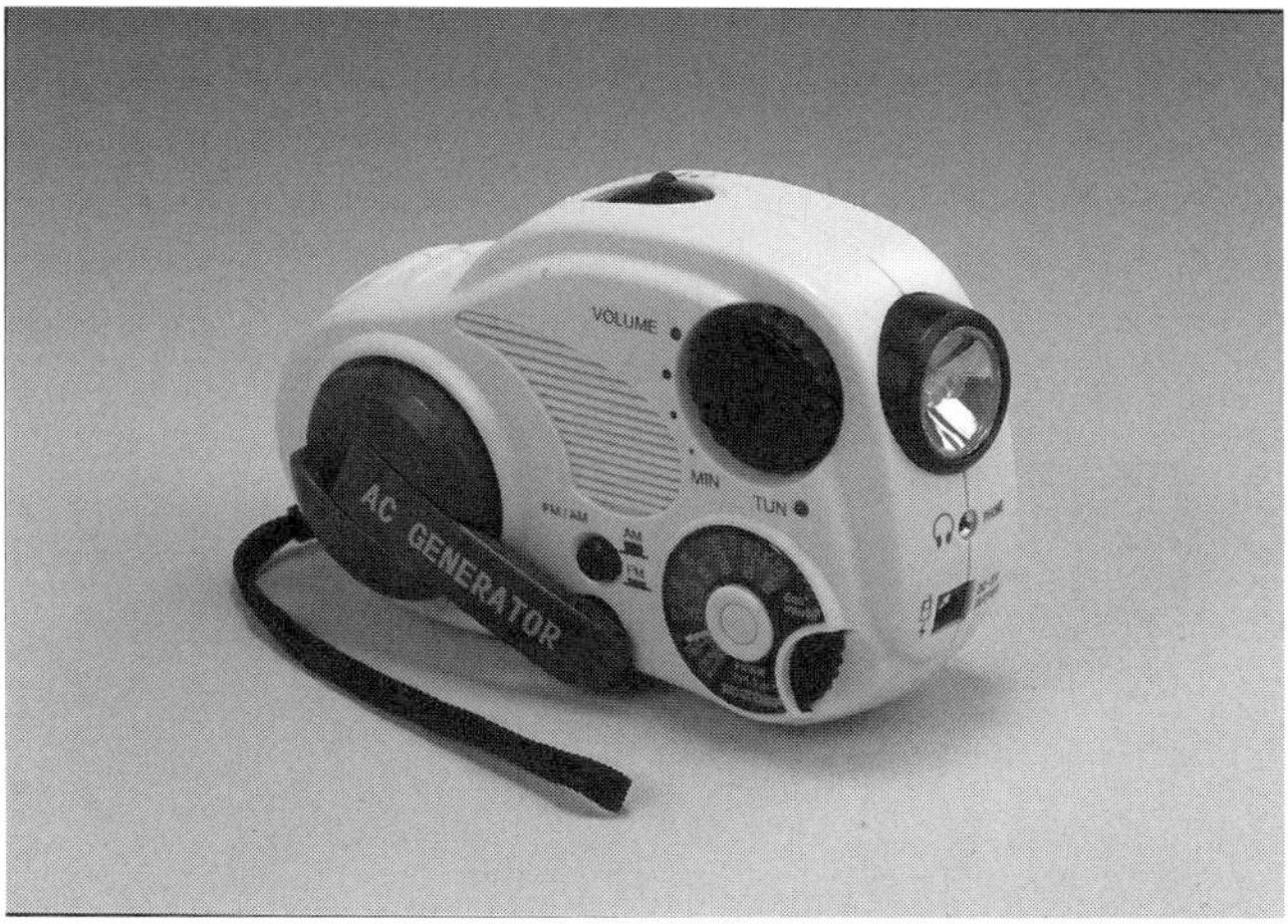

「でんでん虫ラジオ」の第３号製品 RGE—３。

東京出張の折、三回も「今、上野にいるので会いたい」旨の電話。「いや社長悪いな。これから五分したら出かけなければいけないんだ」と、三回とも似た様な返事です。一年半程前の帝国データバンクの調査のコピーを入手してみると、輸入家具を高島屋へ卸しているとのこと。経営内容は合格点の五二点、高島屋デパートへ卸すくらいの会社でおかしい所はないはずだと信じて出荷。しかし、面会のないままです。支払日になっても音沙汰がなく、電話もつながらない。「やられた」と、あとの祭りです。

東京日本橋の久松警察には何社からも取り込み詐欺ではないかとの訴えが入っているとのこと。当社も被害届を出す。しばらくすると東京から久松警察の刑事さんが三人来られ、証拠品を撮影、取調べのあと、「貴社はまだ少ない方です。パソコンを五百台か一千台やられた所もあります」と。

そのうちネットで小林君が見つけ、当社のでんでん虫ラジオを秋葉原のディスカウントストアー「アキバ王」が一八〇〇円程で販売しているとネット上に出ていました（写真5-6）。取引銀行を見るとみずほ銀行です。福山の支店長にわけを話し、詐欺にかかった商品なので、いくらかでも引き取りたいと先方の支店に話して貰えないかと依頼、引き取りに行きましたが、店の売価より一円も引きません。

ここらのディスカウントストアーが詐欺品とわかって仕入れているのは業界人なら承知のはずです。まんまと詐欺にかかって損した上、買戻しまでする往復ビンタの失敗です。もし学校関係者が見たら一八〇〇円のものを先生が一五〇〇円くらいポケットに入れているのではないかと真面目な先生に迷惑がかかる。市場から引き取っておかなければ、こちらの信用にかかわる問題です。

帝国データーバンクの福山支店に苦情を言うと、「半年前に役員が高利貸グループに変わっているとのこと」。悪質グループに乗っ取られたような会社が五二点であるわけがない、高島屋との取り引きも確かめたわけではないのですが、取り引きがあるはずがない。調査会社の怠慢で、完全な調査をしてないのは確かです。私自身が調査会社にいたので良くわかります。私らは、本人に聞くだけでなく、取引先か、同業者に必ず確認をしたものです。こんな杜撰な調査を信じて販売した方が馬鹿なのです。また、電話していくのでなく、不意に行って確認すべきでした。

一般市販でもっと危険なことがあります。あれだけ騒がれ、売れていたものが、売れ行きが止まると、何処からも一台の注文が入らないのです。一、二年はデッドストックで持っていましたが、充電池の寿命があるものですから、発電機だけを取り外して破棄してしまいました。最後は一万台の損失です。しかし、一時代を賑《にぎわ》してくれました。東日本大震災時、また引き合いがありましたが、二度と市販には戻りませんでした。

「ゆとり教育」への対応

中学校の授業が、いよいよ「ゆとり教育」になる。それまで、エネルギー変換といっても、電気を光に変換するので、従来のものもそれなりに売れると思いきや激減します。

横浜の萩原さん曰く、「水田さん、エネルギー変換という言葉を聞けば先生方は、エネルギーを作り出し、それを変換しなければいけないと考えておられる。今迄の電気では採用されない」と。大変なショックを受け、会社に帰り、「おい西川君、エネルギー変換という名前になって、名前とは恐ろしいものよ、今迄のライトは売れなくなるぞ」と、深刻な事態を再認識する体たらく。

その間、木工と電気を組み合わせた行灯を作って販売。単価が高くなるのと、専門でない木材加工を融合したものなど企画が悪いので、さっぱり売れません。会社としての危機状態です。

いつも横浜の萩原さんには助けられていますが、今回もまさに危機一髪。考えを一八〇度転換し、

「西川君、発電し、それからラジオではないと駄目だわ」と。どうしても交流発電機を開発しなければ存亡に係わる事態に。そして、目の色を変えて交流発電機を探し当てるのです。

ゆとり教育の始まった二〇〇二年は、売り上げは最低に下がり、良い時代の四〇％程のダウンです。しかし、不思議なことに、赤字にはならず、優良法人の資格は何とか維持できました。それまで安く仕入れた素材が一杯残っていたので、何とか損益分岐点をクリアーしていたという訳です。

その種も切れかけた二〇〇三年五月、交流発電機つきの教材ラジオが市場に出現というわけです（写真5－5、5－6）。当社はパテント（特許）は取れないものの、教材ではわが国初というものを何点か市場に出して来ました。これは西川君という特殊なアイディアマンがいたお陰です。

後に奥さんが言われるには、「俺のアイディアが全国区で売れたのは、水田社長との出会いがあったからで、俺一人ではこんなに有名な製品に仕上げることはできなかっただろう」と言っていたそうです。

数年後になりますが、福山市沼隈にある大手造船会社が、子どもたちを集めて「ものづくり」教室を開催してくれました。あるマスコミの方が、当社の「でんでん虫ラジオの組み立て」を推薦して下さり、講師を福山大学の学生にして貰ったのですが、なんとその講師が西川君の三男でした。

私が「西川君、君の息子さんもさぞかし鼻が高かったでしょう」というと、「いや、社長それどころか、アルバイト料金が一万円もあり、それに舞い上がり、親父どころではないんですよ」と。後

写真 5-7

本社で毎日行っている検品作業。部品の過不足はもちろん、ほんのわずかな不具合も見逃さず、しっかり検品する。

日、息子さんに聞くと、「我々学生にとって一万円なんて、想像を絶する宝物ですから」と。

ダイナモラジオはその後も順調に売れてはいるものの、東京の同業者の方が販売力が勝り、どうしても我々は二番手でしかありません。シャープが開発し、それが売れ出すと松下が一番になるというのに近い話です。自分の無力さを感じざるを得ません。

負けるのにはもう一つの理由があります。学校直販が四分の一位あり、平均売価を安く設定できるという強み、もう一つは、こちらは輸入した品物を開き、再検査を一品ずつやっているのです。そのための人件費が少し余計に掛かるという負荷があります。当社は細心の注意を払って、HISATOMIのブランドを守っているのです。単価だけではなく品質もです（写真5－7)。

また、実験道具です。これは西川君が最も得意とするもので、当社の心意気を先生方に伝える実験ボードです。3ワット、5ワットの発電機を子どもたちが力一杯回してLEDを点灯、今度はタングステンの豆電球につなぐと、発電機のハンドルにものすごい抵抗(重さ)を感じるのです。モーターに繋いだり、充電池に繋いだりと、必要とするW数(電力)に比例して、目に見えない電気を手で体感できるという商品です。

この製品に月刊雑誌「技術教室」(農山漁村文化協会)の三浦基弘編集長がとても感動し、月刊雑誌「子供の科学」(二〇〇四年一月号、誠文堂新光社)という科学雑誌にご紹介下さり、一躍全国区に認められることになりました。

二〇一八年五月、兵庫県豊岡市を襲った水害は、町の四割が水没という大惨事に。たまたま、いつもはそんなに注文のない豊岡南中学校地区が被災地となり、生徒の半数近くが避難。避難した生徒の中に技術科で製作したラジオを持参した学生がおり、ラジオの地元放送を避難した皆に報告すると、聞きたい情報が次々と入り、その生徒はもう英雄。水が引いた後、持ち逃げしなかった生徒は、すぐ泥まみれのラジオを見つけ出すも、作動しません。悔しくて、「先生どうしてもあのラジオが欲しいです」と先生に泣きつくのです。

ある日、突然「豊岡南中学校の熊木です。うちの生徒が水害で、ラジオが水没し壊れてしまい、どうしても欲しいというのですが、久富電機さん、協力して貰えませんか」との電話です。たしか二百台くらい出荷したので、街の半分近くが水没しているので、百台は必要だな、何十万円損をするか。よし、「先生、壊れた生徒全員に無料で差し上げましょう。但し、何十人かに作文を書かせて下さい」。なかなか返事がありません。督促しても、集計中とのこと、やっと台数が出ました。たったの十人です。こちらは百台はと覚悟していたのに拍子抜けです。

「先生たった十人ですか」「そう、大方の生徒は製作したばかりのラジオを抱いて逃げているのです」と。感激して、校長先生の了解を貰い、生徒の作文を文部科学省に送りますと、折り返しメールで上野調査官から大変な激励とお誉めの言葉を頂きました。

豊岡南中学校の熊木先生に面会に行くと、丁度掃除の時間です。私は大きな声で十人ばかりの生徒に、「ここにおられる熊木先生は、文部省より誉められた先生です」と、全員拍手喝采です。

じつはその作文のなかに一行だけ、「僕が一所懸命発電してもたったの5Wしか発電できないのに、発電所のおじさんは大変だな」という一行があり、熊木先生と顔を見あわせて、「なんと発電所のおじさんのことまで気がついてくれた」。「嬉しいですね、こんなに素晴らしい授業はないですよ」と、また感激。

子供がラジオ用に製作した発電機で、電力会社と同じような一〇〇Vの電圧が出るように、西川君がトランス付きの実験ボードを作りました。自分が製作した発電機で電力会社と同じ電気が発電でき

ると は大変な驚きではないですか。おもちゃの発電機ではないのです。たった五Wとはいえ、一〇〇Vを発電したのですから。こんな感動を生徒に与え、電気の不思議さ、科学的探求心を芽生えさすのが、当社の目的の一つです。

二〇〇六年、透明テーブルタップにマッキントシュの七色のパソコンにヒントを得て、五色の透明テーブルタップを製作。この頃になるとテーブルタップは当社が圧倒的に強くなりました。

この前後かどうか忘れましたが、八王子の学校に代理店と行った時、先生がプラグの組み立てに、三〇芯の電線を眼鏡型にしてその先端を半田付けさせる指導をされていました。昔は当社もそのような説明書を作ったことがあります。しかし、電気用品安全法が変り、一〇〇Vの電線をねじ止めするようなところへの半田仕上げは危険があり、禁止する旨が施行例に明記されました。当社は電熱器具製造許可工場で、通商産業省より講習を受けておりましたので、「その組み立て方は違法です」と、はっきり言いました。先生は「ろくに知らないメーカーが何をいうのか、わしは教科書通り教えているのに、教科書が違うのか」「そうです、法律が変わったのです」。こうなったらこちらも証明しなければなりません。配線器具工業会へ鑑定書を依頼。工業会からよく分かるような説明を頂き、文部科学省にも報告。次年度その教科書は直ちに変更されました。

工業会の事務局長さんにも当社の説明書やポスターを送って説明。そうすると工業会の事務長の稲垣さんという方が「久富電機産業さん、あなたの会社は販売網のシェアが圧倒的に強いでしょう」

「何故、そんなことが分かるのですか」「これだけ親切に説明し、ポスターまで作られれば、いやでも分かりますよ」「稲垣さんは、一体何処のご出身の方ですか?」「私は松下電工から出向してきていますので分かります」。これは本当に嬉しかったです。テーブルタップの説明書は、私が手書きで書いたもので、それをプロに誉められたのですから。

二〇〇六年、窓回転式テーブタップを自己金型で開発（タイの日系工場に生産委託。洪水も危機一髪で避難でき、その後、日本で生産）。二〇〇七年、成績は良くないのに第二回優良法人の表彰を受ける。少し戸惑いもある。成績が良いのであれば胸が張れるのですが、ただ真面目に納税しているというだけのことですから。

しかし、市販のダイナモラジオからの撤退などもあり、売り上げはジリジリと落ち込み、売り上げも最悪期に近づき、利益もかろうじて黒字にも係わらず、二〇〇七年、優良法人の表彰を受け、賞を受けると赤字も出せず、むしろプレッシャーを感じるくらいのものでした。

自社の製品を海外へ、M氏の応援を頂く

翌二〇〇八年、LS－20などLED調光ライトを開発。しかし、売り上げを大きく伸ばすにいたりません。そのうち、輸出の取引が売り上げの一割弱になり出した頃、英語会話塾の講師の人が「輸出

の手伝いができる」というので、そのM氏に頼むことになりました。

その後、彼は府中市で独立。仲間の人に出資を仰ぎ、当社にも声がかかりましたが、丁重にお断りしました。彼は今で言う国立の商船大学卒で、かなり良い会社をなぜか転々としているのです。わが社へ初めて来られ、話しているうちに当社として必要な人だと判断し、外部委託という関係で仕事をお願いし、手間賃にあわせて手数料を支払うということで、二〇年近く手伝って貰うことになりました。

経理の責任者の池田さんは、女の直感で「Mさんには、カウンターから内側には入れないようにして下さい」と釘をさされました。彼の職歴を聞くと各会社を転々としており、その意味がすぐわかりました。頭は良いし、仕事もそこそこにこなします。しかし、どこか誠実みというか、何かが足らないのです。私もゴルフをしますし、彼も運動神経が優れているようで、かなりの腕前らしいです。しかし、一度も誘ったことがありません。

一緒に三日から一週間の海外出張に同行すると、こちらの言う通りに通訳しておらず、面倒くさそうに適当にやっているのが、こちらは英語がわからずとも、なんとなくわかるものです。

香港に行ったおり、四車線くらいの交通量の多い道路の信号機の無いところを平気で走って横断したりするのです。「Mさん止めて下さい。もし事故にでもなったら、責任を持ち切れませんよ」。また、ある日の夕食後、私は下戸のため、彼一人でホテルから飲みに出掛けました。

ホテルのごく近くで、信号待ちしている彼に現地の人がぶつかり、赤信号で止まっているにも係わらず、思わず前に飛び出してしまうことに。そこへ大通りを急に曲がって、彼の目の前をタクシーが通過するのです。思わず後ろに身を引きますが、その彼のポケットを狙っていたスリに見事に財布を掏《す》られました。

ぶつかってきたのはグルのスリ。私もジャカルタの秋葉原のようなマーケットの人ごみの中で、目の前に金属性のボールペンが突然飛んできて、それに目を取られている隙に小柄な現地人がそのボールペンを拾い、目と目が合いました。

一〇分程経ってから昼食をとり、私が同行のビジネス仲間の分も「お支払いさせて下さい」と、ポケットの財布を出そうと手を入れてみると財布がない。一五万ルピア（日本円で一万五千円）とVISAカード、新品の有名ブランド旅行カバンの鍵、ホテルのセーフティボックスの鍵などが入っており、着替えもパスポートもホテルのセーフティボックスです。ホテルに帰り、訳を話すと、セーフティボックスには合鍵が無く、壊すしか取り出し方法がないとのこと。ボックスを見ると一、二割壊した跡があるではありませんか。現地の通訳の人が優秀で、すぐ泥棒市場へ案内してくれ、新品の旅行カバンの鍵など、ごく安い鍵でいとも簡単に開けてくれるではないですか。鍵などほとんど気休めでしかありません。

話が飛びましたが、M氏の財布盗難の被害分、本来なら当社が半分くらい負担して上げるべきですが、心底からの誠意のある仕事ぶりでしたら、そうしたでしょう。しかし、自己責任にして貫いました。数日仕事で出張すると、大抵言い合いになるのがおちでした。私もできるだけ、一人で現地に行き、そこで通訳を探すか、それができない時は、筆談か片言の単語を並べるだけの英語でなんとか注文をとってきておりました。

弊社に来社された取引先は、主要なものだけで、ブラジル、台湾、香港、シンガポール、マニラ、アルゼンチン、インド（ニューデリーの北二百キロ位のアンバーラ）。当社に今一番レベルの高い製品ラインがあれば、もっと大きなビジネスができたことでしょう。しかし、悲しいかな、当社にそれだけの開発力や余裕がなかったのです。五〇年以上前からの「中国に売れるものを作りたい、世界に打って出たい」という願いや思いは、ただの夢に終わってしまいした。

その後、輸出は尻すぼみになり、それを追求しても時すでに遅し、価格や品質で勝てる見込みはなく、売り上げが落ちるとともに、極く僅かのものが残っているに過ぎません。

また、M氏との最後も後味の悪いもので、税務調査（優良法人なので、ごく簡単な調査のみ）の折、M氏への書類作成、通訳料金は通常の仕入れ支払いとは違い、源泉徴収後支払い、受取人は確定申告時に還付されるのですが、「源泉徴収分はM氏が支払うべき」と顧問税理士さんより説得。しかし、彼はいつも確定申告していると言っており、「お前のところは詐欺だ、自分の手落ちだ。俺は知らぬ」と、あまりの無茶を言うものですから、当社の税理士の先生もあきれ果てて、「久富電機さんこんな人と付き合っていたら、貴社の信用に傷がつきますよ」と忠告される始末です。誠実に確定申告をしていたら、こんなに無茶を言って怒鳴ることはないはずです。

なぜ東南アジアでは華僑が経済を支配しているか

シンガポールに入り、色々な問題や事件に遭遇しましたが、この国は英国法を基礎にしているため、二件の訴訟ともこちらが勝ちました。ここでインドネシア人（中国系華僑）に尋ねたことがあります。「あなた方、華僑は五百万人、現地インドネシア人は二億人なのに、取引するのはいつも華僑の方々、現地の人には優秀な人がいないのですか？」と尋ねると、「いやインドネシア人にも優秀な人はいます。しかし、僅かでも資金が入ったら、我々華僑は貯金をし、僅かな金からラーメン屋でも始め、次第に大きくしていく。しかし、インドネシアの優秀な人は、如何に袖の下の金を取るかに頭を使う。それ故、我々華僑は豊かになる人が多い。しかし二、三百万人は貧乏なままですよ（華僑のもとは広東省あたりで食えなくて、オランダ領時代、鉄道建設の労働者《クーリー》として、出稼ぎに来た者たちの子孫です）。彼らはみな勤勉で貯金をする、それを投資し、資金を増やしていく。考え方と、勤勉さ、貯金をする、この違いです。日本人も彼等の精神に学ばねばならぬ、と思う次第です。

古参の同志・池田澄子さんの退職

そんな中、創業以来の同志、池田さんが六一歳半くらいで、ご主人の退職に合わせ退職を申し出ます。役員であり且つ取締役でもあるのですから、定年規則はありません。殆ど専務に近い仕事をこなして貰っていたものですから、私が社長印を押すことなど数えるほど。しかしながら、池田家のお嫁さんです。ご主人の日本鋼管の関連会社での定年退職に合わせて、ご自分も当社を辞めたいと言われ、創業以来、一番その苦労を共にし、成長を喜んでくれていた人の退職です。池田さんの退職は本当に辛く、苦楽をともにしてきた同志として、私の人生の一頁を飾るにふさわしい人です。二〇一〇年四月まで二九年間一緒に頑張ってくれた人で、お姑さんまで応援してくれた人です。

じつは彼女のことは余り知らず、太洋電機の時に採用した人です。子育てが一段落し、勤めようと、比較的近い太洋電機の求人に応募してきた人です。履歴書にある広島の舟入高校卒、マツダ勤務を経て、結婚のため、福山へ来られた由、程度の知識でした。面接の時、その才女ぶりはすぐわかりましたが、舟入高校（専務はいい学校だとしか言いませんでしたが）は、後から聞くと戦前、広島女子中等学校という広島最高の女学校で、原爆投下の八月六日、同校の女学生百人くらいが原爆投下五百メートル程の街の疎開やら建物の解体（焼夷弾爆撃の対策のため）作業中に被爆、殆どの女学生が即死、また一キロ程の所にある学校も数百人もの犠牲者を出しており、沖縄の「姫ゆりの塔」より多い犠牲者を出していたようです。当時GHQの占領時代のため、慰霊碑に原爆の犠牲者とは書けず、「E＝MC²の法則による爆弾により被爆」とか刻んでいたようですが、今は正直に書いているかも知れません。

いずれにしても、とても優秀であることに変わりはありません。事務職で全国のお客さんと殆ど会っていないにも係わらず、得意先の人柄や経営方針など、じつに的確に把握、経理の支払いも、私がすることは殆どありません。人事にも、誰がどう動き、どのような働きぶりか、社員のポカをも見落としません。創業当時の借り工場にいる頃は、広島のお母さんからよく電話があり、お会いしたことはないのですが、落ち着いた綺麗な言葉で、いかにもしっかり者という感じの方、「この親にしてこの娘あり」という感じです。

また、ご主人も賢明な方で、福山工業高校染色科卒（生徒会会長であったらしい）で、福山地区は昔から繊維産業が盛んなので、染色を選んだのでしょうが、卒業する頃には、衰退産業となり、彼は広島の電機専門学校へ進学。その頃、奥さんになる人と出会ったようです。

池田さんのお母さんは愛媛県の島の農家の生まれのため、「お百姓のお嫁さんなど、お前には務まらない」と随分言われたらしいです。しかし、福山のお姑さんの方が一枚も二枚も上手、田植えの時、嫁に適するかどうかテストするため、福山に呼び、田植えをやらせます。彼女は度胸のある人ですから、泥まみれになろうが、蛭《ひる》がいようが平気の平左。無事お嫁さんテストに合格。そんな次第で福山人となられたわけ。

弊社としても、西川君と池田さんなしの発展は考えられず、当初は池田さんの事務量が増えないように、お得意さんも七〇社程に限定しようと、開拓も主要な所だけにし、損益分岐点を越えようと努力した程でした。

退職して十年以上経《た》ちますが、趣味の陶芸や人形づくりに励み、展示会に出品される程です。そして今でも毎年新米ができると届けに来てくれます。本当に信頼できる人との人間関係は、私を感動させ、勇気づけてくれます。

オーロラクロックの開発と教科書への採用

二〇〇九年には、前に少し書いた「オーロラクロック」という情報教材を情報教材開発担当の西山君が責任者となり、ソフト開発の小林君、製品開発の中田君、営業の前野君と、皆の知恵を結集。時代の要求にピタリと合ったプログラミングが可能な教材が完成（写真5－8）。

最初にその生産を委託したのは香港のL社でした。しかし、製品に使用する部品（IC）が製作に必要なので部品代金を前払いしてくれ、三分の一の手付け金（これは商習慣内で仕方がありません）をくれと、弊社を信じないのか、もしくは資金繰りに困っているような感じでした。

写真 5-8

久富電機産業最大のヒット商品として、多くの学校に教材として採用されるオーロラクロック。バージョンアップしながら現在も活躍するベストセラー品。

次に不信に思った銀行の保証書も、先方の銀行と相談しなければ可否の返事できないこと、納期が話にならない程遅れたこと、不良率が高いことなどの理由で、できるだけ早く次の生産委託会社を探さねばと考えていました。

私がたまたま香港に出張中、取引先であったM無線の菊池さんから十年ぶり位の携帯電話があり、「今、深圳《しんせん》に居るのだけれど、半田こてを一生懸命販売していて、水田さんのことを思い出し、電話した」と。「懐かしいな、マレーシアのお客さんの時などに通訳して貰った旧知の人ではありませんか。東京で会いましょう」と返事。彼は東京のある電機メーカーの部品調達で、よく中国に出張するとのこと。オーロラクロックを見せて、「今の勤務先扱いでも良いから、これが作れそうな所はないか？」と探して貰うことを依頼。

そこからまた菊池さんとのつながりが復活することになりました。

ここで再度、私の「蜘蛛の糸」の人生を振り返ってみましょう。

昭和六〇年のカセットテスター開発の際、VUメーターのトップメーカーを探し当て、その社長にメーターの売り先を聞き、M無線を紹介され、そこの海外担当者が菊池さん。それ以来親しくしており、偶然、彼も思い出して電話をくれたという次第。

彼はその後、独立。一年の殆どを深圳で暮らす生活です。オーロラクロックは新旧重複の金型を起こすことになりますが、旧型を販売しつつ、徐々に新型へ移行しました。始めは彼の委託先の大きい会社に依頼していましたが、そこの朱さんという若手の優秀な社員に目をつけ、小さいながらも独立して貰い、当社のオーロラクロックを主力にスタートして貰いました。

彼は現在、中国人と共同経営（女性社長、夫婦勤務）の形で運営しています。社長が中国人の方が何かと都合が良いらしいのです。当社もかつて不良品の手直しで中国に返品などすると、とにかく手続きが面倒で、うんざりした経験があります。

ほんの僅かなきっかけがその後の人生を変えることになっており、私が教材界へ入ったきっかけもまた然りです。

オーロラクロックの生産初期の頃は、さあ生産開始はしたものの生産委託先が良くなく、納期は何か月も遅れる、飛行機便で引き取る、不良品の手直しと、随分立ち上げには苦労しました。まだ売り上げ増にはつながりません。しかし、そうも言っておられず、私もオーロラクロックとノートパソコンを担いで全国に営業へ出かけました。

オーロラクロックは見た目は時計ですが、作ったプログラムの命令通りに、色や音、動作する時間を調整することができます。これらを複数個並べて、それぞれプログラムに組み込むと、色の並び替えやセブンセグメント風に数字が作れます。

二台をつなげると信号機（横断歩道の信号、青、点滅、赤に変更）などができます。七人一組では、オーロラクロックを八の字に並べ、0から9までの数字をタイミングに合わせてソフトを組み、七人が歩調を合わせると1から8、9、0と最初手を叩くなどの信号を与えると、うまく数字として表示してくれます。研修会や講習会では、大体一人か二人のプログラミングミスで、ちょっとタイミングが合わなくなるのが普通で、ミスを修正した後にうまくピッタリ作動した時など、全員満面の笑顔で喜んで頂き、大ウケでした。

さらにオーロラクロックからプログラムで動かせるプロペラや電球の付いた実験ボードの開発、七台挿入して七セグメントができる段ボール箱のディスプレイ（実用新案特許取得）まで付けていくものですから、評判を取りました。売り上げも順次増え出し、電気物だけで損益分岐点をかろうじて出していたもの、情報教材の売り上げで利益の出る体質に復活しました。

それからも社員総出で全国に講習会や研修会へどんどん出かけて行き、先生方に知れ渡るようになると、大人気となり、先生方にこれだけ受けるのだから、生徒も絶対喜んでコンピューターソフトのことを理解してくれるに違いないと確信を持てるようになりました。

また、温度センサーを利用して制御ができるので、当時の東京書籍の教科書に記載のあった植物生育箱の温度調整ができるのです。西川君がリレー回路を製作、それに繋ぐと一〇〇Vの一二〇〇ワットのストーブ、一〇〇Vの換気扇まで温度制御できるのです。

ある大会で東京書籍の編集長さんに「この教材は貴社の教科書どおりのことができます」と言うと、「一度、来社して説明してくれませんか」、「私では充分な説明ができません、後ほど小林部長(現在社長)がご説明に伺います」と。

その後、編集部の担当者から、「俺の思い通りのソフトの製品に改造できないか」との申し入れがあり、できそうなので、すぐ実行するように手配。何十万円かの改造費用はかかりますが、「前髪をつかんだら離すな」というアンドリュー・カーネギーの経営方針をそのまま実行する番です。そして、とうとうオーロラクロックは、東京書籍の「情報」の欄にソフトの組み方の例として四~五頁掲載されました。これは我々中小企業にとって、水戸黄門の印籠の価値があるものです。実は編集者から、自分の思う通りのソフトに組み替えてくれとの要請を受け入れただけのことです。本当に大変な名誉です。

二〇一三年　SLD-1、ダイナモ付きランタンの開発。この頃から情報教材のオーロラクロックの教育委員会主催や技術科先生方の部会での研修会、講習会など、全国いたるところから講演依頼を受けることが多くなりました。この弊社社員が講師となった研修会や講習会は、先生方にとても好評でした。

有能な事務員・渡邉智恵美さんの採用

そして、前にお話しした池田さんの仕事を引き継ぐ事務員さんを募集し、その時、入社したのが、今、大活躍の渡邉智恵美さんです。鹿児島出身ですが、会社の近くの方と結婚され、子どもさんも手離れする頃の年代の方です。簡単な入社試験をしたのですが、ほぼ満点です。ここへ入社するまでに、他の会社勤めを経験していることと、生来の才覚で、殆どのお客さんの性格、営業方針など、実に上手にてきぱきと捌《さば》くのです。お客さんの評判も大変良くて、私も鼻高々です。

彼女が入社した翌年、東日本大震災です。二〇一一年三月一一日頃は、教材のお客さんは余り注文も電話もない時期です。ところが震災の翌日から電話が取れない程の感謝電話のラッシュです。

「貴社のダイナモラジオを持っていたおかげで、どんなに助かったか。停電でテレビはつかず、真っ暗な中、余震がきてもこのラジオで本当に命が助かる思いでした」という感謝の電話のついでに、携帯電話の充電コードの口金変更の注文でもありました。とにかく、電話が取りきれないくらい、数十本の電話が何日かありました。渡邉さんが「こんなに喜ばれる会社に入れて良かった」と言ってくれたのがとても嬉しく、世の中に役立つ仕事をしているのだとの自覚が、社員皆んなに伝わりました。企業経営をしていて、こんなに嬉しいことはありません。

もう一人の事務員の藤谷さんは、一九九八年頃、尾道市立短期大学に募集、就職係の先生が「たまたま貴社に通勤できる地区の学生が一人いる」というので、面接だけで卒業と同時にとの約束で、入社が決まりました。何故、尾短大へ行ったかというと、次兄の次女がそこの卒業で、「叔父ちゃん、私の通った尾道短大はレベルが高いんで」と自慢するのです。卒業後、福山通運の渋谷社長のお茶くみ秘書に就職していたものですから、それを信用しての採用です。身元調査も何もありません。

後から、もと工場を借りていた甲斐社長が、「この子のお父さんは、俺と同級生で、大阪大学卒業で、今は日本鋼管（現在JFEスチール）勤務とのこと。又、祖父に当たる人は師範学校卒で校長を長く勤めて、叙勲者と知り、こちらがビックリした次第です。長男も京都大学工学部、次男も国立大学在学中。私の兄の次女の子ども（兄の孫）は京大医学部卒業後、インターン終了後、医学の研究をしている筈です。長女の娘（孫にあたる）は岡山大学を授業料免除の優秀生として卒業。兄の遺言に「孫をよろしく頼む」と。長男の佳男君は「息子をよろしくとは言ってくれない」と嘆いておりました。

話が脱線しましたが、その藤谷（旧姓佐藤）さん、池田さんに退職を少し延ばして再就職して貰

写真 5-9

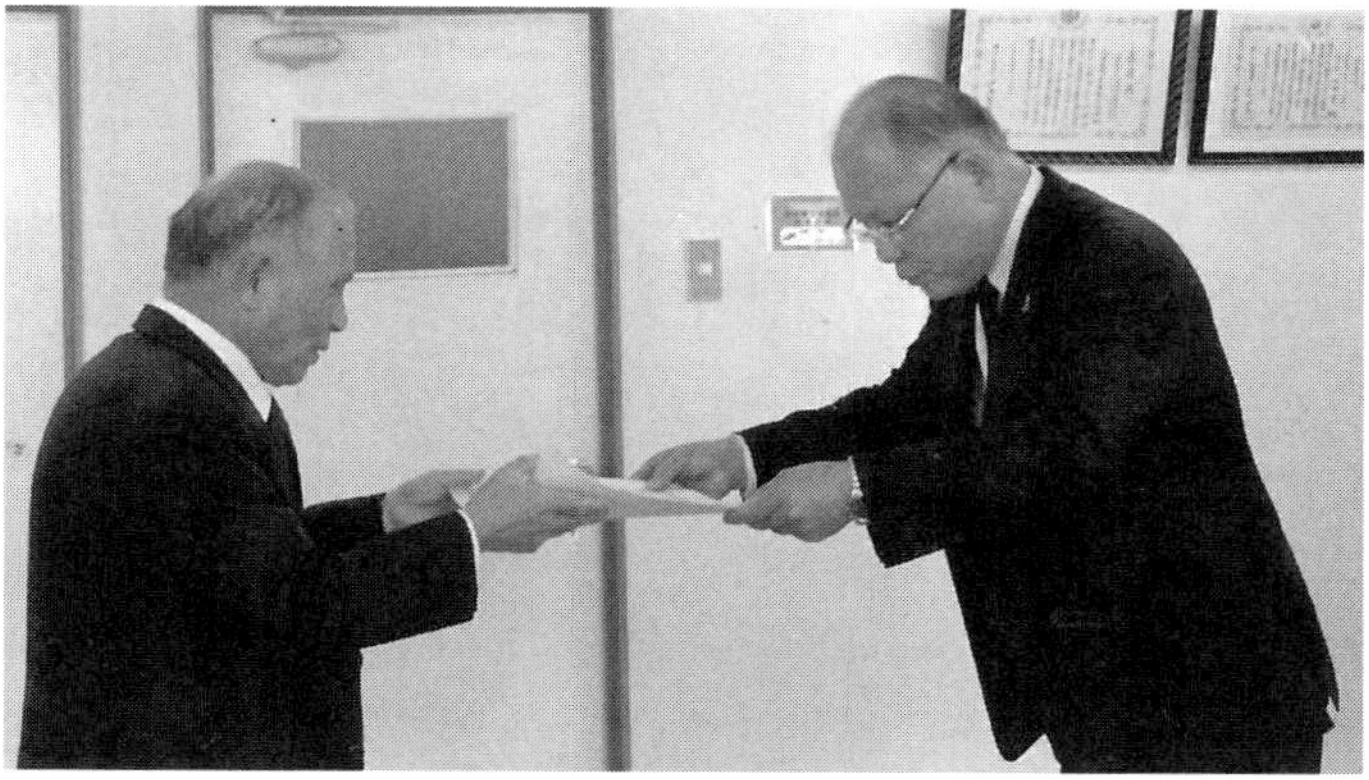

税務署長（右）より優良申告法人の表彰を受ける著者。

い、通算一四年くらい勤めて貰っています。当社の仕事の目的が、工学部を卒業し、世の中に役立つ、発明か、工夫をする日本人を一人でも多く出したい。日本から世界に通用する技術を生み出して欲しい。また、そういう工業生産という、富の元を作る産業を担って欲しい、これが私の一番の願いです。

二〇一四（平成二六）年一一月一九日、三回目の優良法人として福山税務署長より表彰（写真5－9、5－10）。この年、表彰を受けたのは、管内七千社のうち、僅か三社とか聞いて感激。税理士の諏澤先生と税務署迄お礼の挨拶に参上。エネルギー変換（電気）教材で損益分岐点をかろうじてカバーできていたものですから、税金が払えるようになっていました。私としては松下幸之助の教え通り、世間様とお客さんからお褒め頂いた証明なのです。裏を返せば、税理士の諏澤先生のご指導とご尽力のお陰です（本当はしんどい話です）。

写真 5-10

福山税務署より表彰状を受ける。「税金をたくさん払える会社に」をモットーに精励してきただけに感慨もひとしお。

二〇一五年から二〇一六年にかけ、LC－12・24、オーロラスタンド、RGE－一〇、楽々ラジオを開発。二〇一七年、デザイン屋さんの孫にあたる人がデザインした丸型ラジオDR－1、2シリーズを開発。少し毛色の変ったデザインを投入。

相棒・西川勝造君との別れ

この年二〇一七年九月、当社に大きな功績を残し、透析を続けていたものの腎臓病のため、西川勝造君（写真5－11）が死去。西川家と久富電機産業との合同葬儀でお見送りしました。当社の歴史とともにあった彼の死は衝撃そのもので、現在、自己資本比率九〇%位、仕入れ資金も一年分位の社業実績も彼の残した功績で、退職金も福山市内の企業とすれば恥ずかしくないだけの評価と金額をお支払いで

写真 5-11

長年にわたり有能な右腕として活躍してくれた
西川勝造君。彼の存在はあまりにも大きかった。

きたと思います。

葬儀場の玄関に西川君の開発した主要製品、実験品を並べ、冥福をお祈りしました。取引先を代表して日産協理事長深谷開造名義の表彰状を頂き、ご霊前に供えることができました。

平成一四年からのゆとり教育になってから、あれだけ良く売れた独特の教材が、ピタリと売れなくなり（二〇〇三年開発のダイナモラジオだけは例外）、教科書に掲載されている一〇〇V、AC教材は見る見る減少してしまいました。

西川君が会社へ出勤しているつもりで、今でも机の上には遺影を飾っております。奥さんの話では、病気が進み、体が十分でないにもかかわらず、会社へ出るのが生甲斐だったようです。お互い良いコンビで、ここまで来られました。本当にありがとうございました。

写真 5-12

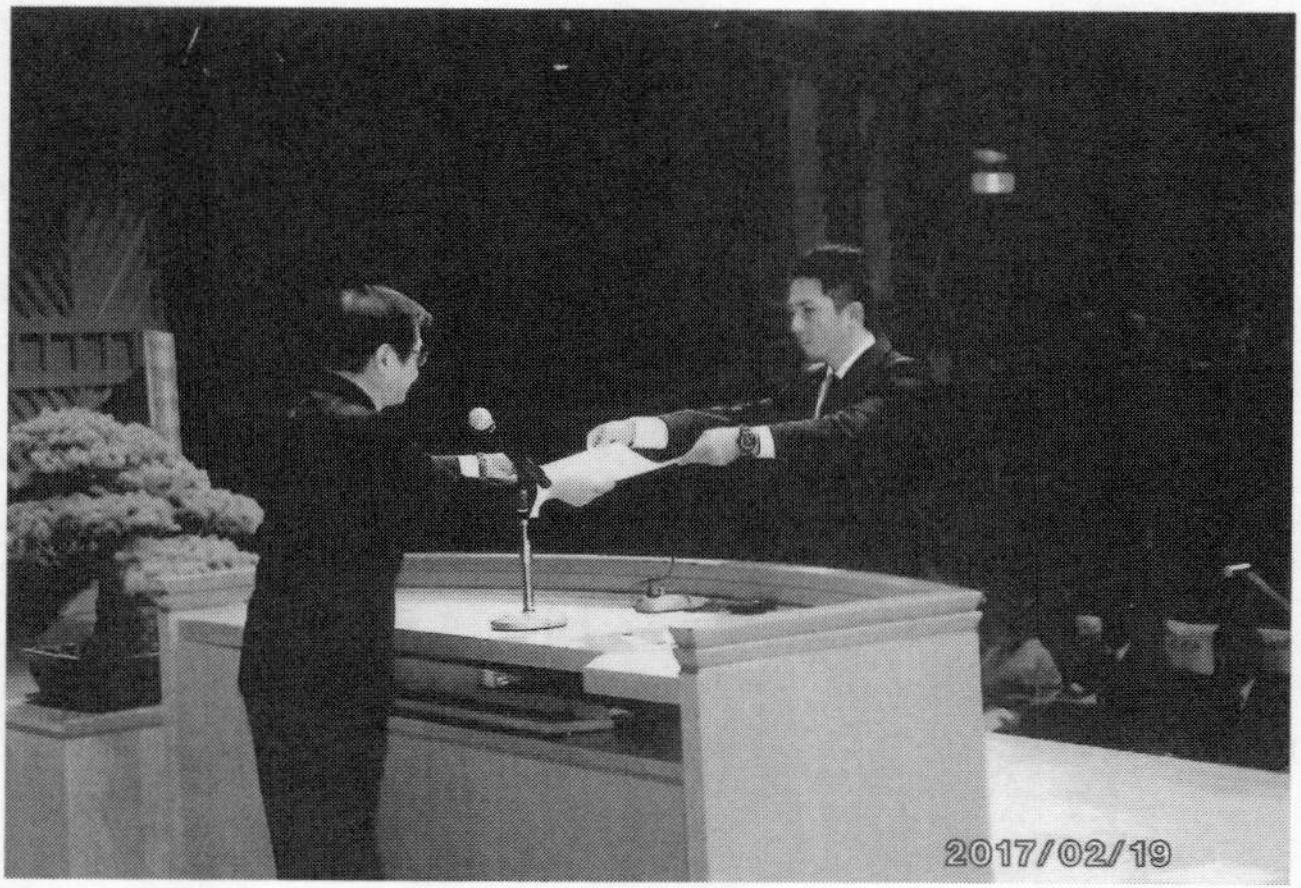

オーロラクロックが教科書に採用されたこともあり、代表で小林俊夫（現社長、当時管理部長）が福山商工会議所から表彰を受ける。

優秀社員のこと

福山商工会議所が創業三五周年と優秀社員、永年勤続賞の表彰を致しました。驚いたことに会場のリデンローズの五百人か千人もの列席者の前で、優秀社員表彰があり、二〇～三〇人位が壇上に並び、優秀社員総代「久富電機産業株式会社取締役管理部長小林俊夫殿」と呼ばれ、代表して賞状を授与されました（写真5－12）。たまたまメイン取引銀行のみずほ銀行福山支店長が創立百周年会社として列席。福山にはエフピコ、ＪＦＥスチール、ローツェ、ホーコス、テラルなど錚々《そうそう》たる会社が林立し、特許も沢山取得され、弊社如き零細業者が代表になるとは考えられません。翌日、商工会議所に尋ねましたところ、「福山には優秀な会社が沢山あるが教科書に掲載されたという話は聞いたことがありません。それ故、貴社に代表して頂きました」とのこと。

小林君には事前に連絡があったようで、奥さんの目の前で表彰されました。私は経営者ですから、これを見逃しません。主要代理店用に教科書を一五〇冊程購入し、全国の関係者に送りました。

これこそ、テレビの水戸黄門さんです。「静まれ、静まれ、この紋所が目に入らんか、ここにおられる方をどなたと心得る。恐れ多くも先の副将軍水戸光圀《みつくに》公であらせられるぞ。頭が高い、控えおろ」と、ここまではいかぬとしても、全国半分以上の中学校で使用されている教科書に、取り上げられているのです。代理店さんも大変仕事がしやすかった筈です。

私が表彰されたわけでもなく、自分で考えたわけでもないのにと、家内には馬鹿にされましたが、「これこそが水田の方針です」と、周りの人が才能を発揮できるようにして上げるのです。明治の始め、岩崎弥太郎が日本郵便汽船を買い取り、汽船での郵便物の運搬は私に任せて下さいと当時の前島密卿《ひそか》（駅逓頭《えきていのかみ》・郵政大臣）に願い出ると「岩崎、お主《ぬし》は汽船の操縦ができるか？　機関の運転、修理ができるのか、できまい？　そんな者に任せるわけにはいかんのじゃ」「それでは申し上げますが、漢の初代皇帝劉邦は剣を以て項羽に勝てましたか？　漢の高祖曰く、お前たちは、一面は分かっているが、二つの面は分かっていない。そもそも、籌《はかりごと》を軍隊の本陣で巡らし、遠方の地で勝利を決めるという点では私は子房に及ばない。国家を安定させ人民をかわいがり、食料を与え食糧の供給路を絶たないようにする点では、私は蕭何《しょうか》に及ばない。百万の軍を引き連れ、戦えば必ず勝ち、攻めれば必ず討ち取るという点で、私は韓信に及ばない。この三人は皆、特に優れた人物である。私はこれらを使いこなすことができた。これが私が天下を取った理由なのだ。項羽には一人だけ范増《はんぞう》がいたが、使いこなすことはできなかった。これが私の虜となった理由だ」と述べ、さらに「わが三菱にはアメリカ人の船長もいれば機関長も雇っている、何等心配無用である」と喝破した。じつは岩崎弥太郎は土佐にいる頃、寺子屋の先生をこなすほどの学識があり、それ以来、前島密は岩崎のファンになり、岩崎に日本郵船のもとを作らせたのです。

アンドリュー・カーネギーは生前、自身の墓石に「Here lies a man who knew how to enlist in his service better men than himself.」（己《おのれ》より賢き者を近づける術《すべ》知りたる者、ここに眠る）と刻んでほしかったらしく、非常に考えさせられる言葉です（しかし、現在まで墓石には刻まれていません）。経営者の方ならみな経験ずみでしょう。カーネギーは鉄道会社に勤めていましたが、「機関車という複雑な機械を私は殆ど知らない、しかし、もっともっと複雑な機械、人間という機械を知るように努めたのである」と述べています。

カーネギーの自伝の中にこんな文があります。母方のトーマス祖父は技術教育の重要さに気付き「頭の教育か手の教育か」と題したパンフレット出版し、後者の重大なことを強調したのでした。祖父は技術教育の先駆者であり、パンフレットを次のような言葉で結んでいます。「私は青春時代に靴を作り、又その修繕をする技術を学んだことに感謝している」。カーネギーは、この言葉にいたく感動しています。

久富電機産業の歴史の続きを記録しておきます。先ず、創業以来の同志であった西川君が二〇〇六年か二〇〇八年頃から腎臓病をわずらい、十分仕事ができなくなり出すと、開発の中心が中田君、西山君などに移行していきます。ここで中田君について少し触れます。

彼は前にも書いたように国立の大分大学工学部出身で、技術科教材メーカーとして一番欲しい人材の一人です。一九九七年頃の新卒採用で、先ず西川君の下で設計・企画・製造の手伝いから始め、ライト類の開発などをしてもらいました。しかし、これからという時に個人的な理由で一時退社。続けて勤務して欲しいとお願いしても、事情があって不可能です。

その後、再び福山市へ戻ってきたものですから、再び入社して、開発と製造の責任者になってもらうことになります。

西川君が病に侵されてからは彼が中心になり、開発して貰うことになります。二〇〇七年のLEDライト、レインボーライトの開発と、その後の教材開発の先導者となってくれました。

西川君との決定的違いは、新製品を企画・開発し、出荷が三月か四月の新学期に間に合わないということはなく、極めて段取りが良く、計画性に優れております。

ただ、西川君は段取りとか計画性は中田君に及びませんが、一種の天才的独創性があり、講習会や研修会に招かれても、泥臭く、尾道弁丸出しで垢抜けしませんが、汗を流しながら一所懸命説明する姿には、多くのファンができており、彼独特のアイディアと説明用展開ボードなどには余人の及ばないものがあります。これだけの独創性は、同業者間でもできません。

中田君の説明書や講習会などは知能指数に比例してスマートに段取り良くこなします。会社経営にとって、このような才能はどちらも必須で、うまく組み合うと素晴らしい仕事につながります。

いずれにせよ、健康の問題もあって、第一時代から第二時代へと移り、開発は中田君、西山君、小林君に代わりました。営業も、一九九五年までは、水田一人でこなしていたのですが、前野君が入社してからは、大半を彼が担当してくれたものですから、全国四七都道府県を全部一人で回り、その上、海外まで一人でやるのですから、いい成績が出て当然です。

西山君、中田君、前野君等の入社で本当に助かりました。また、池田さんの後を小林君がうまく引き継ぎ、社長まで譲ることになり、私はいつ引退しても良い体制はできたつもりです。

従業員の能力を正しく評価し、処遇することは、なかなか難しいことです。カーネギーの『自伝』を読んでも、信長、秀吉、家康の生涯を見るにつけても、皆、実に的確に部下を評価しておりますが、我々凡人には到底真似することは叶いません。

開発の記録

一九八一年	一〇月二一日、久富電機産業㈱を設立。
一九八一年〜一九八二年	M-25L セラミックヒーター半田こて。C-30L セラミックヒーター半田こて。CP-30L セラミックヒーター半田こて。CW-30L セラミックヒーター半田こて。セラミックヒーター半田こて。KP-30L セラミックヒーター半田こて。HS-30L セラミックヒーター半田こて。SG-60 壁掛けスタンド（西川君担当）。W-1 伝言板（木材加工。桂林堂 長尾さん担当）。
一九八三年	LC-5 ルックスセンサ付常夜灯導入。HT-10 ランプ付テーブルタップ（西川君担当）。
一九八四年	MK-30L マイカ半田こて。LC-5B スイッチ付常夜灯（カナダ機器さん提案）。CO-2電子コントローラ組立キット（西川君担当）。
一九八五年	ES-40 ガンタイプ半田こてシリーズ。CT-60 カセットテスタキット（西川君担当）。
一九八六年	CT-61 カセットテスタキット（回路設計版）。ES-200KL 即熱半田こてキット（西川君担当）。

一九八七年	SP－1〜SP－3　マイスポットライトシリーズ。AD－2　調光・あんどんスタンド（西川君担当）。
一九八八年	SP－5B　三路仕様スポットライト。SP－4B　木台スポットライト。CMK－30K　キャップ付セラミック半田こて。CO－3A・2A　電子コントローラキット。KE－3　蛍光灯キット（壁掛。西川君担当）。BC－01　デジタルIC教材（河原淳夫先生〔鳴門教育大〕、西川君共同開発）。
一九八九年	LB－1　ラブバンク貯金箱（機械領域。仕入品）。PL－51　音センサーライト。SL－40　二色台調光ライトシリーズ。DT－1　デスクタップ。HL－30L　透明とってキャップ・フローランプ付半田こて（西川君担当）。
一九九〇年	KE－4　間接照明蛍光灯キット。HT－12　カレントタップキット。SL－42　音センサー＋調光ミニスタンド（西川君担当）。
一九九一年	UFO－1　UFO型タッチライト（灯ちゃん）。HT－16　横着スイッチキット（水田・西川君共同開発）
一九九二年	HT－17　透明テーブルタップ（水田・西川君共同開発・萩原氏〔横浜〕提案）。DN－01　タッチライト100V電源キット（UFO－1用）。DN－02　直流安定化電源キット（水田・西川君共同開発）。
一九九三年	KE－7　片透明菅蛍光灯キット。RC－01　リモコンタッチライト。RC－02　リモコンコンセント。BT－10　手作りお風呂ブザーキット。KE－8A　モーター付環型蛍光灯キット（西川君担当）。

一九九四年	HT－19 岡山型上透明テーブルタップキット。KE－11A 時計付間接照明蛍光灯キット。BT－11 ブザー付簡易テスタキット。JP－94 音センサー常備灯キット（大ヒット品。西川君担当）。
一九九五年	HD－482 ヘアドライヤーキット。KO－05 岡山型音センサーライト。BK－12 一石高感度テスタキット（西川君担当）。
一九九六年	HT－9 フローランプ付首振プラグテーブルタップ。PT－30L プリンテッドヒーター半田こて（西川君担当）。
一九九七年	KE－9EX ウサギとカメの蛍光灯（西川君担当）。
一九九八年	RC－41 光センサーライトキット。RC－43 調光ライトキット（西川君担当）。CAN－40 カンライトキット。
一九九九年	RB－01 2軸キャタピラロボット。SF－01 キャタピラロボット制御ソフト（岡田さん担当）。KNC－01 パイプチャイム製作キット。SF－02 パイプチャイム製作ソフト。KE－PB ペットボトルライト（西山君担当）。MH－1 マルチ報知機（西川君担当）。
二〇〇〇年	SO－2000 ソーラー発電・音センサーライト。GE－2000 手回し発電ランプ。（JPS－99 停電保安灯。HT－17 五色カラーシリーズ（西川君担当）。
二〇〇一年	LAN－01 音センサーランタン。LAN－02 三路スイッチランタン（西川君担当）。FU－01 風力発電キット。SO－10 太陽発電キット（西川君担当）。

二〇〇二年	LE－1 音センサーLEDスタンドライト（西川君担当）。MP－1 マウスパットキット。SF－04 マウスパット製作ソフト（西山君担当）。
二〇〇三年	RGE－1 ダイナモ発電ラジオ（西川君担当）。RA－07 レインボーライト。SF－05 レインボーライト制御ソフト（西山君担当）。
二〇〇四年	GL－1 ダイナモ発電ライト（西川君担当）。SMR－1 ステッピングモーターロボット（中田君担当）。SF－06 ステッピングモーター制御ソフト（西山君担当）。
二〇〇五年	RGE－3 ダイナモ発電ラジオ（でん電虫ラジオ。西川君担当）。
二〇〇六年	HT－6 回転扉テーブルタップ3色カラーシリーズ（西川君担当）。
二〇〇七年	LS－19 LEDエコライト。SF－07 LEDエコライト制御ソフト（西山君担当）。
二〇〇八年	RGE－6 ダイナモマルチラジオ（西川君担当）。
二〇〇九年	MS－9 モーションライト（人感ライトセンサー付）、主に西山君が開発。
二〇〇九年	RGE－7、ダイナモコンデサーラジオ（中田君担当）。
二〇一〇年四月	創業以来の協力者池田澄子さん（取締役経理部長、実質的には専務の仕事をこなす）退職。彼女の退職後に備え、小林君と中田君を取締役に任命。
二〇一〇年	UC－1 レインボークロック売れ始める（西山君担当）。SF－8（小林君担当）。

二〇一〇年	TL－1　チューブライト開発（中田君担当）。
二〇一一年	UC－3／4シリーズモデルチェンジ、本格的に売れ始める。ハード部は西山君担当。SF－8改良版（小林君担当）。インターフェースソフト部は小林君の担当部多し。
二〇一二年	RGE－8　ダイナモデザインラジオ開発（中田君担当）。
二〇一二年	UCD－7　オーロラクロック用教具（数字・文字表現用7セグメントディスプレイ）前野君の考案、講習会で評判を取る。
二〇一三年	SLD－1　ダイナモランタン開発（中田君担当）。CR－1　コントロールラジオ開発（西山君、中田君担当）。SF－10（小林君担当）。
二〇一四年	四月　RGE－9　発電実験ラジオ開発（中田君担当）。簡易オシロ実験ボードOS－1開発。SF－12（小林君担当）。AT－1　オーロラトーチ開発（西山君担当）。
二〇一四年一一月	福山税務署より優良法人の表彰を受ける。
二〇一五年	東京書籍の教科書に横断歩道信号機のソフト付きオーロラクロックUCシリーズが掲載され、学校現場と代理店さんより随分評価を受ける。東京書籍の担当の方の希望どおりのソフトを小林君が開発、評価される。DT－1シリーズ、ダイナモチューブライト開発（中田君担当）。
二〇一六年	LC－12、24オーロラスタンドSF－14（小林君・西山君担当）。RGE－10楽々設計ラジオ開発（中田君担当）。

二〇一七年	DR－1シリーズ円筒形のダナモラジオ開発。デザインは特別手配（中田君担当）。
二〇一七年	九月、創立以来の同志西川勝造君死去。西川家と当社の合同葬として見送る。
二〇一七年	福山商工会議所による優秀社員表彰式にて、同会議所優秀社員数十人を代表して、当社小林取締役が表彰を受ける。理由を会議所に問い合わせると「福山には優秀な会社、社員が一杯あるけれども、教科書に掲載されたというのは、貴社しかないので、代表に決めた」とのこと。大変名誉なことと夫人ともども喜ぶ。当社もその時、創立三五周年で表彰を受ける。
二〇一八年	ID－1電波時計。UC－7、8シリーズ、オーロラクロックに双方向ネットワーク対応。小林君、西山君、中田君などが開発に関わる。
二〇一八年	AT－2オーロラトーチ（西山君担当）。PK－1、ポケットライト開発（中田君担当）。
二〇一九年	ダイナモスマートラジオDR－3、4シリーズ開発（中田君担当）。
二〇二〇年	アクティくんHR－1、オーロラキュートUC－9・10の情報制御教材を開発。西山君、小林君、中田君など、皆の英知を結集。
二〇二一年	代表取締役社長に小林俊夫君を任命。水田は代表取締役会長になる。ワイヤレスランタン（ブルートゥース）WL－1、2シリーズ開発（中田君担当）。RA－01、レインボーライト開発。西山君、小林君などで開発。

二〇二二年	コロナウイルスの蔓延で営業活動、中国の工場など出張できず。UC－7、8、9、10シリーズ、新バージョンに対応、教科書に合うようにバージョンアップ。

豊田家の教育

二五年くらい前、岡崎市の愛知造形社に、たまたま訪問。豊田市内の中学校の元校長先生がおられ、「私が校長時代、トヨタ自動車の当時の社長豊田英二氏の息子さんを預かっていた関係で、PTAの会長をお願いしました。気持ちよく引き受けていただき、あれだけ多忙なかたが、PTAの会議には殆ど出席くださり、ありがたかった」とのこと。

その息子さんが成人され自動車免許を取得。「親父、トヨタには実験に使い、壊した自動車が一杯あるでしょう、直して使うから、1台くれないかな」「ばか者、お前にやるような車は1台も無い、自分で稼いで、買え」。仕方なく息子さんはアルバイトをして、その金でポンコツ車を買ったそうです。豊田家の教育は大資産家であるからといって、決して贅沢はさせない。

豊田家の初代豊田佐吉は、親が毎日機織仕事で大変苦労しているのを見かねて、親を楽にさせてあげようと、豊田式自動織機の開発につながるわけです。その特許を英国の会社に売却。その資金で、息子の豊田喜一郎氏は大切な外貨を使って、自動車を輸入だけでなく、国産化したいと、アメリカの自動車を分解。何度も失敗を重ねた末、開発に成功。

工場は田圃を潰して作ってはいけない。お米の不足している日本のため、車を作るのだから、現在豊田市挙母町（衣）というススキしか生えない荒地がある。そこを整地して工場を作ろう。金儲けのためでなく、国家国民社会のためになる仕事だ。

そんな精神でトヨタ自動車を経営しているため、極端な円高になった時も、三割以上の生産と開発は、日本（国内）に残す。このような創業精神だから繁栄しているのです。

亀井郁夫、静香　兄弟の話

広島県出身の亀井兄弟のあまり知られてないことや、活躍されたことのどほんの一部だけですが、お話しします。紹介してくれたのは森山直樹君で、彼が旭化成の総務に配属時、直属の上司で取締役総務部長亀井郁夫氏との関係からです。亀井静香先生（自民党と社会党連立内閣を作り、建設大臣など歴任）は知らない人はいないくらい有名な代議士。実兄の亀井郁夫氏は旭化成の重役を棒に振り弟の選挙運動と地盤固めのため帰郷、まず広島県会議員選挙に出馬され、弟静香先生の秘書兼応援者でした。

郁夫氏は広島県庄原市（川北村）助役の長男として生まれる。小学校へは四ｋｍも歩いて通学。成績抜群のため、広島第一中等学校へ進む。東京大学卒、旭化成入社、その後重役までなられる。

弟の静香先生も成績優秀。二人も東大へ行かせる金が無いと父親に言われますが、母親が泣いて、東大へ行かせてやってくれと懇願。戦後は学制改革で広島第一中学校はなくなるので、広島修道大学附属高等学校へ進む。

私が広島空港近くの安芸カントリークラブの月例という月一回の大会に参加。「亀井静香先生はうまく行けば、総理になれかも知れない」などと話しながらプレーをしていましたら、同じ組で回る人に「うちの家内の実家の者もあんたと同じことを言われる。どのような関係ですか?」。亀井さんが高校の頃、下宿していたとのことです。その後、亀井先生にそのことを言うと「何、下宿であるか、自炊しとったのじゃ」。修道高等学校で授業料値上げか、証明書代価を徴収するというので、「我々貧乏人を困らせるのか?」と校長か理事長か知りませんが、直談判です。学校の方針に勝てるわけがありません。「そんなに話を聞けないなら、辞めてやるわ」。この頃より、貧乏人や人のため、わが身を平気で犠牲にして闘争するという性質をお持ちの御仁でした。

結局、結婚されたお姉さんを頼り、東京都練馬区に落ち着き、転校する学校を探すのですが、何処も簡単に入れません。練馬区のある都立大泉高等学校に入学できたものの、遊びの方が多くて学力は下のほうです。色気のついた頃、女子学生に馬鹿にされるのです。奮起一発、一年生からの教科書を丸暗記していくのです。田中角栄と似ています、集中すれば一度で丸暗記できるのです。後に秘書の方にお聞きした話によれば、国会答弁でも、一回事前に読めば全部暗記できるそうで、原稿なしで、堂々と国会答弁をこなせるそうです。

いつの間にか高校でもトップレベルになり、東京大学へ入学、卒業後二流会社に勤めたらしく、その頃学生運動が激しく、「実にけしからん。あいつらを取り締まるため、警察庁に入ろう、その為には上級国家公務員試験に合格しなければ」。また試験問題の丸暗記です。

警察官僚となり浅間山荘事件の時は確か警察庁課長職くらいで、現場指揮を執っていたようです。その後、広島県北部を地盤に、若くして衆院選に当選。

広島県は全国でも特別に日教組、高教組などが人権教育といってものすごく偏っている地区です。駅伝でよく優勝する県立世羅高校を例にとりますと、県教員会から卒業式などには、国旗を掲げるように指導があります。組合員の教員はほぼ毎日の如く、校長をかん詰めにして、「戦争で赤い血を流し、白骨で白くなった赤、白の日の丸を掲げなければならないのか・法律に書いてあるのか、我々神聖なる卒業式になぜ日の丸が必要なのか、説明せよ」。日夜このようなやり取りで、校長先生はノイローゼなってしまいます。広島県の学校は特に備後地方はひどく、福山市の如きは日教組と応援団体の了承がないと、校長、教育教員など選定できないのです。反対する者がいれば、反省するまで再教育するのです。その結果が、学校現場は荒れ放題、当社の西四ｋｍくらいにある神辺西中学校内は、授業時間中生徒が自転車で廊下を乗り回す、しかっても統制が取れない、広島県の学力は上位一〇番目くらいだったのが、四五番目くらいに落ちます。

尾道市高須小学校に民間の校長を採用して改革を図ろうと広島銀行副支店長経験者を校長に採用、組合の先生方が難癖をつけて協力しない。しまいには学校で飼育している兎を血まみれして、校長室の前にほうり投げる始末です。世羅高校の校長先生は首吊り自殺。高須小学校の校長先生も自殺。

亀井兄弟は選挙区でもあり、余りの出来事に、教育現場の正常化に政治生命をかける思いで、亀井郁夫先生は参院選に出られたわけです。日の丸が国旗、君が代が国歌と法律で決められたのは、亀井先生が文教族として力を発揮され、議員連盟を結成され法案を用意、そのとき、政府出案の法律との提案で、法律が成立したわけです。国旗、国歌だけで学校が荒れているのではありません、一つの現象でしかありません。

亀井郁夫先生は文部科学省で一番腕力のある人物を、広島県教育長に派遣させ、一つひとつ負の問題を潰していくのです。神辺西中学校（先生の指示に従わず、消火器を振り回したり、自転車で廊下を乗り回したり、授業妨害が著しい）が一例です。校長命令で、悪の生徒五～七名を二学期より出席停止処分とし、NHKをはじめ全国的ニュースとなります。PTA、神辺町の行政当局、政治家、広島県、力を合わせて、改革。今では見違えるほど良い学校になり、広島県の学力もかなり元に戻りました。

人権とか民主主義と主張し、自分たちの考えだけを押し付けるのは、かつてのソ連と同じです。

亀井先生の果たされた役目は、実に大きいです。私が文部大臣、文部次官、局長、技術科教育の件で直訴できたのは、亀井先生のおかげです。しかし文部科学省は本当に動かないですね。残念でなりません。

ある日、郁夫先生から電話があり、「自民党に戻ろうと思う」「先生是非そうしてください」。何かの拍子に、また喧嘩別れになり、野党では力が出せません。自民党にいれば、まだかなりの影響力を発揮できたのにと、残念でなりません。選挙の時、ウグイス嬢がトイレ休憩に弊社を使ってくれたような仲でした。

郁夫先生がお亡くなりなられたとき、ご冥福を祈りに庄原市まで行きました。本当にお世話になりました。

第6章　子どもたちへ伝えたいこと

手先の不器用な子どもたちが増加

昭和五〇年代の初め頃まで、子ども向けの科学雑誌「子供の科学」や技術雑誌の「初歩のラジオ」「ラジオの製作」「無線と実験」などを始め、電気部品を詰め合わせたキットものが随分売れていました。

私が太洋電機株式会社に勤務していた一九七二（昭和四七）年、初めて幕張メッセのエレクトロニクスショーに出展。そこに出展していた大手会社の開発担当者などに聞くと、子どもの頃、プラモデルの虫であったとか、ラジオキットを作って感動したという方が殆どでした。

それが昭和五〇年代中頃から、福岡のエレキットとか、サンデーキットとして売り出しても、なぜか売れなくなっていくのです。原因の一つとして、漫画週刊誌の出現やインベーダーゲームを代表とするゲーム機の登場があると思っています。

広島大学の故・間田《まだ》泰弘《やすひろ》（一九四一〜二〇一八）先生は、そのことに早くから気付かれており、学生を使って、子どもたちの手先が年を追うごとに不器用になっていくことを継続調査されました。ニッパーやラジオペンチ、ドライバーの扱い方が悪くなるのです。グラフにして分析した結果、任天堂などのゲーム機の普及と反比例することが判り、自分の子どもにはゲーム機を買い与えなかったそうです。子どもたちは、回路図を見ながら、半田ごてを使って苦労してキットを作るより、安直なゲーム機の方のとりこになってしまうのです。今は、スマホやパソコンで遊ぶ方がはるかに面白く安直なので、手を使って物を作るということが苦手になり、工夫やものづくりから遠ざかるようになってしまいました。

このままでは知能の発達や精神作用の面で、人類として問題が発生するのではないかと危惧する者の一人です。せめて教育現場だけでも、ものづくりの重要性を理解し、指導して、言葉がきついかも知れませんが、半強制的にでも、ものづくりをさせれば、好きになる子どもが一人でも多く出てくるのではないでしょうか。例えば、体育の時間、跳び箱をするではないですか、単純な運動でしょうが、実際に跳んでみないと分かりません。跳べないと何度も教師が指導して生徒が跳べるようにします。初めてうまく跳べると、とても嬉しいはずです。鉄棒の逆上がりにしても然りです。逆上がりは難しいですが、できた達成感は、子どもにとっても大変な喜びになると思います。

モノづくりを大切に

産業界において、発明や工夫する人を作り出すには、子どもの時からものづくりが好きでないと、有名大学の工学部を卒業したからといって、いきなり発明ができるわけではないと思います。

日本の電気産業の衰退と韓国のサムスンの繁栄を見れば、情けないばかりの惨状です。聞く所によれば、日本の電機メーカーのこれと眼をつけた人に二倍から三倍の給料を払い、八〇人ばかりの技術者を雇い入れ、日本のやり方、日本の機械、日本の材料で、一〇倍の量を作り、安く販売。得意先を片っ端から横取りされるのですから、それに勝てようはずがありません。経営者の能力と日本の衰退に歯止めがかけられません。「一人の天才を生み出せば、一〇万人の仕事ができる」というサムスンのオーナーの話を思い出します。

鄧小平がめざしたこと

鄧小平（一九〇四〜九七）は、技術教育の天才的な先駆者の一人ではないでしょうか。彼が主導した「改革開放」は一九七八年から開始された注目すべき経済政策で、これによって市場経済への移行が実現しました。当初は「改革開放」という表現が用いられたわけではなく、一九七九年の人民公社の解体に始まる農村の体制「改革」と、対外「開放」政策を始めとして、それぞれ用いられていました。やり方は慎重で、中国の社会主義計画経済のもと、沿海部を中心に、まず資本主義の拠点を配置する戦略をとり、それを徐々に拡大して線にし、やがて面にしていくという方式をとったのです。

代表的な拠点は、経済特別区である香港近隣の深圳《しんせん》。彼は「自由に中国へ来て仕事をし、安く作り、しっかり金儲けをさせてあげます」と宣伝し、香港や台湾、日本、ドイツ、アメリカなどの企業を誘致・勧誘し、進出した外資企業には、税制・土地利用など、経済特区以外の地域への投資よりも優遇しました。前述したように鄧小平は来日の際、松下幸之助を始め、財界人に面談、協力・援助を求めました。

その結果、政財界のリーダーたちが中国経済の近代化を全面支援し、大規模な対中ODA（政府開発援助）供与を決定します。そして、経済インフラ支援、技術支援などを中心に、以後二〇〇八年の終了まで三兆円余りを投入して、中国の経済発展、近代化の重要な推進力となったのです。深圳などの沿岸部の工場には、一億人以上の農民工を始め、北京大学卒業などの最優秀技術者に、世界最先端の技術をしっかりと学ばせ、これが中国経済の発展につながっていくのです。

一方、毛沢東は「大躍進」政策を国民に命じたものの科学的根拠がない生産を無理に実行させ、数千万人もの餓死者を出す始末。鄧小平は違います。西洋の最先端技術で金を稼ぎつつ、中国人に技術教育を施させ、自国でものを作れば、必然的に中国に付加価値が落ちる、実に巧妙かつ賢明な方法です。何故、彼に「改革開放」ができたのか？　その謎は彼の生い立ちにあると思います。

彼は一六歳でフランス留学。苦学生で学校に通うも生活費を稼ぐために退学。工員・清掃夫などの職を転々とし、陸《ろく》に食物もなく、栄養不足で充分な成長ができず小柄なままです。一番の収穫は、周恩来と出会い共産党員になったこと。僅かな貯金もでき、再び田舎の学校に戻って勉学。その後、パリ郊外のルノーの下請けの自動車工場で工員としてヤスリがけの仕事で僅かな金を稼ぎます。この工場での経験が文革の追放時、労働学習で役立ったというわけ。本人もまさか南昌市のトラクター修理工場で役立つとはと、吃驚仰天《びっくりぎょうてん》。鄧小平がこの臥薪嘗胆の日々をどのように過ごしたのか、かいつまんでご紹介しましょう。

文化大革命の際、一九六八年一〇月、劉少奇・鄧小平は、一番の批判対象で全役職を追われて軟禁。労働学習と称し、翌年、江西省南昌市の社員八〇人程のトラクター修理工場へ、夫人同伴で追放。しかし、そこに毛沢東の深遠なる配慮も感じます。林彪や紅青女史らの手が届かない、毛沢東の護衛隊長配下に匿《かくま》う。もしそうでもしなければ殺されていたことでしょう。すべての役職は剥奪されましたが、共産党からは除名されていません。その理由は推測ですが、もし、ソ連が攻めて来た場合、戦力になる指導者としては、林彪、周恩来、鄧小平しかいないから（もしかしたら周恩来が裏工作したのかも知れません）。

鄧小平夫妻の住宅は比較的優遇され、元士官学校校長の自宅を与えられていましたが、給料は最低賃金でした。鄧小平は、日常の食生活の自給に、監視の兵隊に野菜の種を買って来させ、住宅の敷地約三〇坪（百平米）を畑にし、暇を見つけては、妻と一緒に野菜作りに精を出し、栽培するのです。すると夫婦で食べ切れない程の野菜が生産でき、工場の仲間に分配するわけです。やがて仲間の気持ちにも変化が……、これが後の政策に生かされるヒントになるわけです。

追放解除後、鄧小平は北京に戻り、数億もの農民に自宅周りの三〇坪は自留地として自由に耕作し、収穫物も自家用とし、残りは道端で販売しても良いという政策を全国に打ち出します。それも鄧小平は表面に出ず、党幹部が納得するよう、ある幹部の指導地区での実例としてうまく実現します。これが改革開放政策の始まりで、やがて人民公社（一九五八年創設の中国農村の行政・経済機構。農業集団化に成功した中国は、従来の農業生産協同組合を合併、農・工・商業の経済と学校・民兵の各組織を包含する一大コンミューンを形成。わずか一、二か月で全国の九九％の農家が参加する人民公社化運動を展開・実現するも、その経済効率は低かった）解体に繋がっていくのです。

事実、鄧小平がトラクター工場でヤスリがけの労働をしていた頃、工場長でさえ、ラジオ一つ買えない程の貧困状態。一九四九年、中華人民共和国建国。自分は追放前、党総書記という最高幹部であったのに、人民を豊かにできていないと猛省。一方、毛沢東は一九四九年から七六年迄、二七年にわたり、共産党の実権を握り、中国を豊かにしようと様々な政策を出すも実効はなく、貧乏なままでした。

鄧小平はトラクター工場で働きながら、中国の若者が漁船や泳いででも香港に逃げるのは何故なのかと大いに考えます。鄧小平の三女の著書（『わが父、鄧小平・若き革命家の肖像』中央公論新社二〇〇二年）に「共産党が嫌いで、香港に亡命」とは書けないので、「中国に青年の仕事がない。仕事を求めて、国を捨てて逃げているのだ。国内に仕事を作れば良い。中国の国内に第二の自由特区を作れば、香港と同じ仕事ができるではないか」と紹介。

その後、北京で復権。長老の党幹部への反発対策に、中国国内にもう一本国境線を引き、「この外側では、資本主義、外国資本の導入を認め、香港と同様に自由に仕事をして良い。関税も香港同様に、できるだけ自由に金儲けをさせる。労働者は、内陸部から何百、何千万人と導入する」という内容の経済特区及び経済改革開放政策を打ち出します。

始めは香港や自由主義国の人々は警戒し、なかなか出て来ません。そのうち、香港の経営者が工場を建て、社員寮を建設、香港で生産するより、はるかに安く生産ができることを確認すると、我も我もと進出が始まります。一〇年、二〇年もすると、深圳は一大工業都市に変貌。上海の浦東《ほとう》東側の地区、天津《てんしん》などの経済特区から始まり、点から線、線から面へと拡大。新日鉄は鄧小平の君津工場見学後、上海宝山製鉄所の建設に全面協力。中国は労働集約産業から最先端技術まで一気に技術習得するわけです。

つまり、技術力のない農民工（居住地の農村から離れ、都市部で就労する出稼ぎ労働者）にも、世界最先端の技術を教えるシステムをつくり、高度な技術教育を僅か二〇年ほどで身に付けてしまうのです。松下幸之助さんとの約束通り、松下は北京市郊外に工場を建設。二〇一二（平成二四）年、尖閣《せんかく》列島問題で反日デモが発生。私の知人がその工場のＯＢです。あのデモの時、卵を三個持ったデモ隊が、目に見えるところだけ卵をぶつけ、重要な機械のある場所には手をつけさせない、完全に共産党主導の官制デモです。つまり、鄧小平が日本に工場建設、製鉄所建設に協力して貰った恩義があるので、致命的な場所は破壊しないという、実に巧妙な行動を指示。要するに国民には表向き反日と見せかけ、裏では日本の財界に配慮する、お家芸、お手のものの高等戦術です。

ものづくり教育を考える

日本のものづくり教育は悲しい程の時間しか割当られておらず、自《みずか》ら日本から優れた発明が生まれ難くしているという状態です。高校の家庭科教育は男子校でさえ全員履修なのに、普通科高校では技術教育がありません。これで男女平等と言えますか？　工学部志望の学生にさえ、それらしい教育をしようと考えないのには呆れるというほかありません。政治家の皆さん、指導的な産業界の皆さん、どうかご承知おき下さい。中学校で、かつては三百時間以上あった技術科教育が、今ではたったの八七・五時間しか割り当てて貰えないのです。これでは日本で発明・工夫やノーベル賞などは夢のまた夢に。国家衰退、存亡の危機とは斯様《かよう》な状態をいうのでしょうか？

一人でも多くの学生の皆さんが工学部へ進み、日本に付加価値を落とすような仕事に就いて下さい。日本を豊かにしなければ、どこかの国の飼い犬にされてしまうのですから。

上杉鷹山《ようざん》と山田方谷《ほうこく》――先人のものづくりに学ぶ

私が学んだ先人の知恵の代表として上杉鷹山と山田方谷の二人を紹介したいと思います。鷹山については、アメリカのJ・F・ケネディ大統領の演説にさえ出てくる有名な殿様で、ご存じの方も多いと思います。これも技術科教育、ものづくり教育の見本となると思うからです。

年収の何年分もの借入れ金があり、米沢藩を廃して幕府に返上しようかとさえ言われるまでに窮乏。その米沢に治憲《はるのり》(鷹山は隠退後の号)が十歳台で養嗣子《ようしし》に迎えられる。彼は藩の収入と支出、借金額を見て愕然とし、皆を集め、質素・倹約を宣言。食事は一汁三菜、参勤交代も面子を捨て一流大名の行列から質素なものにしますが、とても財政再建には及ばず、やはり藩内で物を作り、江戸・大坂・京の三都など、金のある処へ売れる物を作ろうと思案。米はすでに精一杯開墾・耕作し、増産の術《すべ》がありません。

野山を開墾して畑作や蝋燭《ろうそく》の原料となる櫨《はぜ》の苗木を百万本単位で植え付け、いざ収穫して、販売し始めると価格が暴落。和紙の原料である楮《こうぞ》苗を植えたがあまり儲からない。しかし、農民だけではなく、武士まで野山を開墾、畑作したことで収穫量が少しずつ増え、武士の次・三男の分家地も少しずつ増えていきました。

より多くの成果が出たのは、紅花と桑。漆・桑・楮《こうぞ》を百万本も植え、繭を生産。そして武士の婦人方に絹織物を織らすのです。

ある日、現在の会社で言えば重役に当たる家老ら数人が主君治憲を閉じ込め、「我々の総意として家中の者の意見を聞き入れよ。もし聞き入れないのであれば幕府に申し出、殿を解任して貰う」と迫り、「武士に鍬を持たせ、畑仕事をさせるとは何事か？　わが藩は謙信公以来、前田・毛利・伊達の諸藩と同格の名家。その家臣に鍬を持たすとは、ご再考を」との強談判《こわだんぱん》。

治憲公は部屋を出て考えます。「民百姓が喜んで開墾し、奥方や子女も内職し、収入が増えて喜び、分家までできているではないか」と、自分を押込めた重臣達を除く殆どの家臣を召集し、「改革は中止すべきか、続行すべきか」を諮《はか》ると、殆ど全員が「改革を続けるべきだ」という訳です。諫言《かんげん》した家老らは切腹、領地没収、追放処分とし、その後、再建に努め、何十年かかけて借金を返済し終わる訳です。

やはり、米沢織が一番金を稼ぎ、米沢の人々を救ったのです。物を生産し、輸出して稼ぎ、国を豊かにする、これこそ技術教育の目的ではないでしょうか。

もう一人は山田方谷。あまり人口に膾炙《かいしゃ》していない名前ですが、彼《か》の渋沢栄一翁が尊敬した人物の一人。この方谷、現在の岡山県高梁市《たかはし》を中心に五万石の領地を持つ譜代大名（藩主は一五代将軍徳川慶喜《よしのぶ》の老中・板倉勝静《かつきよ》）・備中松山藩の家老職。公称五万石ながら、その実、実収三万五千石に過ぎず、現在で言えば年収百億円に対し、大坂商人から二百億円もの借入金があり、利払いにも困窮する有り様。藩札を乱発しまくり、極度のインフレ状態で信用失墜。方谷は発行済の藩札を切換え券と交換に回収し、高梁川の河川敷で住民注視の下《もと》、焼き払います。大坂の商人には、率直に実状を説明。「借りたお金は必ずお支払いするので、五十年賦に」と懇願。商人は、大名貸しはよく貸し倒れに遇《あ》うので、その誠実さに心を打たれ認めてくれるわけです。

山ばかりの土地柄で、田んぼはあまり作れません。山を切り拓き、様々なものの栽培を試みても成功しません。しかし、中国山地には鉄分を多く含む山があり、新見市西方の山に目をつけ、砂鉄の採鉱、たたら製鉄により、鍬を作るわけです。関東地方は火山灰の積もった関東ローム層が広く分布し、粘《ねば》っこくて耕し難いことに着目。そこで彼の実業家的精神が発揮されます。鍛冶屋を掻き集め、三つ目鍬を大量生産するのです。

元より彼は名家・名流ではあるものの学者です。ところが船を借り、近くの商都大坂に売り込むのではなく、江戸の自藩邸で関東地方に直販し、通常では得られない利益を生む訳です。我々企業経営者にとって実に参考にすべき話です。数年で借金を完済。百億からの剰余金までできたようです。その当時、松山藩は一〇万両（現在の六百億円）もの負債があり、資金がありません。どのように調達したのか？「蹈鞴《たたら》」を買うには資金が必要です。提供者は矢吹久次郎。岡山には矢吹という「蹈鞴王」がいました。矢吹家には本家である本矢吹があり、その他に北矢吹と南矢吹の都合三家がありました。その南矢吹の第三代当主が矢吹久次郎でした。

問題は久次郎が資金と「たたら」を提供したこと。何故なのか？　それは久次郎の父が、帝王学を学ばせるため、方谷宅に弟子入りさせていたからです。久次郎の父が亡くなって二、三年で新見《にいみ》に戻り、第三代当主になりました。久次郎は恩師の方谷に種々援助をし、また、方谷の娘と久次郎の長男が結婚。久次郎なくして方谷の改革はなかったと言っても過言ではありません。方谷は上杉鷹山のほぼ八〇年後の改革。当然、鷹山の改革も知っています。農業だけでは生産が上がらず、限度があります。そこで砂鉄に注目し、備中鍬や釘に加工して大量生産を思いつくわけです。まさしく技術教育の賜物ではないでしょうか。

方谷で注目すべきことは、改革を進めるために自分の資産まで明らかにし、一切隠し立てをしなかったことです。多くの場合、成功者には妬《ねた》まれることが多々あります。自分の家計を開示し、決して役に甘んじることなく、却って貧しくなることで庶民に信頼を得たのです。

方谷が大切にしていた言葉のひとつに、「至誠惻怛《しせいそくだつ》」があります。真心（至誠）と慈《いつく》しみ（惻怛）を兼ね備えて生きることが、人としての姿勢だと説いています。これは方谷を慕って薫陶を受けた長岡藩の家老・河井継之助に贈った言葉としても有名です。

理論と実践は両輪の如く

ほぼ一〇年前、「日経産業新聞」（「日本経済新聞」社発行の産業専門紙）に、財界人（花王石鹸、サントリーなど）の座談会の紹介がありました。どこの学校の学生を採用したいか？　という問いに、「国立高専、短大卒の資格、またはそこを卒業後、工学部のある普通大学の三、四年生修了の学生が、うちの会社では一番役に立っている」というのが多数でした。ある会社の社長が、「一流大学工学部卒の連中に開発を指示すると、これこれの理由でできないと理詰めでできないことを説明する。ところが高専卒業者は、先ず実験から取りかかり、何度も失敗を繰り返し、最後には新製品の開発に成功する」と発言。それ故、求人倍率は三〇倍程です。

前項で述べたNECの丸型蛍光管の開発話にそっくりです。理論だけで物は造れない。決して理論を否定しているのではありません。理論と実践は、車の両輪で両方必要です。だから、偏差値の高い人ほど発明率が高いのです。

ドイツの場合、現場作業員に到るまでマイスター制度の伝統があり、レベルが高い。日本もまた然りです。指導者だけが高いレベルでも、メーカーでも良質なものはできません。

日本人は平均的に極めて優秀です。政府や審議会でノーベル賞受賞学者から出てくる答申などに、

「理科や科学をしっかり勉強すれば発明はできる」というような例が多いです。しかし、市場で売れる製品になることが確信できなければ企業化はできません。

世間に無いものをいかに安く、多くの消費者に買って貰えるものを作るか、こうした物の開発には、若い時が良いのです。閃《ひらめ》きの元になる頭脳を作るには、一〇歳位からものづくりを好きにさせるのが一番です。跳び箱や逆上がりのような単純な運動も子供でなければ駄目、大人になってからでは拒絶反応が出ます。

本田宗一郎さんを見て下さい。実家が鍛冶屋で、ものづくりは子どもの時から人一倍上手いのは当然です。戦後間もなく日本中が飢え、闇米なしには生きられません。奥さんが自転車で郊外に買出しに行かなければ、お米が手に入りません。それで本田さんは自転車に中古のエンジンを取りつけ、モーターバイクを造るのです。近所の人や知人から次々と頼まれ、これは売れそうだと事業化したのが本田技研の始まりです。そして、そのご子息に「親父は戦後のどさくさだったから、モーターバイクなどを造ることができたのだ」と言われ、「現在のように時代が落ち着けば、起業などもうできない」と呟《つぶや》くのを宗一郎が聞き、息子に「お前は経営者になれない。いつだって創業のチャンスはある。気付かないだけだ」と言ったそうです。

井深大《まさる》さんが、半導体の原理を使って真空管の代用にすれば壊《こわ》れない堅牢で小型のラジオが造れると閃《ひらめ》き、世界初のトランジスターラジオを開発。半導体を発明したショックレーは、ラジオに利用されるとは夢にも思わず、精々《せいぜい》補聴器などに利用される程度としか考えていなかったようです。

このトランジスターや現代の三つ目鍬に匹敵する製品開発は気付かないだけで、まだまだ沢山あることでしょう。話を少し掘り下げ拡げれば、現代のトランジスターは、世界最先端技術の追究、即ち、核融合・原子力エネルギーの医学的利用、電気の働き（充電と出力、発電、応用方法など、まだまだ無限・無尽蔵にあると思います）、海水を安く真水化する技術（これがうまく行けば砂漠が小麦畑に変えられます）、宇宙の法則を用いて人類のための無限な技術開発が可能なはずです。

現在、高炉で製鉄をするにはコークスがなければできません。膨大な二酸化炭素を排出しています。水素を使って鉄鉱石から酸素を取り除き、鉄を造る。それも輸出できるように安く造る技術を開発する。このように無限に開発する方法を見つけ出す必要があるはずです。

江戸末期の「三つ目鍬」は、備中松山藩が発明したものでなく、極く普通にあったものです。しかし、財政破綻した備中松山藩の家老山田方谷は、それに目を付けて大量生産し、そして大消費地の関東地方へ直販という離れ技で、七年足らずで財政再建を果たします。現在でも、極単純な、少し工夫をすれば大ヒットするようなものが沢山あるはずです。

私は気付きませんが、広島で売れているものが、アフリカや南米でも売れるとか、例えば、日本酒などが世界のどこかでヒットするかも知れません。また逆に広島で売れないものがアフリカや南米に行けば売れるもの、例えば蚊帳などがヒットするかも知れません。一億の日本人が探すのです。やはり、輸出できるものでなければ国を豊かにはできません。

ここ三〇年、ＧＤＰ（Gross Domestic Product の略。「国内総生産」の意味）の原点になる第二次産業の比率は二五％から二〇％前後に落ちているはずです。あなたの近くの工場、下請けの中小企業、製造業は随分廃業しています。当社の外注をして貰った工場も七〇～八〇％がなくなりました。第二次産業の生み出す所得こそが真水（本来「飲める水」「混じり気のない水」という意味だが、予算、財政用語として使う場合もあり、明確な定義があるわけではない。「真水」は政府が実際に予算に計上する財政支出を指す。政府系金融機関の融資枠拡大などは「真水」に含めない。経済対策の規模を考える上で重要な目安となる）の所得です。真水の所得が減ればいくら一万円札を印刷しても豊かになるわけはないでしょう。

我々からすればドイツは理想的です。財政は健全、第二次工業所得は二五％、貿易比率は高く、経常黒字を継続しています。日本はＧＤＰの工業所得は二五％から二〇％位に下がり、実質付加価値が減り、第二次産業従事者は一六〇〇万人から一千万人前後まで下がり、約五百万人の失業者が出たのと同じです。この人達は派遣社員になったり、宅配便の運転手になったり、大型店舗のパート社員になったりで、一所帯当たりの所得がはっきりした統計ではありませんが、六五〇万円が五五〇万円位になったという記事を見た記憶があります。

日本人としての特性を生かす

ある業界誌に鋭いところに目を付けた賢者のジョークが紹介されていました。「恒久的な工業製品は、ドイツ人が発明し、イギリス人が投資し、アメリカ人が製品化し、フランス人が装飾し、イタリア人が宣伝し、日本人が高性能化し、中国人がコピーし、生き続けている」と。すべての工業製品が、そうではないでしょうが、言い得て妙だと思いました。確かにイギリスで始まった産業革命を経《へ》て、工業製品の多くは、一九世紀後半から二〇世紀前半にかけてドイツで開発され、アメリカで製品化が進められてきました。

日本人の特性として、現存の工業製品をより小型化したり、より美しくする改良や改善のものづくりは得意ですが、今迄この世に存在しなかった製品を生み出すという点では、不得手であると言われてきました。すでに存在していた自動車を手本にし、より良いものを作ってきました。アメリカ、ドイツの車を抜き、生産台数では世界トップに登りつめました。

しかし、例えば、この世になかったパソコンとか、スマートフォンなどを作るのは苦手というわけです。また、良いものを作るのは得意だけれど、それを市場で売っていくのは苦手ともいわれています。これらの弱点が原因で、新たなヒット商品を生み出すことができない、日本製品を真似されて作られた別の国の製品に市場を占領されてしまう、といった現象が起きているという指摘もあります。日本のものづくりが優れている理由の一つとして、改善の姿勢も挙げられると言います。問題があれば原因を追究し、直せるところは徹底的に直すという姿勢です。これは上司からの命令で行うわけではなく、現場で試行錯誤して改善を繰り返すという働き方を伝統的に行ってきました。私たち日本人からすれば当たり前のことのように思えますが、世界から見ると、非常に稀な国民性といえます。その証拠の例として、自国の言語に「改善」を意味する言葉がなく、kaizen という単語がそのまま通用する国も多くあるといいます。この改善を繰り返し、世に出した製品だからこそ、高い品質を保てるというわけです。

これから成人し、社会人になる若人《わこうど》たちへ

これまで私個人が辿った履歴を書いてきました。そして、事業に成功したい方、失敗した人たちのことも書きました。読者の皆さんが参考にされ、少しでもお役に立てば、望外の喜びです。日本に生まれた方に、お願いしたいことが二つあります。

その第一の義務は、税金を払える人間になって下さいということ。現在、皆さんは義務教育は受けておられます。または働かねば食べていけないので、殆どの国民が働いています。納税の義務は、

嫌々にしても会社勤務者は給料から強制的に収税されています。また、消費税を支払わないと物が買えません。関税は輸入時、強制的に支払わねば荷受ができませんし、法人税は利益額に応じて強制的に払わなければなりません。地方税の事業税、市民税、自動車重量税、また物品税の中にガソリン税などがあります。皆さん、支払いは本当にきついです。社員の給料にしても税だけでなく、年金、社会保険など天引きされるものが沢山あります。会社は二〇万円払っているのに、手取りは一六万円程です。大体二〇％天引きされます。

しかし、総理大臣の立場で考えれば、税金（歳入）が足らないのです。我々国民は、受益の立場であり、納税義務があります。道路をただで自由に使え、子どもが無料（公立小学、中学校の授業料は払っていません。費用負担は、生徒一人四〇万～五〇万円位らしいです）で通えます。歳をとれば年金も出ます。医者にかかれば健康保険が使えます。これらは皆、政府がただにしてくれているわけではありません。国民皆が負担しているのです。立派な会社を作り、法人税を沢山払って下さい。そのことが、補助金を貰うより立派だという考えになって欲しいものです。

貰える人を多くするのでなく、納税できる人や会社をつくるようにするため、第一次産業（金額を多く稼げない）、第二次産業（工業生産は莫大な金額を稼げます）、それ故に技術教育が必要なのだと訴えているのです。GDPの原点（真水になります）、それに付随して第三次産業が成り立ちます（外国人の観光客の落とす金額は、真水の所得になります）。第三次産業の所得の多くは、お金をくるくる回しているだけで、本当の所得は増やし難いのです。ここ三〇年、一向に景気が良くなった実感がなく、給料が増えていないのは、工業所得の付加価値が実質的に殆ど増加していないからなのです。

第二に私も技術教育に関する仕事をしているので気付くのですが、道徳心を持ってこの国に付加価値を高める工業生産、そのための高度な工業技術の改良と改善、そのような仕事に四分の一の人達が就職して欲しいのです。

日本は資源がなく、そのため、鉄鉱物を輸入して高度な技術で加工製品を作り、海外に輸出。つまり加工貿易をしてきました。この日本のビジネスモデルが、戦後成功し、一九九〇年代初頭には、「Japan as NO.1」と言われました。しかし、その後、バブルが崩壊し、現在ではかなり深刻な状態になっています。しかし、過去の実績があります。若い皆さん方のご健闘・ご尽力に期待したいのです。

解題

反田恭平さんに通じる水田實さんの経営理念

三浦基弘

水田さんの弁を借りると、「三浦の催眠術にかかって自叙伝を書いた」という。催眠術の効果？があって、三浦の知らない水田さんの多彩な魅力や素顔を知る機会を得て、本当に幸せな気分に浸っている。仕事の後のくつろぎ方は人それぞれと思うが、小生は音楽を聴いて時を過ごす。演奏家は、それぞれの楽器を極めて演奏すればよいのだが、それのみならず日本の音楽界に新しい旋風を起こしたい夢を持つ若手の演奏家がいる。反田恭平さんである。自らこの世界で、ピアニストだけに留まらない活動をしている。反田さんがプロデュースをし、同世代のソリストとして活躍する実力派アーティストに声をかけ、２０１８年「ＭＬＭダブル・カルテット」としてスタート。そして、管楽器を加え２０２１年１月、若手たちで作る「ジャパン・ナショナル・オーケストラ株式会社」を設立した。

同年10月、反田さんは27歳でショパン国際ピアノコンクールで2位になった。受賞後、夢を語った。「人生の最終目標に、学校をつくりたい夢があるのです。日本から世界に音楽留学するのではなく、逆に世界から日本に留学に来てもらえるような学び舎をつくりたい。日本の音楽教育が悪いとはまったく思わないですし、素晴らしい先生方もいますが、日本へ留学する子がいないのは事実です。それを変えたい。そのために、4年前から逆算して生きてきました。ショパンコンクールに出場したのも、学長の私が有名じゃなかったら誰も来ないと思ったからです。オーケストラを立ちあげた理由も、学校専属の楽団をつくりたかったからなのです」。

彼は指揮者としても活躍したいという気持ちがあり、ウィーンで湯浅勇治さんから本格的な指揮の手ほどきを受けるという。湯浅さんから「指揮者になるには、一つの楽器を極めることが必要」とアドヴァイスを受けたことも、ショパンコンクールに出場した理由のひとつという。

今回のコンクールの2位という結果は、「後輩に1位を譲るためだったと思う」と語る反田さん。更なる夢が広がる。小生は、快哉を叫びたい。

技術教育の世界に目を向けると、自分のことばかりでなく、他人のことも思う反田さんの夢をこの世界で実践されてこられた人物こそ、水田實さんであると思っている。かなり年齢が若い方と比較するのは水田さんに失礼と思いながら、特に第6章に「子どもたちへ伝えたいこと」の熱いメッセージを書かれていることに免じて、ご海容いただきたい。

水田さんは現在、久富電機産業株式会社の代表取締役会長。この著の帯に「会社を三度解雇されながら、日本の技術教育の充実と発展を願い起業。「たくさん、税金を払える会社に」をモットーに刻苦精励した結果、優良申告法人として表彰されるまでの企業に育て上げた男の苛烈なる一代記」とある。

不本意ながら、水田さんは、太洋電機産業（株）を解雇され、1981年10月に久富電機産業株式会社を設立。当時を振り返って、自分は社長の座に就くなど思いもよらなかったという。しかし社長業は、本人の言にもあるように「社長というのは、一見収入も良く、社会的に認められ、偉そう見えますが、その実、社員の給料、人材集め、資金繰り、仕入れ先、お客さんのこと、将来の売り上げなどと、それぞれみんなの利益と調和を考えねばならないのですから……」（39ページ）と、大変である。社長は基本的に自分の会社が赤字を出さないように経営をし、社員の生活を守ればよい。そうはいっても社会の変化もあるから簡単なことではない。

文部科学省が2002年から「ゆとりの時間」を導入して「技術科、家庭科」の授業時間が減らされた。当時のことを以下のように述べている。「……二〇〇二年は、売り上げは最低に下がり、良い時代の四〇％程のダウンです。しかし、不思議なことに、赤字にはならず、優良法人の資格は何とか維持できました。それまで安く仕入れた素材が一杯残っていたので、何とか損益分岐点をクリアーしていたという訳です」（238ページ）。

しかし、少なくない同業者が倒産に追い込まれたのである。だが、水田さんは自分の会社経営はもとより、同業者の経営相談まで快く受けている。そして技術科、家庭科の授業時間数減に伴う技術教

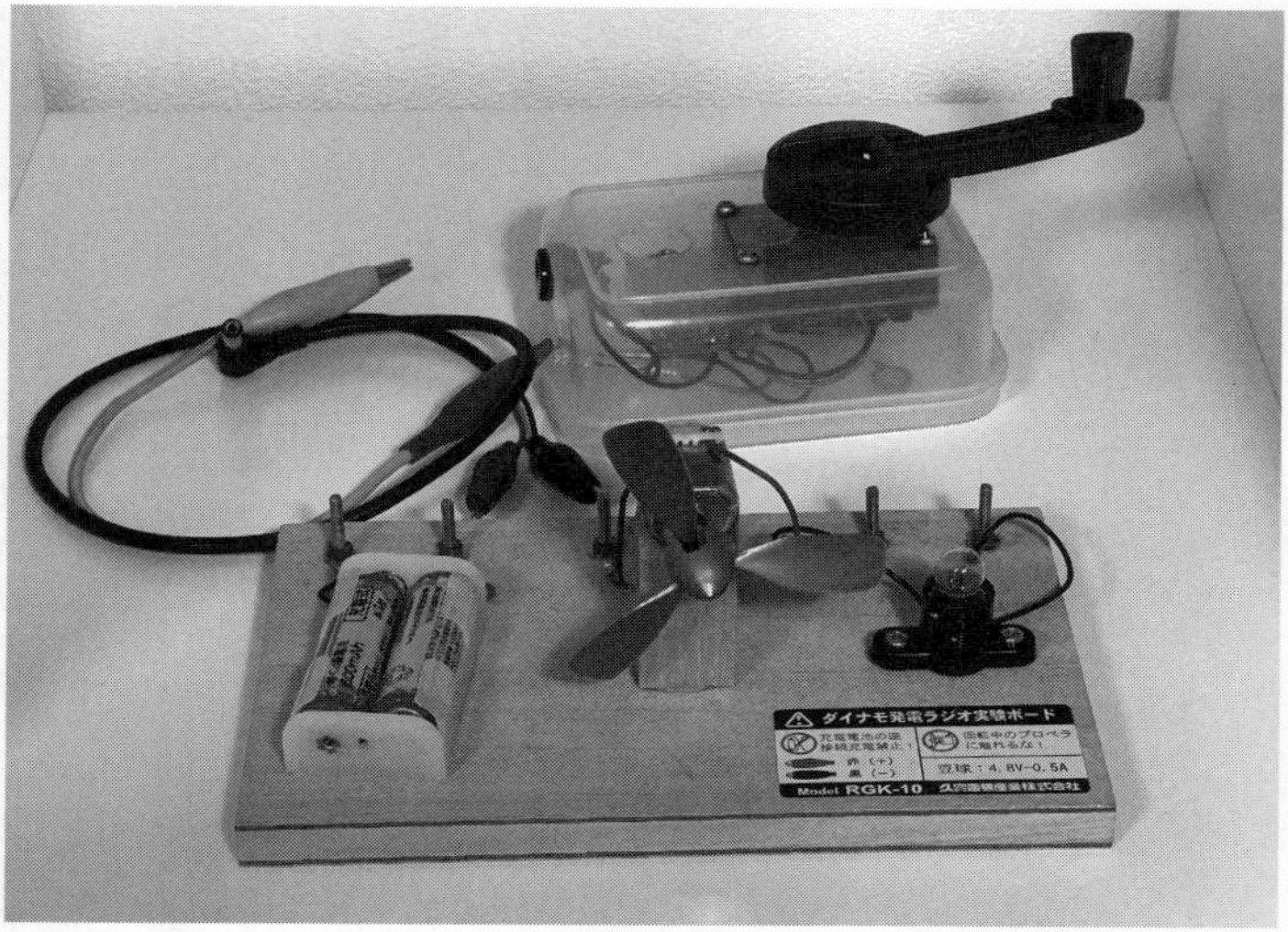

育の質の低下に対し、先頭に立って技術教育の将来を憂い、知り合いの代議士の協力を得て、文部科学省、国会への陳情を精力的にされている。このことは『技術・家庭科モノづくり大全』（産業教育研究連盟編　合同出版　２０２１年8月、１０７〜１０8ページ）に紹介されている。水田さんとのお付き合いは長いが、この機会にいままでのご活躍を追ってみることにする。

驚いたダイナモ発電ラジオ　実験ボードの開発

水田さんと緊密になった時期を鮮明に覚えている。民間教育団体のひとつである私どもの産業教育研究連盟の第52次技術教育・家庭科教育全国研究大会（広島県佐伯郡大野町・安芸グランドホテル）

で、久富電機産業の新製品が展示されたからである。

その製品はダイナモ発電ラジオ　実験ボード（写真参照）。この実験ボードは電気のエネルギーを頭でなく体で感じることができる装置である。それまで電気エネルギーの大きさを体感するには、感電させてしびれの度合いで測るほかなかった。この実験ボードにあまりにも感激したので、誠文堂新光社の「子供の科学」編集長にお願いして掲載させていただいた（２００４年１月号　68〜69ページ）。

まず、タッパーのハンドルを回してみる。すると側面の小さなＬＥＤランプが点灯する。わずかな回転で点灯が可能であることを体感できる。次に、実験ボードの真ん中のモーターに線で発電機につないでハンドルを回してみる。ゆっくり回したのでは、プロペラは回らない。少し早めに回し、どのくらいの力でプロペラが回転したのかを憶えておく。次に豆電球の点灯を試みる。ところがプロペラを回した以上の力でないと、点灯しないことがわかる。ここで実験。ハンドルを回して、豆電球が点灯しているときにソケットから線をはずしてみる。すると豆電球が消え、代わりにＬＥＤランプが点灯した瞬間、いままで一所懸命回していたハンドルが、急に軽くなり、びっくりする。豆電球を点灯させるには、相当の力が必要であることがわかる。その一方、ＬＥＤは豆電球を点灯させる25分の1のエネルギーですむ。これを実際にハンドルを回すことで体感できるのである。

蛇足だがタッパーの手回し発電機の中身を注意深く見ると、一見必要のない3端子レギュレーター

ICがついている。これには、子どもたちが力いっぱい回しても5V以上にならないようにする役割がある。200ccのコップに200cc以上の水が入らないのと同じで、一定の電圧以上にならないように工夫しているのである。実に心憎い。

商売哲学「1個買う消費者こそが本物で経営の原点」

水田さんは、逆説とも思われる経営哲学を持っている。1個買う人こそが本物で、この消費者こそが原点。何億円、何百億円を売ろうが、1個買う人の支持が企業経営の基本である。これを忘れたら、次第に企業は衰退することを肝に銘じているという。「卸商社は1万個買ってくれます。しかし、これは自分が使用するのでなく、転売して金儲けのための註文です」というのである。意見の聞き方もユニークである。定価1000円の商品を消費者は全額負担するので100%の意見を聞く耳が必要。卸　600円（1000円―600円＝400円）なので40%の意見を聞く耳が必要。卸商社への出荷価格　500円（600円―500円＝100円）なので10%の比率で聞くということだという。

三浦が水田さんの会社を訪問し、作業場でパートの女性の仕事ぶりを拝見。中国に発注した製品の不良品の点検しているのである。三浦が「どうして二度手間のことをするのか？中国の下請け会社に指導できないのか？」と問うと、水田さんは「何度も指導してきたが、無理だった」。消費者を第一に考えるポリシーと思った。

ひところ、半田こて、テーブルタップなどが売れた。テーブルタップやプラグ組み立てを正確にでき、事故のないようにするため、全国の中学校に1万枚以上、啓蒙ポスターを印刷し、無料配布を行っている（２０４ページ）。また、半田こてブリスターパックの台紙の裏側に、「はんだのつけ方、使用方法」などの説明文と絵（91ページ）を印刷したのは、水田さんが最初だそうだ。直ちに日本の同業者、台湾、中国の同業者も真似るようになったという。

毎年、中学校技術科教材カタログを作成している。２０２２年のカタログに、「弊社の教材は弊社技術陣が10年以上前から構想を練り、試行錯誤を繰り返しながら何年も何年もかけて、レベルアップして来ました。今年も一工夫しております。『一国の繁栄はその国の優れた生産力にかかっている』（ロバート・ソロー）、『発明は苦し紛れの知恵である』（本田宗一郎）、青色及び超高輝度ＬＥＤのような発明をする人が出れば、何千人何万人の雇用が生まれ、省エネが進み、国家社会が豊かになる。……このような発明工夫が生み出せる技術科教育であってほしい」とある。単なるカタログではないのである。

水田さんは読書家である。学ぶべき人は、二宮尊徳、山田方谷、アンドリュー・カーネギーの経営哲学であるという。共通しているのは、投機、ギャンブルをしないということである。

水田さんの技術教育に思うこと

水田さんは、将来の技術教育を憂い、「日本の技術教育に思うこと」と題して「産教連通信」（２０２１年10月　ＮＯ．２４０）にエッセイを寄せて下さった。以下に再掲する。

見直したい、教科「技術・家庭科」

手元に昭和50年代の発行の「内外教育」（時事通信社）という週2回（火・金）刊紙があり、技術教育について以下のような紹介記事がありました。当時、国立青年の家所長の柴沼晋が、「技術・家庭と音楽」と題して記述。

「ここで特定の教科の肩入れをするつもりはさらさらない。先日、Ｋ高専の校長先生から聞いた話である。Ｋ高専で入学試験の成績と入学後の成績や社会に出てからの活躍度と必ずしも結び付かないことから、全部の生徒について中学校からの内申書、入試結果、在学中の成績、就職先の評価をコンピューターに入れて調査したところ、入試の成績のいかんにかかわらず、在学中の成績および就職先の評価と一番相関の高かったのが、中学校時代の技術・家庭科の成績で、次いで音楽の成績であるという結果がでた。意外な結果に、全国の高専に呼びかけて広く調査してみたが、結果は全く同じであったという。……」

高専卒と大学卒との違いは

高専の卒業生の内三分の二が大学三年次に編入学するといいます。高専から一流大学工学部出身者の有効求人倍率が20倍から30倍とのこと。「日本経済新聞」掲載の有力財界人（日立製作所、花王や他に大手メーカーの責任者ばかりの座談会だった記憶があるのですが）の意見で「研究の過程で壁に突き当たりしたら（普通高校から進学した）大学生は、頭で考えようとするが、高専出身者はまず実験から入る、愚直に実験を重ねることは品質にこだわる工場現場において重要なプロセスだ。無論新製品の開発にもつながる」というもの。

高専は高等専門学校のことで、いちばんの特徴は中学校卒業後、5年間学ぶ一貫専門教育を受けます。高校3年、大学4年で計7年間を要する大学工学部レベルの教育を、重複なく5年間で完成する一貫教育を行うことを強調してきました。高専は、学歴的には短大卒と同じであるため、高学歴化が進む状況から入学希望者が落ち込む傾向がありました。しかし、最近では、高専生が有能な人材として再認識され始めています。従来、産業界からは技術者としての評価は高かったのですが、近年、大学工学系の教授らが大学生より高専生のほうが優秀だということを公言しているのが少なくありません。今話題のＡＩ活用研究などで成果を上げ、評価が高いのです。また、ＮＨＫによる高専ロボコンの放映によって一般人にも高専の名が知られるようになりました。国内で最も歴史のあるロボコンで、全国の高専を対象に１９８８年にスタートした「アイデア対決・全国高等専門学校ロボットコンテスト」のことです。

高校にも技術科設置を

現在、技術科は中学校３年間でたった87・5時間。昭和30年代技術科が始まった頃は３１５時間も履修していた。それが２１５時間、１１５時間と指導要領改正のたびに技術科の時間は減らされてきました。現在、すべての高校で（男子校のみでさえ）全員家庭科を履修しています。技術科はゼロです。これで男女平等といえるでしょうか。

全高校で家庭科と技術科を同時間つくり、男子でも女子でも好きな方の授業を受ける選択制にしたらどうでしょうか。予算の問題もあるでしょうが、一流のコックやデザイナーは男が多いし、何代か前の物理学会の会長は、女性の米沢富美子（慶応大学名誉教授）がおられました。

もう一つの提案として一般高校でも工学部系に進みたい学生には２、３年生から技術科系の授業を取り入れたらどうでしょうか。東京大学や京都大学のような大学に在籍する最優秀な学生でさえ、3学年、4学年の2年しか専門の学問ができないようでは、素晴らしい発明するような学生は育ちにくいと思います。財力のある学生なら大学院に進めるでしょうけれども、かつてのフルブライト留学生のように、優秀な学生は、マサチューセッツ工科大学、スタンフォード大学など世界トップの大学へどんどん留学できるような制度ができないものでしょうか。

技術科教育を小学校の高学年から実施し、中学校でもっと充実させ（時間が余りにも少な過ぎる）、普通高校にも技術科を作ることをご提案したい。

これからの技術教育を考える

現在、日本の中学校で技術科は、①材料と加工の技術、②生物育成の技術、③エネルギー変換の技術、④情報の技術の四領域を3年間で学ぶことになっている。各学校での授業の進め方の一例を示すと、①の材料と加工の技術を1年生で一週間あたりに1時間当てて、年間で35時間。2年生で②生物育成の技術と③エネルギー変換の技術、それぞれ17・5時間を合わせて、35時間、3年生で④情報の技術は2週間に1時間の割り合いで年間17・5時間、3学年合わせて合計87・5時間。

戦後、日本の産業を牽引した電気、機械という独立した領域は消えてしまい、③のエネルギー変換の技術に整理統合された。僅か17・5時間で重要なこと、面白いことなど教えられるわけがない。水田さんは、「せめて、プラス17・5時間、年間35時間、3年間の技術科履修105時間〈3年間で17・5時間増やす〉にするだけで技術科教育のレベルが格段に上がります。文部科学省の当局の皆さん、政治家の方に切望します。高校に技術科を導入するには予算と時間がかかります。しかし何とか国力のため、男女に技術教育ができるようにしてもらいたいものです」と訴える。

現場の技術科の教員によると、過去に週3時間あったくらいの技術の時間が確保できれば、技術教育の技術が格段に向上するとし、さらに小学校の図画工作科の内容に工作の要素をもう少し増やし、「義務教育段階からの技術教育の充実を」と望む声も少なくない。これならば、それほど時間と予算はかからないと思う。

冒頭に水田さんの魅力を知る機会を得たと申しあげたが、ご紹介したのは、ほんの一部である。この著を熟読し、眼光紙背に徹していただければ、ありがたい。

あとがき

久富電機産業株式会社の歴史を書くには、どうしてもその原点が必要です。するとどうしても太洋電機時代のことを書かなければ、分からないことばかりです。太洋電機株式会社の創立時から携わったことを書き始めると、その知識の元は遡って興信所時代を書かねば、全国区的な考え、得意先、原価、取引銀行などの知識ややり方などが思いつきません。

真実を書かねば読む人の心に入れない、美辞麗句を並べるだけでは、一人にも訴えるものがありません。太洋電機時代の業績と悔しさを表現しようと思うと、何人かの人格的なところまで紹介しなければ、何故あんなにひどいことをされたのか説明できません。事実を書き残しておかないと、それを知らない人たちで動き、歴史は流れていきます。真実を書き残しておかねばという衝撃が強く働いたのは事実です。太洋電機時代が一六年、久富電機産業時代が四〇年、しかし、それらの時間的長さは同じくらいに感じるのです。

他人を傷つけるようなことを書くには、こちらからすれば、正義かも知れません。現在、ウクライナで戦争がおきていますが、西側からみれば、プーチン大統領は極悪非道の皇帝です。しかし、プーチン側から見れば、NATO（北大西洋条約機構：North Atlantic Treaty Organization）は、けしからん、ロシアの庭先であるジョージア（旧グルジア。スターリンの出身民族。ロシア南部コーカサス地区）や兄弟国のウクライナにまでＮＡＴＯ軍が配置されることになれば我慢できない。旧東ドイツ、ポーランド、ルーマニアなど、みなソ連時代、ロシアの影響下にあった国を、西側が次々と自分たちの勢力下に置いてしまい、プーチン大統領からすれば、「自分の庭先にＮＡＴＯの大砲が据付けられるのは我慢ができない」。この言い分が正義になります。

小生が必要以上に傷つけた方には、かつては同志であり、かつお世話になった方もいるわけですから、むしろお礼を言うべきかも知れません。しかし、感情がついていきません。

それより、創立時、苦労をともにした人達（経理顧問の諏澤先生も）は、あの世で楽しく過ごされたり、定年退職したり、意見が合わず辞めた人など、さまざまな方たちが、周りを飾ってくれました。この人たちにお礼を申し上げなければなりません。有難うございました。私よりはるかに優秀な方ばかりです。書き終えるにあたって再度お礼申し上げます。

現在、弊社は正社員九名とパートさん十二名です。一番古い人が、前野君と西山君です。一九九六年入社ですから、すでに会社が優良会社になってからの社員です。そのため、昔の苦しかった頃、私が誹謗中傷を受け、足を引っ張られたことなど、知る由もありません。質素倹約（「青葉出版」の創業者村上氏のように、貧乏性が身につき、贅沢できない）で、第二世代がうまく経営してくれることを祈るだけです。優秀な人達が長所をうまく組み合わせ、足の引っ張り合いなどをせず、時代に合わせた経営をすれば、必ず世間の支持を得られるはずです。

最後に、せめて一五〇社だけはお邪魔して、お礼を申し上げなければと、かねがね思っていました。しかし、齢八〇《よわい》を過ぎてから、日に日に体力が衰え、そのうえ、コロナウイルスの蔓延と重なり、出張や運動が制限され、老化に歯止めが効《き》かず、駅の階段さえうまく昇り降りできません。せめて「私の履歴書」でお礼の言葉の代わりにと書き終える次第です。

本当に長い間のお引き立て、お力添えを賜り有難うございました。

本著の上梓にあたって、文献調査に協力してくださった東久留米市立中央図書館の鈴木麻依子さんにお礼を申し上げます。そして、産業教育研究連盟、弊社の皆さん、特に拙稿の整理に苦労された前野弘吏君に感謝いたします。

厳しい出版事情の中、快く出版をお引き受け下さった合同フォレスト取締役の松本威さん、そして三浦基弘先生に深甚なる謝意を表します。

二〇二二年十月

水田　實

さくいん 【人名・事項】

＊ページは初出

さくいん 【製品】

＊取り上げる項目は、太洋電機産業㈱、久富電機産業㈱の製品
＊ページは初出

著者紹介
水田　實（みずた・みのる）
久富電機産業株式会社代表取締役会長
1939 年、岡山県小田郡今井村大字園井（現笠松市園井）生まれ。
1958 年 3 月、岡山県立笠岡商工高等学校（現岡山県立笠岡商業高等学校）卒業。
1958 年 3 月 3 日、大阪豊島繊維会社に入社。
1960 年 1 月 16 日、東京経済興信所に入社。
1965 年 4 月 30 日、太洋電機産業株式会社に入社。
1981 年 10 月 21 日、久富電機産業株式会社創立。
2021 年 11 月、久富電機産業株式会社代表取締役会長。現在にいたる。

主な著作
『実感的経営学』（潮文社　1966 年 1 月）
「技術教育と発明」（「技術教室」農山漁村文化協会　2008 年 8 月号）
「日本の技術教育に思う」（「産教連通信」産業教育研究連盟 NO.240　2021 年 10 月）
「続日本の技術教育に思う」（「産教連通信」産業教育研究連盟 NO.242　2022 年 4 月）

企画協力　三浦基弘
組　　版　モリモト印刷株式会社
装　　幀　内藤悠二
イラスト　関根恵子

技術教育と共に歩んだ半生
～私の履歴書

2023年1月16日　第1刷発行

著　者　水田　實
発行者　松本　威
発　行　合同フォレスト株式会社
郵便番号 184-0001
東京都小金井市関野町 1-6-10
電話 042(401)2939　FAX 042(401)2931
振替 00170-4-324578
ホームページ　https://www.godo-forest.co.jp
発　売　合同出版株式会社
郵便番号 184-0001
東京都小金井市関野町 1-6-10
電話 042(401)2930　FAX 042(401)2931
印刷・製本　モリモト印刷株式会社

■落丁・乱丁の際はお取り換えいたします。

ISBN 978-4-7726-6222-2　NDC 335　194×133